뮤즈여 노래하라

인문학자가 본 팝음악

우리시대
질문총서
13

뮤즈여 노래하라

인문학자가 본 팝음악

Muse, sing

Pop music, viewed via humanities way

인성기 저

부산대학교출판문화원

차 례

발간사

우리는 지금까지와는 다른 '격변'의 시대를 살고 있다. '변화'는 시간의 흐름에 따르는 자연스러운 결과지만, 이 시대의 '변화'는 과거와는 전혀 다른 양상을 보이고 있다. 과거의 변화가 기존의 패러다임 내에서 일어나는 크고 작은 변화들이었다면, 지금의 변화는 가히 '패러다임의 전환'이라고 일컬을 만하다. 기존의 패러다임은 인간 중심적 인식의 틀 속에서 과학기술 문명의 발전과 자본주의적 체제의 구축, 명확히 경계 지어진 세계 속에서 전문성을 강조한다는 점에서, 어쩌면 여전히 근대성의 틀을 벗어나지 못했다고 할 수 있다.

지금 이런 패러다임으로 우리 시대를 판단하고 예견하는 데는 한계가 있다. 우리 시대는 지나간 시대로부터의 위기와 예측할 수 없는 미래에 대한 불안감, 그리고 도래할 시대에 대한 희망이 공존한다는 데 그 독특함이 있다. 새로운 패러다임은 기존의 패러다임에서 잉태된 위기로부터의 출구를 모색하는 과정이자 다가올 시대의 새로운 지향과도 관련되어 있다. 그래서 우리 앞의 복잡다기한 상황에 맞서, <우리시대 질문총서>는 '환경 변화와 인류의 미래', '신자유주의의 팽창과 연대', '휴머니즘에 대한 재성찰과 대안적 삶', '첨단기술혁명과 융복합', '글로벌/로컬의 관계 속에서 인간 삶의 변화'라는 주제를 통해 지금 이 시대를 성찰하고자 한다.

인간이 세계를 지배하는 시대, 인간이 환경의 전반적 흐름에 영향을 행사하는 이른바 인류세의 시대는 역설적이게도 인간의 무력함과 한계를 절감하게 한다. 인간이 누린 풍요의 대가가 되어버린 기후 변화와 생태계 변화는 우리 시대 초미의 관심사이지만 이런 변화는 사람들을 삶의 '지속 가능함'을 확신하기 어려운 상황으로 내몰고 있다. 그럼에도 불구하고 이런 불확실한 상황은 그동안 우리의 삶 자체를 성찰하는 한편 진정한 대안들을 새롭게 모색할 것을 촉구하고 있다.

4차 산업혁명으로 인한 자본주의의 급변과 인간과 기술의 포스트휴먼적 융합 시대의 도래는 인간의 존재적 위기와 함께 전통적인 인간상의 유효성에 의문을 제기하고 있다. 기계는 인간에게 어떤 영향을 끼칠 것인가, 인간은 기계의 문제에서 주도적일 수 있는가, 혹은 이런 변화는 인간과 기계의 대립을 넘어 새로운 가능성을 제시해줄 수 있는가. 최근 포스트휴먼의 가능성은 이런 질문들과 연결되어 있다. 포스트휴먼 시대에 인간의 자리를 묻고 기술의 변화가 인간과 사회에 어떤 변화를 줄지 성찰하는 노력들이 필요하다.

한편 우리 시대는 근대 국민국가의 경계를 뛰어넘는 문화적 현상을 수없이 목격하고 있다. 국민과 난민의 경계가 모호해지면서 수많은 이질적인 문화들이 접촉하고 갈등하고 섞이는 혼종의 시대, 바로 이 시대에 우리는 민족문화의 중심성을 넘어서 글로벌과 로컬이 보다 긴밀해지는 문화적 관계 속으로 편입되고 있다. 그 결과 그동안 민족문화의 틀과 프리즘 밖에 존재하던 문화들이 새로운 관심사로 부각되고 있으며, 근대, 자본, 민족의 구조를 넘어서는 대안적 사고들이 곳곳에서 출현하고 있다. 전지구화와 함께 등장한 전지구적 자본과 문화의 압도적 힘 앞에서 무기력해진 개인, 신자유주의의 팽창으로 인한 경쟁의 격화와 인간 소외는 '관계 맺는 존재로서의 인간'의 가능성에 대해 되묻고 다양한 방식의 '소통과 연대'를 제안하고 있다.

이러한 변화들은 우리의 기존 사고로 담아낼 수 없는 우리 시대의 현상들이다. 이런 현상들 앞에서 우리는 '왜?', '어떻게?'라는 질문을 던지고, 그 답을 찾아가는 비판적 사유의 여정을 시작하고자 한다. 이러한 비판적 사유의 여정은 분과학문으로 나누어져 전문성만을 강조해온 기존의 학문구조의 틀을 벗어나, 각 학문의 내적 융합뿐만 아니라 인문학, 사회과학, 자연과학 같은 학문 간의 융합을 전제로 한다.

<우리시대 질문총서>는 우리 앞에 놓인 이러한 현상들에 대한 성찰을 제공하고 대안을 모색하는 데에 그 취지가 있다. 이 총서는 우리 세계의 변화를 미시적이고 거시적으로 살펴볼 수 있는 학문적 시각을 제공하는 한편, 도래할 세계(the world to come)와 지나간 미래(future past)의 쌍방향적 대화와 성찰을 통해 우리 시대를 비판적으로 반성하고 예견하는 우리 시대의 문제적 활동들을 기획, 소개하고자 한다. <우리시대 질문총서>를 통한 사유와 성찰이 우리시대의 성숙한 집단 지성을 형성하는 마중물이 되었으면 한다.

그리고 <우리시대 질문총서>의 출판을 위해 도움을 주신 많은 분들께 감사드린다.

우리시대 질문총서 제작위원회

여행을 시작하기 전에

팝음악이 어떤 것인지는 누구나 잘 알 것이다. 원래는 영미 언어권에서 현대에 생산된 정치적 언더그라운드 음악을 뜻하는 말이지만, 넓은 의미에서는 K-Pop도 팝음악이 될 수 있다. 다수의 사람들이 좋아하는 음악이라면 그런 역사적 의미와 상관없이 이제는 전부 팝음악이라 말해도 무방하다. 오늘날 귀에 이어폰만 꽂으면 누구든지 전 세계의 로컬 뮤직을 들을 수 있는 세상이 되었기 때문이다. 매스미디어를 통해 유통되는 팝음악은 이제 우리 생활에서 필수품처럼 되었다. 물고기들이 바다에서 물 없이는 살 수 없듯이, 우리는 팝음악을 들으며 출근하고, 팝음악을 들으며 퇴근한다.

팝음악이 어쩌다가 우리에게 이렇게 친구처럼 가까워졌을까? 그 이유에 대해서 깊이 생각해 본 사람은 드물 것이다. 그냥 당연시될 뿐이다. 매일 식사를 하거나 화장대 앞에 앉아 메이크업을 하듯이 우리는 습관적으로 팝음악을 듣는다. 팝음악은 우리에게 행복을 준다. 그것이 전부일까? 또는 거기에 어떤 다른 이유나 깊은 의미가 숨어 있을까? 우리를 행복하게 하는 것은 팝음악 이외에도 무수히 많다. 각종 레저 문화가 있다. 스포츠, 예술, 여행, 반려동물 키우기 등 조선시대의 선조들이라면 상상도 할 수 없을 즐거운 오락거리가 우리 주변에 포진해 있다. 팝음악이 어떤 것인지 한번 알아보기로 하자. 우선 도서관에를 가 보자.

도서관에는 팝음악에 대해서 소개하거나 나름대로 설명하는 책들이 많이 있다. 그 내용은 매우 다양하다. 소신껏 관련 학문들의 학자들이 고유 전공의 관점으로 팝음악에 대해서 설명하기 때문이다. 심리학, 교육학, 미학, 음악학, 문학, 철학, 사학, 사회학, 정치학, 미학, 신문방송학, 매체학, 문화경영학, 통계학 등 우리의 통념과는 달리 숱하게 많은 전공들이 팝음악에 관여하고 있다. 팝음악을 설명할 수 있는 관점이 그렇게 다양할 수 있음에 새삼 놀라울 뿐이다. 팝음악이 그렇게 다양하게 설명될 수 있다는 것은 팝음악이 그 모든 다양한 측면들을 카멜레온처럼 가지고 있다는 뜻일 것이다. 우리의 삶이 다양한 관점으로 설명될 수 있는 것처럼 팝음악도 우주만큼이나 넓은 세계인 듯하다.

우리의 삶에서 팝음악을 설명할 수 있는 가능성은 사실상 무한대다. 귀에 걸면 귀걸이고, 코에 걸면 코걸이다. 팝음악을 사용 목적에 따라 다르게 규정할 수 있기 때문이다. 예컨대 뇌를 연구하는 정신건강학자는 팝음악을 힐링을 위한 수단이라는 관점으로 팝음악의 심리치료적 기능에 주목할 것이다. 정권 창출을 겨냥하는 후보자는 유권자의 마음을 사로잡기 위한 로고송을 만들기 위해 팝음악의 중독성 있는 멜로디를 활용할 것이다. 기업가도 상품 광고를 위해서 CM송 제작을 할 때 그런 측면에 주목할 것이다. 그러나 그렇게 사용 목적에 따라서 팝음악의 설명하기 시작하면 팝음악을 전체 모습이 어떠한지 알 수 없게 된다. 팝음악이라는 빅데이터의 바다에서 임의의 사용 목적을 위해 그 안에서 필요한 것만을 골라 수단과 도구로 삼을 뿐이다.

이러한 오리무중 사태는 최근 들어 더욱 가중되는 모습이다.

기술매체의 발전과 더불어 팝음악 생산이 빅뱅처럼 폭증하고 있다. 아날로그 시대처럼 LP나 CD에 한 장 한 장 녹음된 것을 선별해 재생하는 시대가 아니다. 액정 화면의 패드를 터치하면 누구나 빅데이터의 바다에서 어떤 곡이든 골라 들을 수 있는 시대다. 마치 망망대해에서 외줄 낚시를 드리워 아무 생선이나 잡히는 대로 건져 올리는 듯한 느낌이다. 이럴 때면 내가 지금 듣고 있는 곡이 그 전체 중에서 어디에 속한 것인지 또 어디에서 올라오는 것인지 알고 싶어진다. 나는 현재 듣는 이 곡과 어떤 관계에 있는 것인지, 또 이 곡을 생산한 뮤지션은 무슨 마음으로 이 노래를 작곡했었을지 궁금하다.

팝음악의 바다는 비유컨대 물리학자 슈뢰딩거의 고양이 상자처럼 불확실하다. 그 이론에서 보면, 상자 안에 고양이가 과연 살아 있는지조차 불확실하다. 생사 여부는 정확히 반반의 확률로서만 존재한다. 팝음악에 대한 판단도 옳을 확률이 반반인 셈이다. 사실상 아무것도 모른다는 뜻이다. 이 책은 이런 질문에 대해서 인문학의 관점으로 나름대로 도감(圖鑑)의 역할을 하기 위해 집필되기 시작했다. 음악을 듣는 주체로서의 나와 그 대상으로서의 팝음악이 어떤 관계에 있는지 질문할 것이다. 이 질문은 인간의 존재 자체에 대한 질문이다. 어떤 특정 이해관계와 무관하다.

하늘의 별처럼 수많은 팝음악의 은하수에 파묻혀 살아가면서 우리는 바다의 포세이돈처럼 팝음악 전체에 대해 호령하는 지휘자일 수도 있지만, 아니면 메인스트림의 유행하는 조류에 따라 이런저런 아이돌의 CD 패키지를 구입하는 수동적 소비자일 수도 있다. 인문학은 우리의 정체성에 대해 문학, 사학, 그리고 철학의 관점으로 질문하는 학문이다. 문제는 우리의 정체성을 어떻게 규정하느냐이다.

프로크루스테스의 비유가 갑자기 생각난다. 그는 고대 그리스의 아테네에서 지나가는 행인들을 붙잡아다 자신의 집 침대에 눕혀 보고 그 사람의 키가 거기에 맞지 않으면 몸을 억지로 잡아당기거나 아니면 칼로 잘라 죽인 괴한이었다. 우리의 팝음악은 그러한 비운을 당하지 않아야 할 것이다. 그렇게 된다면 팝음악은 본래의 모습을 잃어버리게 된다. 비유컨대 푸른 바다에서 자유롭게 헤엄치며 살아야 할 해파리를 잡아서 모래사장에 올려놓고 관찰하는 격이다. 해파리는 살아 있어야 아름답다. 우리는 팝음악을 살아 있는 모습 그대로 관찰하며 서술할 것이다. 그렇게 해야 하는 이유는 명약관화하다. 우리가 살아 있기 때문이다. 팝음악도 우리처럼 살아서 생동하는 것이다.

1부

팝음악의 주체와 객체

제 1 장

주체: 동일성에서 대립성으로

팝음악은 서구의 근현대사의 발전 과정에서 형성된 것이라는 역사성을 가진다. 팝음악이 우리 곁에서 친한 친구처럼 가깝게 지낼 수 있게 된 것은 비교적 최근의 일이었다. 라디오, TV, 음반 등 기술 문명이 음악의 대중적 생산과 유통을 가능하게 한 때부터였다. 그 이전에는 음악은 귀족들이나 연주자를 초청해서 비싼 비용을 지불해야만 들을 수 있는 사치품이었다. 우리가 지금 태어난 것에 감사하지 않을 수 없다.

20세기 초반에 시작된 기술 혁명은 대중에게도 팝음악을 널리 유포시켰다. 그것의 특징은 우리가 클래식 음악과 비교해 보면 쉽게 알 수 있다. 인문학적 관점으로 보면, 두 음악의 소비 주체의 정체성이 많이 다르다. 클래식 음악은 성공한 중산층 시민 계층의 음악이었다. 그들은 귀족이 되고 싶었다. 신분뿐만 아니라 정신도 귀족이 되고 싶었다. 정신의 귀족을 독일어로는 교양시민 Bildungsbürger이라고 말한다. 교양시민은 상공업을 통한

부의 축적뿐만 아니라 학문 연구와 예술 창작을 통한 지적 성취에 큰 자부심을 느꼈다. 클래식 음악에는 바로 이에 대한 자부심이 반영된다.

음악은 그들의 정체성처럼 완벽한 것이며 형식면에서 한 치의 오차도 허용하지 않는다. 반면에 팝음악은 자유롭다. 팝음악을 즐겨 듣는 계층도 아직은 사회의 지배 계층에 완전히 진입하지 못한 젊은이들이었다. 이들은 지배 계층의 모든 가치 기준들에 대해 질문을 제기하고 유보적 태도를 취하려는 성향을 지니고 있었다. 두 주체의 정체성은 그렇게 차이가 난다. 요컨대 동일성 미학과 대립성 미학이라는 차이로 구분된다.

1. 클래식의 교양시민: 동일성 미학

동일성 das Identische 미학에서 주체는 대상과 자신을 닮아 완벽하다고 느낀다. 예컨대 애국가를 부를 때 우리 국민은 민족으로서의 정체성과 애국가를 동일시한다. 아리랑을 부를 때도 마찬가지다. 클래식 음악은 서구 사회에서 시민 계급이 봉건귀족 계급에 대해 수차례의 혁명을 거쳐 쟁취한 자유의 의미를 자신과 동일시하는 음악에 해당한다. 오늘날 클래식 음악은 그 자유를 인류 전체의 자랑스런 교양문화 자산으로 확립시켰다. 인간의 보편적 위대함에 대한 자부심이 배어 있는 것이다.

클래식 음악에 대한 자긍심의 감정이 어떤 것인지는 클래식 음악 연주회장에 가 보면 금세 알 수 있다. 베토벤의 9번 교향곡을 오케스트라 연주로 현장에서 들어보면 된다. 인간이 어떻게 이렇게 위대한 음악을 작곡하고 연주할 수 있는지 경탄하게 되며 숙연해지기까지 한다. 처음 들어 보는 사람은 세상이 천지개벽하는 느낌이 들 것이다. 적어도 필자는 그랬다. 연애 시절에 촌놈이던 본인을 당시에 교향악단 단원이던 아내가 장충동 국립극장의 연주회에 초청했다. 지금은 무슨 곡인지는 기억도 나지 않지만 단원들이 무대에서 오보에 소리에 맞추어 튜닝을 하는 순간, 그 모든 악기들이 일제히 내는 웅장한 소리에 나는 큰 충격을 받았다. 갑자기 구름 위의 천상 세계로 올라온 것 같았다. 귀가 멍멍해지며 온몸이 사운드의 파도에 휩쓸리는 것과도 같았다. 당장 죽어도 좋다! 라고 괴테의 파우스트가 말하길 그토록 원했지만 만나지 못하고 죽은 시간이 바로 이 순간이 아닌가 싶었다.

클래식 음악이 오늘날은 대중도 쉽게 들을 수 있는 것이 되었지만 이런 민주화된 수용 형태는 음악의 역사에서 그리 오래된 것이 아니다. 클래식 음악의 역사는 아마도 바로크 시대 유럽에서 첫 모습을 찾아볼 수 있을 것이다. 17세기 중엽 이탈리아 북부의 작은 도시 크레모나에서 스트라디바리 Stradivari와 과르네리 Guarneri가 바이올린, 첼로, 기타, 비올라 등 현대의 현악기의 표준형을 만든 시기와 일치한다. 음악이 당시는 부유한 귀족 계급만 누릴 수 있는 사치품이었다. 클래식 음악의 대중화는 시민 계급의 성립사와 흐름을 같이한다. 요한 제바스티안 바흐 J. S. Bach의 음악의 변천 과정은 그 보편화의 흐름을 대표한다. 그는 18세기 초에 독일 동부 지역에서 활동했으며 초기에는 교회의 전속 지휘자로서 돈독한 신앙심을 종교 음악으로 표현하는 데 전념했지만 후기로 갈수록 신의 피조물로서 인간의 위대함에 대한 자각을 표현하기 시작했다. 그의 후기 곡들에는 그리하여 곧 본격화될 시민 계급의 자주적 계몽주의 정신의 분위기가 느껴진다.

계몽주의 정신은 게오르크 프리드리히 헨델 G. F. Händel의 오라토리오 「메시아」에도 잘 감지된다. 그 곡은 미사곡으로 작곡되었지만 더블린에서 대중들을 위한 상업극으로 초연되었다. 1742년 더블린의 뮤직홀에서 초연될 때, 관객이 너무 많이 몰려와서 공연장 매니저는 여성들에게 "테두리가 있는 모자"를 착용하지 말라고 부탁해야만 했다. 청중이 그렇게 몰려든 이유는 무엇보다도 알토 파트를 맡은 성악가 수잔나 치버 S. Cibber를 보기 위한 것이었다. 그녀는 이혼 스캔들에 휘말려 있었다. 공연이 시작되었고 그녀가 이사야서 53장에 나오는 대목 "그는 멸시를 받아 사람들에게 버림받았으며 간고를 많이 겪었으며 질고를 아는 자라."라는 부분을 노래할 때 청중은 이미 그녀의 편이 되어 있었다. 누군가는 자리에서 벌떡 일어나 "바로 그렇기에 당신은 오늘 용서 받았소."라고 외치기도 했다.[1] 영국 성공회의 보수주의적 윤리에 저항하는 아일랜드 시민들의 저항감이 그 곡을 자신들의 독립운동가로 수용될 수 있게 한 것이다. 이 곡이 공연될 당시에 더블린은 수백 년 동안 영국의 신탁 통치를 받고 있었다. 아일랜드의 가톨릭 신자들은 공직에 진출할 수조차 없었다. 사회정치적 부자유가 청중의 마음속에서 메시아를 열망하게 한 것이다. 게다가 1740년 아일랜드에 가뭄이 들어 200만 명이 굶주림으로 사망하고 200만 명은 해외로 이주하는 일까지 벌어져 사회적 상황은 지극히 악화되어 있었다. 메시아는 그들을 위한 모든 사회경제적 고통으로부터 해방되길 갈망하는 사람들의 열망을 반영하면서 흥행에 대성공했다.

클래식 음악은 시민 계급이 사회적으로 정치적으로 투쟁해서 얻어낸 결과에 대한 자부심이 배어 있는 음악이다. 우리는 클래식 음악을 들을 때마다 시민으로서 그 음악을 들을 수 있는 시대에 살고 있음이 얼마나 큰 축복인지 실감하게 된다. 인간은 위대한 예술을 창조할 수 있는 능력을 신으로부터 부여 받았으며 그것을 표현하고 누릴 수 있는 존재라는 것이 새삼 놀라울 뿐이다. 예술 창조는 인간이 신을 닮았다는 것을 믿게 한다. 신이 인간을 만들 때 '신의 형상을 본떠 흙으로 만들었다' 라는 창세기의 원래의 뜻은 인간을 완성품으로 창조했다는 것이 아니라 아직은 미완성된 것을 예술 능력으로 완전하도록 만들 수 있는 능력을 인간에게 부여했다는 의미로 해석해볼 수 있게 한다. 예술 능력은 인간이 내면에 품고 있는 것이며 신성에 대한 희망을 버리지 않을 수 있게 하는 증거다. 클래식 음악은 그러한 신성한 창조의 의미와 동일시할 수 있게 한다.

시민 계급의 동일성 미학은 음악뿐만 아니라 19세기까지의 모든 예술 분야에서 확인된다. 우리가 위대한 예술작품을 볼 때마다 느껴지는 이 자부심의 동일성 미학은 16세기 르네상스 시대부터 시작되었다. 그 시대의 미술 작품들은 인간의 계몽주의적 이성과 신의 신성이 하나로 통일된 모습을 보인다. 피렌체의 우피치 미술관에 가보면 금세 알 수 있다. 피렌체의 권력자는 지중해의 상권을 무력과 무역으로 장악한 후 로마 교황청의 종교적 권위에 맞서서 시민 계급의 자치 독립의 정신을 회화와 조각미술에 표현했다. 그 화려함은 눈이 부시다. 신의 축복을 시민 계급은 한몸에 받고 있음이 예술품마다 표현되어 있다. 동일성의 미학이다. 클래식 음악에도 그렇게 근현대사에서 역사의 승자로서 시민 계급이 주체로서 느끼는 뚜렷한 자부심이 담겨 있다.

동일성 미학의 표현 형식은 물론 시대마다 조금씩은 변화했지만 기본 정신은 변함이 없었다. 17세기 바로크 시대의 음악에서 시작해서 18세기 말 이후의 고전파 음악을 거쳐 19세기 말과 20세기의 낭만파 음악으로 변화하며 영혼의 형식은 달라질지라도 영혼 자체에는 전혀 변화가 없는 것이다. 이를테면 모차르트는 비교적 자유로운 영혼을 가지고 있지만 그의 창작 방식도 전통의 음악 이론에 따라 정형화되어 있는 형식을 따랐을 뿐이다. 악상이 떠오르면, 그것을 모티브로 작곡법에 의거해 오케스트레이션 하기만 하면 되었다. 다시 말해 모티브를 화성법과 대위법에 따라 키우고 악장별로 배치하는 방식이었다. 그것들은 모두 음향학의 과학 지식에 토대를 둔 것이었으며 그 법칙과 지식은 모두 신이 인간에게 선물한 것이었다. 과학은 예외가 없으며 신의 불변하는 신성함의 증거다. 모차르트도 이미 과학자였다. 과학의 법칙을 잘 알고 있었기에 그는 아름다운 곡들을 짧은 생애 동안에 수백 편이나 작곡할 수 있었다. 물론 어두운 이면도 있다. 그는 유년 시절부터 부친으로부터 요구되는 혹독한 스파르타식 조기 교육이라는 훈련을 모두 참고 견뎌야 했다.

클래식 음악과 팝음악의 차이는 음악회 현장의 드레스코드에서 이미 차이가 난다. 팝음악 콘서트 현장은 청바지 차림으로 편안히 방문해도 되지만, 클래식 연주회장은 점잖은 정장을 차려입고 가야만 한다. 음악을 듣는 마음가짐의 자세부터 다른 것이다. 클래식은 장엄하고도 엄격한 것이며 그 형식에는 존중이 요구된다. 그것은 인간이 신을 닮아 품격이 있으며 그래서 서로에게 예를 갖추어야 한다는 뜻이다.

클래식 음악을 형식까지 제대로 알고 즐기려면 숙련된 교양

지식이 요구된다. 오케스트라의 편성뿐만 아니라 곡의 구성 형식에 대해서도 잘 알아야 한다. 그 형식은 수 세기에 걸쳐 형식이 가장 완전한 형식을 향해 자체의 발전을 거듭한 결과다. 물론 연주자들에게도 숙련된 기술이 요구된다. 박자에 있어서 반박자의 오차도 허용되지 않는다. 또 반음이라도 틀려서는 안 된다. 20세기 초의 오스트리아 빈에는 형식에 숙련된 청중이 있었다. 하이든, 모차르트, 베토벤, 브람스, 말러가 모두 그 도시에서 나왔고 그 도시가 오늘날도 세계적으로 음악 도시로서 명성을 떨칠 수 있는 이유도 청중들이 있었기 때문이다. 연주회에서는 연주자와 청중이 모두가 하나가 되어 정신을 집중해서 음악을 감상한다. 통일성의 음악, 그것이 클래식 음악이다. 통일성 속에서 연주회장은 성당의 미사 시간처럼 경건해진다.

2. 팝의 청소년: 대립성 미학

클래식 음악이 시민 계급이라는 보편적 주체를 위해 완벽한 형식미로 동일성 미학을 대변했다면, 팝음악은 아직 사회에서 그러한 세력을 확보하지 못한 미완의 음악이었다. 팝 Pop이라는 단어가 이미 그런 뉘앙스를 풍긴다. 즉 '대중에게 인기 있는'이라는 뜻의 Popular의 준말이기 때문이다. 사회의 엘리트 지배 계층이 아닌 평민이 좋아하는 음악이라는 뜻이다. 팝음악은 지배 계층의 관점으로 보면 제대로 교육을 받지 못한 사람들을 위한 통속적 음악에 불과한 것이다. 하지만 팝음악은 평민의 입장에서 보면 도리어 민중적 음악이므로 민주적 음악으로 주장될 가능성도 있다. 팝음악은 이처럼 개념 정의 가능성이 다양하게 열려 있다. 그만큼 외연이 넓다는 뜻이다. 가장 보수적인 음악에서부터 가장 진보적인 음악까지 모두 팝음악은 포함할 수 있는 것이다. 마치 살아 있는 생명체처럼 역동적이다. 팝음악은 민중의 개념이 역동적인 만큼 자체적으로도 거기에 상응하게 역동적인 모습을 보인다.

팝음악이 역동적인 이유는 그것이 특히 젊은이들의 문화이기 때문이다. 우리가 집중적으로 여행하게 될 영미권의 팝음악의 이미지는 그래서 역동적이고 젊다. 그것은 영국 비틀즈 The Beatles에서 미와 철학이 절정에 도달하고 미국의 밥 딜런 B. Dylan과 존 바에즈 J. Baez에 의해 사회정치성이 더해지는 것이다. 젊은이들은 아직 기성세대와 달라서 무한히 발전하는 과정에 있다. 꿈과 비전이 있는 것이다. 그러므로 팝음악은 역동적이다.

그들의 역동성은 팝음악의 미래에 대해서도 예측할 수 없게 하는 이유가 된다. 그들은 기성 사회의 도덕과 문화 그리고 가치에 대해 늘 새로운 관점으로 보려고 하기 때문이다. 그들의 관점이 반드시 어떤 철학적, 정치적 내용을 담고 있는 것은 아니다. 다만 사회에서 통용되는 삶의 안정적 형식과 가치들에 대해서 포괄적으로 질문을 던질 뿐이다. 예컨대 70년대에 선풍적 인기를 끌었던 김만준의 대중가요 「모모」는 그런 질문을 아래와 같이 시적으로 표현한다.

> 모모는 철부지 모모는 무지개. 모모는 생을 쫓아가는 시계 바늘이다.
> 모모는 방랑자. 모모는 외로운 그림자.
> 너무 기뻐서 박수를 치듯이 날개짓하며,
> 날아가는 니스(Nice. 프랑스 도시)의 새들을 꿈꾸는 모모는 환상가.

그런데 왜 모모 앞에 있는 생은 행복한가.
인간은 사랑 없이 살 수 없다는 것을 모모는 잘 알고 있기 때문이다.
모모는 철부지 모모는 무지개. 모모는 생을 좇아가는 시계 바늘이다.
모모는 철부지 모모는 무지개. 모모는 생을 좇아가는 시계 바늘이다.
우~우우 우우 우 우우

여기서 모모는 아직 사회에 통합되지 못한 방랑자처럼 사회의 변방을 떠도는 주체다. 카뮈의 『이방인』의 주인공처럼 모모는 목적지를 알지 못한 채 미래를 관찰하고 싶은 주체다. 막연한 환상을 품고 사랑을 찾아서 현실의 한복판에서 벗어나려고 할 뿐이다.

팝음악의 역사는 이렇게 현대 사회에서 현실의 틈새를 통해 빠져 나갔던 역사다. 그것은 사회에 대한 저항 문화였으며 저항을 위한 스타일들 간에 패권 경쟁이 치열하게 일어났던 경험의 역사다. 팝음악의 목적은 사회에서처럼 경제적 이윤 창출에 있는 것이 아니었다. 비록 문화 산업이라는 현실을 떠날 수 없지만, 마음은 늘 바람처럼 자유롭다. 이 자유가 팝음악 세계의 풍경을 매우 풍요롭게 했다. 재즈에서부터 팝, 록, 펑크, 뉴웨이브, 헤비메탈, 힙합 등의 걸출한 음악 장르가 거기서 형성되면서 자유를 구가했다. 자유는 오늘날도 팝음악의 새로운 길들을 개척해 수많은 장르들을 분화시키며 키우는 원천이다.

클래식 음악이 완성된 형식미로 인류 전체의 문화 자산이 되었다면, 팝음악은 역동성으로 인류의 문화 자산이 될 만한 자격을 획득하는 중이다. 팝음악은 향후에도 청년들이 역동적인 것과 마찬가지로 계속 변신하며 수많은 파생 장르를 낳을 것이다. 그리고 그 주체들을 역동적으로 만들 것이다.

두 음악의 차이를 뵐플린의 예술사 기준을 적용해 보면 그 기본 정신은 이미 16세기 르네상스 시대 이후에 17세기 바로크 시대에 형성되기 시작한 것이다. 르네상스에 의하면 르네상스의 단아한 미술 양식은 개인주의적이고 완성되었다면, 17세기의 궁정 바로크 시대의 화려한 미술 양식이 우주 공간 전체로 분산된 느낌을 준다. 이미 통일성이 해체되기 시작하는 것이다. 그 차이는 암묵적으로 이탈리아 피렌체의 두오모 성당과 바티칸 성당의 차이에서 예감된다. 두오모 성당은 선의 명확한 구획으로 그 내부에 개성을 간직하고 보존하려는 건축물이었다면 바티칸 성당은 개인의 자부심을 무한한 우주에 의탁하려는 원심력적 건축물이었다.[2]

클래식 음악은 불변하는 신성을 내부에 간직한 두오모와 같은 것이다. 곡들 하나하나마다 저마다의 단단한 개성이 자율성을 갖추고 있다. 작곡가들은 개인마다 아무도 흉내낼 수 없는 각자만의 타고난 천재성을 유지한다. 비록 몇몇 곡들이 쇤베르크의 현대 음악에서 보는 것과 같이 약간의 문제를 일으키더라도, 개성은 프로필이 손상되지 않고 보존된다. 즉 곡들이 각자의 집에서 독립적 삶을 살아가고 있는 것이다. 곡마다 라틴어로 '작품'이란 뜻인 오푸스Opus의 약자로 'Op.1', 'Op.50' 따위의 분류번호가 붙어 있다. 클래식은 독립된 단위들이 서로의 영역을 침범하지 않고 우주의 전체 질서 속에 확고하면서도 개성 있게 배치되어 있다.

반면에 20세기에 생겨난 팝음악은 그 질서에 반기를 든다. 두오모를 바티칸의 넓은 광장으로 확장한다. 형식을 자유롭게 해체하기 시작한 것이다. 클래식에 비하면 주체의 정체성이 경쾌해졌다는 증거다. 이런 변화의 원인은 인류가 20세기에 겪게 되는 두 차례의 세계 대전과 거기에 대한 젊은이들의 비판 정신과 관계가 깊다. 세계가 동맹국과 연합국으로 나뉘고, 연합국은 다시 사회주의와 자본주의로 나뉘어 대립하였다. 이에 대해 개인의 내면에서도 분열이 일어나기 시작한 것이다. 세계의 질서에 과연 클래식 음악처럼 균열은 없는 것인지 의문을 제기하고 대안의 가능성을 음악적으로 모색하기 시작하게 된 것이다.

클래식 음악과 팝음악의 차이는 푸코의 지식학의 관점으로도 설명해 볼 수 있다. 그에 의하면 르네상스 시대의 개인주의적 세계관은 그 당시의 통일성의 지식 형식에 따르는 것이었다. 그 시대는 "분류하기"(푸코 2015, 1915)[3] 담론의 시대였다. 우주의 질서는 모든 사물들에게 각자 있어야 할 위치를 규정해 주었다. 그리고 사물들은 서로 닮아 있으며 텔레파시를 통해 감응했다. 하늘의 별이 빛나면 지상의 초목도 같이 싱싱해지는 친밀한 관계가 형성되어 있었다. 별과 초목은 자신의 정체성을 지키면서도 우주 전체와 연결되어 있었다. 그러나 계몽주의 시대 이후의 지식은 그런 고전주의적 질서의 재현은 불가능해졌다. 모든 것이 변화하는 "역사의 시대"(307)가 도래했기 때문이다. 팝음악은 역사의 시대 음악에 해당한다. 모든 질서가 해체되고 분산되는 현대 사회의 새로운 경험들을 반영하는 음악인 것이다.

제 2 장

객체: 주관성과 객관성의 인터페이스

팝음악은 젊은이들의 마음에서 시작되었다. '처녀 때는 말똥이 굴러가는 것만 보아도 웃는다.' 라는 말이 있다. 말똥이 아니라 '가랑잎 굴러가는 것만 보아도 웃는다.' 라고 해도 마찬가지다. 마음만 열려 있으면, 팝음악은 곡 제목이 어떤 것이어도 상관없다. 처녀 시절에는 눈에 보이는 모든 것들이 깔깔거리며 웃게 만든다. 바로 여기에 진리가 있다. 팝음악은 주관성이다.

그리고 이와 동시에 팝음악은 객관성이기도 하다. 처녀가 한 명이 아니라 여러 명이기 때문이다. 여학교 교실에 가보면 안다. 쥐 한 마리가 어디선가 튀어나왔다고 하자. 그러면 모두가 동시에 책상 위로 뛰어올라 갈 것이다. 그리고 다 같이 배꼽을 쥐고 웃을 것이다. 팝음악은 죽어 있는 사물이 아니다. 사운드는 처녀들의 마음속에 살아 있으며 이와 동시에 객관적으로 그 나이에 있는 숱한 젊은이들의 마음속에서도 관찰되는 공통된 현상이다. 팝음악은 이렇게 주관성과 객관성 사이를 오가며 살아 있는 신기한 것이다. 둘은 서로 하나의 끈으로 연결되어 있기 때문이다.

1. 주관성

팝음악의 주체는 젊은이다. 그들은 새로운 세상을 꿈꾼다. 그것이 무엇인지 그들은 아직 분명히 알지 못한다. 그렇지만 그것은 분명히 마음속에 있으며 어두운 밤하늘의 별처럼 빛난다. 캐나다의 록음악 가수 닐 영 Neil Young은 노래 「금같은 마음 Heart of gold」(1972)에서 그 막연한 감정을 아래와 같이 노래한다.

난 살고 싶어
난 주고 싶어
난 금으로 된 심장을 찾는 광부거든.
이러한 말로 표현된 마음이야.
절대 포기 안 할 거야
금으로 된 심장을 계속 찾게 하는 마음을.

I want to live,
I want to give
I've been a miner for a heart of gold.
It's these expressions
I never give
That keep me searching for a heart of gold.

닐 영이 애타게 찾는 것은 금괴가 아니다. 하트 즉 마음이다.

마음은 현실이 아무리 어둡더라도 밝게 빛난다. 그것은 상상력일 것이다. 상상력은 세상을 금처럼 빛나게 변화시킬 수 있다. 일종의 마술이기도 하다. 미국의 재즈 가수 엘라 피츠제럴드 E. Fitzgerald는 「그것은 종이로 만든 달일 뿐이라네 It's Only a Paper Moon」(1932)에서 상상력을 아래와 같이 노래한다.

말해요, 그것은 단지 종이 달이라고
마분지 바다 위를 항해하는.
하지만 그것은 가상이 아닐 겁니다,
그대가 저를 믿어주신다면.

그래요, 캔버스 하늘일 뿐이지요
모슬린 나무에 매달려 있는.
하지만 그것은 가상이 아닐 겁니다.
저를 믿으신다면,

Say, it's only a paper moon
Sailing over a cardboard sea
But it wouldn' t be make-believe
If you believed in me

Yes, it's only a canvas sky
Hanging over a muslin tree
But it wouldn' t be make-believe
If you believed in me

사랑에 대한 믿음은 모든 죽어 있는 사물에 생명을 불어넣는다. 사랑에 대한 믿음의 눈으로 보면 금처럼 빛나지 않는 것이 없다. 믿음은 현실의 종이에 그려진 가짜 달이나 캔버스 마포에 그려진 가짜 하늘을 진짜 달과 하늘로 변화시키는 기적을 일으킨다. 작사자는 이 노래의 가사에 대한 영감을 뉴욕의 번화한 밤거리를 창문 밖으로 내다보다가 얻었다고 한다. 저 아래 불빛 속에서 수많은 차와 사람들이 분주히 오가는 모습이 보인다. 그들은 모두 무슨 생각들을 하며 사는 걸까? 궁금해졌다는 것이다. 그는 그 모든 불빛들이 하늘의 달과 별처럼 느껴졌다고 한다. 감정은 순식간에 뉴욕 거리를 하늘의 은하수로 변화시킨다. 그 모든 뉴욕거리의 모습이 공허한 허상이 아니라 진짜 달과 하늘이길 바라는 간절한 마음의 힘이다.

자연 과학은 우리 주변의 모든 존재를 죽은 것으로 간주하게 만들어 버렸다. 그 모든 사물들에게 다시 활기차게 생명력을 부여해야 하는 과제가 이제 우리에게 부여되어 있다. 예술 철학자 존 듀이 J. Dewey는 자연의 사물화를 비판한다. 우리는 죽은 사물들과 살아가는 데 익숙해졌지만 원래는 오래 전부터 모든 주변의 사물들과 상호 작용하며 살면서 자연을 친구처럼 여기며 살았었기 때문이다. 그는 과거에 우리의 선조들이 아궁이에 불을 지필 때 단순히 난방을 위한 것이 아니라 불의 온기와 아름다움을 함께 경험하였음을 예로 든다(듀이 2020, 22).[4] 다시 말해서 우리는 자연 바깥에서 사는 것이 아니라 자연 속에서 더불어 살고 있음을 잊지 말자는 것이다. 마음가짐이 죽어 있는 것들에 다시 생명력을 불어넣을 수 있다는 믿음은 문학사에서 낭만주의 문학의 강령이었다. 독일의 시인 노발리스 Novalis는 낭만주의가 어떤 것인지 아래와 같이 설명한다.

> 세계는 낭만화되어야 한다. 그래야 우리는 원천의 의미를 되찾을 수 있다. 낭만화는 질적 강화 이외에 아무것도 아니다. 저급 자아는 낭만화의 작동을 통해서 더 좋은 자아였음이 밝혀진다. 우리가 그런 일련의 질적 강화의 과정 중에 있기 때문이다. 작동이 어떻게 이루어지는지에 대해서는 아직 전모가 다 밝혀지지 않았다. 나는 세속적인 것에 고상한 의미를, 평범한 것에는 신비로 가득 찬 외모를, 널리 알려진 것에는 미지의 품위를, 유한한 것에 무한한 빛을 부여하는 식으로 마음을 낭만화한다. 고차원의 것, 미지의 것, 신비로운 것, 무한한 것을 위한 작동은 역방향이다. 즉 이것들을 결합하면 로그값을 얻게 된다 - 끝없이 표현이 생겨난다. 낭만적 철학. 언어의 낭만성. 상호 상승과 하강(Novalis 1978, 334).[5]

쉽게 설명하자면, 어느 날 직장이나 학교의 동료가 갑자기 고맙고 사랑스러워 보이는 것과 같다. 평소에는 하찮은 사람이라 생각해서 무심코 대했는데 갑자기 너무 아름다운 것이다. 가슴이 두근두근 뛰며 마구 부풀어오른다. 그 마음에 로그 Log를 붙여서 진정시켜야만 그 마음의 표현이 가능해진다. 그러나 이 변화는 내가 그 사람을 그렇게 아름답다고 믿고 볼 때 일어나는 것이다. 그런 마음을 가지자는 것이다.

독일 철학자 중에 에드문트 후설 E. Husserl이라는 현상학자가 있다. 그도 듀이처럼 현실을 주체와 대상 간의 상호 작용으로 설명한다. 내가 님을 사랑하면 그 사람은 나도 모르는 중에 어느새 이 세상에서 가장 아름다운 사람이 된다는 것이다. 그는 이 낭만적 변용을 나의 지향 대상 즉 노에마 Noema와 나의 지향 활동 Noesis의 상호 작용 때문이라고 설명한다. 황동규 시인의 「즐거운 편지」(1958)를 예로 들어 설명해 보자.

내 그대를 생각함은
항상 그대가 앉아 있는 배경에서
해가 지고 바람이 부는 일처럼 사소한 일일 것이나
언젠가 그대가
한없이 괴로움 속을 헤매일 때에
오랫동안 전해 오던 그 사소함으로
그대를 불러 보리라

시적 주체는 여기서 그대를 생각한다. 그대는 생각의 대상 즉 노에마다. 주체는 그대에 대한 생각에서 벗어날 수 없다. 그대에 대한 생각을 떨칠 수 없는 것이다. 생각은 여기서 명사가 아니라 동사다. 동사로서의 이 정신 활동을 후설은 노에시스 Noesis라고 부른다. 동사 노에시스와 명사 노에마는 서로 의존적이다. 대상이 과정을 낳고, 과정이 대상을 활성화시키기 때문이다. 노에시스와 노에마는 서로 상승 작용을 일으키는 관계에 있다. 상승작용은 이 시의 2절을 보면 잘 알 수 있다.

진실로 진실로 내가 그대를 사랑하는 까닭은
내 나의 사랑을 한없이 잇닿은 그 기다림으로
바꾸어버린 데 있었다.
밤이 들면서 골짜기엔 눈이 퍼붓기 시작했다.
내 사랑도 어디쯤에선 반드시 그칠 것을 믿는다.
다만 그때 내 기다림의 자세를 생각하는 것뿐이다.
그 동안에 눈이 그치고 꽃이 피어나고
낙엽이 떨어지고 또 눈이 퍼붓고 할 것을 믿는다.

시적 주체의 노에시스는 그대를 겨울의 눈과 봄의 꽃과 가을의 낙엽의 시간의 맥락으로 옮겨놓는다. 노에마가 이리하여 매번 그의 눈 앞에 현전하면서 활성화된다. 그는 노에마에게서 학벌, 외모, 재산 그 모든 조건들을 따지지 않는다.

팝음악도 마찬가지다. 동사를 작동시켜야 한다. 그럴 때 주체와 그대 간에 행복한 순환이 형성된다. 이 형성에 대해 디더릭슨은 "의도성을 지닌 사물 Ding-Intentionalität"(디더릭슨 2014, 403)이라고 말한다. 팝음악의 주체는 대상을 의도성으로 창조한다.

2. 사회성

후설은 후기 철학에서 노에마와 노에시스를 보완해서 설명하기 위해 "생활 세계 Lebenswelt"[6]라는 개념을 추가로 도입했다. 개인의 주관성 세계는 사실은 주관성만으로는 전부 설명이 안되며 사회의 전통과 문화에 의해서 영향받는다는 측면을 고려해야 하기 때문이다. 그로써 그의 후기 철학은 주관성의 현상학을 사회문화학적 현상학으로 지평을 확장하였다. 팝음악도 마찬가지다. 팝음악은 주관성일 뿐만 아니라 역사 속에서 전통과 문화의 영향을 받는 것이다. 그래서 팝음악이 사회의 정치와 만나면 팝음악은 정치성을 띠게 된다. 이럴 경우 팝음악의 회로는 개인의 사적 폐쇄 회로를 돌파한다. 예컨대 80년대 초반에 유행했던 정광태의 대중가요 「도요새 비밀」(1983)은 개인의 사적 감정을 노래하는 것처럼 들리지만 사회적 감정을 노래하는 것이다.

너희들은 모르지/ 우리가 얼마만큼 높이 날으는지
저 푸른 소나무보다 높이/ 저 뜨거운 태양보다 높이
저 무궁한 창공보다 더 높이

너희들은 모르지/ 우리가 얼마만큼 높이 오르는지
저 말없는 솔개보다 높이/ 저 별 사이 참새보다 높이
저 꿈꾸는 비둘기보다 더 높이

도요새 도요새 그 몸은 비록 작지만
도요새 도요새 가장 멀리 꿈꾸는 새

필자는 이 노래를 80년대에 어두운 새벽에 처음 들었다. 지금은 철거되어 없어졌지만 아현동의 어두침침한 고가 도로의 교각 밑에서 새벽에 등교를 위해 버스에 탑승하자마자 버스 안에서 이 노래가 들렸다. 기사 아저씨가 라디오를 켜 놓았던 것이다. 그 사운드는 마치 저 높은 하늘에서 진짜 도요새의 노래를 듣는 듯한 느낌이었다. 진학 걱정이 마음을 짓누를 때 이 노래는 해방감을 안겨 주었다. 도요새는 알래스카에서 오스트레일리아까지 수만 킬로미터를 비행하는 새라고 한다. 그 조그마한 체구로 먼 길을 비행하려면 온갖 고통이 뒤따를 것이다. 그러나 새는 그 모든 어려움을 꿋꿋이 이겨낸다.

그런데 이 노래에서 자유와 해방의 감정을 느낀 사람은 나 혼자만이 아니었다는 것을 나중에 알게 되었다. 독재 정권의 어두운 시대에 현실에서 벗어나고 싶던 사람들이 이 노래를 모두 좋아했던 것이다. 현실에서 고개를 들고 멀리 삶을 조망할 수 있는 도요새는 저 아래 짹짹거리며 몰려다니는 "참새들"에게 "너희들은 모르지/ 우리가 얼마만큼 높이 오르는지" 라고 말한다. 우리는 그런 참새가 아닌지 각자의 처지를 돌아보지 않을 수 없다. 사회의 회색빛 건물에 너도나도 먼저 들어가려고 우르르 몰려들어 치열하게 몸싸움을 벌이고 있는 것은 아닌지 되돌아보게 되는 것이다.

한국의 대중 가요의 역사에서 빼놓을 수 없는 걸출한 가수 양희은은 자신의 데뷔곡 「아침이슬」(1971)에 대한 회고에서 자신의 이 곡이 당시에 정치적 가요의 대명사처럼 통용될 줄은 꿈에도 몰랐다고 말한다. 이 곡은 작곡자 김민기가 마음에 들지 않는다며 쓰레기통에 버리다시피 한 것이었고 그녀는 우연히 그 곡을 발견해 그의 허락을 받아 자신의 데뷔 앨범에 추가했을 뿐이라는 것이다. 그런데 이 곡이 운동권 노래로 통하게 되고 그로써 민중들에게 크게 인기를 끌게 되었다는 것이다.

서구에서 20세기 중반부터 유행하게 된 팝음악들도 이와 비슷한 길을 걸었다. 도시화와 산업화의 시대에 대해 젊은이들은 주관적으로 현실에 대해 문제를 제기하며 자유를 꿈꾸었고, 그리고 이 꿈은 대중이 모두 공감하게 되는 것이다. 즉 팝음악은 주관성일 뿐만 아니라 사회성이기도 한 것이다.

3. 인터페이스

팝음악은 주관성에서 시작해서 사회성에 이르게 되는 것이기도 하지만 그 역방향의 관계도 성립함을 우리는 강조해야 한다. 예를 들어 우리가 바다 여행을 한다고 하자. 그러면 나는 포세이돈처럼 목적지를 내가 정할 수도 있지만, 그 반대일 수도 있다. 내가 혼자서 포세이돈처럼 바다를 호령하는 것이 결코 아니라는 것이다. 오히려 대중이 포세이돈이고 나는 바다 위에 떠 있는 조각배일 수도 있다. 그래서 나는 포세이돈이 데려다주는 곳으로 조류에 떠밀려 표류할 수도 있다. 이 경우에 내가 도착하게 되는 곳은 내가 아니라 포세이돈이 정해 주는 곳이다. 개인의 주체는 "현대의 객관적 현실의 구성 요소"(Schulze 2000, 239)일 뿐이다.[7]

팝음악은 주관성과 사회성이 서로에게 영향을 미치는 인터페이스 공간을 형성한다. 주관성은 사회성으로부터 자유로워지고 싶어하는 것이라며, 사회성이 주관성의 향방을 결정할 수도 있게 되는 것이다. 주관성의 내용은 개인의 주관성이므로 무엇이든지 될 수 있다. 개인의 행복을 위해 사랑하는 사람을 만나 마음껏 사랑하고 싶은 마음이 될 수도 있고 또는 낯선 곳으로 멀리 여행을 떠나서 새로운 체험을 하고 싶은 마음일 수도 있다. 예컨대 나훈아는 「18세 순이」(1983)에서 불현듯 순이를 찾아가야 한다고 말하며, 김수희는 「남행열차」(1989)에서 호남선 열차에 올라탄다. 그러나 이런 주관성은 개인이 스스로 결정하는 것만은 아니다. 우리는 그 노래를 듣는 순간 그런 마음이 든다. 그러니까 노래가 우리를 그렇게 떠나라고 유도하는 것이다.

대중가요는 그러나 노래라는 매체가 바로 결정하는 것도 아니다. 이미 숱한 대중이 그 노래를 좋아했기 때문에 그 노래가 매스미디어의 전파를 탈 수 있게 된 것이다. 결국은 매체 뒤에 있는 대중이 현재의 우리 개개인의 마음을 결정하는 것이다. 대중의 동의를 받지 못한 노래는 인기를 얻지 못해 곧 도태된다. 결국 주관성을 결정하는 것은 대중이다. 대중이 노래를 정치성으로 해석해서 불렀다면, 우리도 노래를 들으면서 정치성을 배운다. 예컨대 송창식의 「고래사냥」(1975)을 통해 사람들은 정치를 배울 수 있었다. 그의 탁 트인 목소리는 고래가 푸른 바다를 마음껏 헤엄치는 듯한 기분을 느끼게 했다. 노래를 들을 때마다 사람들은 유신 치하의 억눌린 사회 분위기에서 도시를 떠나고 싶었다. 사회를 바꾸어 숨통이 트이게 하고 싶은 마음을 배운 것이다.

팝음악의 가장 큰 특징은 바로 여기에 있다. 팝음악은 예술이지만 전통 미학의 개인주의 문화와 다르다. 팝음악도 개인의 사랑과 꿈을 위한 개인주의라는 특징이 있지만 그럴지라도 개인의 해방욕망을 사회적으로 공유하게 되는 예술이기 때문이다. 사회적 개인주의로서의 예술이다. 결과적으로 말하면 개인주의적 사회성의 예술이라고 말할 수도 있다. 팝음악에서 주관성과 사회성은 서로 유리된 것이 아니라는 말이다. 주관성과 사회성은 서로 가역적 관계에 있으며 상호 간에 시너지 효과를 낸다. 이 말이 무슨 뜻인지를 우리는 록밴드 신중현과 엽전들은 「미인」(1974)의 역사적 경험을 통해서 설명해볼 수 있다.

> 한 번 보고 두 번 보고 자꾸만 보고 싶네
> 아름다운 그 모습을 자꾸만 보고 싶네
> 그 누구나 한 번 보면 자꾸만 보고 있네
> 그 누구의 애인인가 정말로 궁금 하네
> 모두 사랑하네
> 나도 사랑하네
> 모두 사랑하네
> 나도 사랑하네

이 곡은 사회 전체가 모두 유신 치하에서 자유를 억압 당하고 경직되어 있을 때 발표되었다. 다른 대중음악들이 패배주의에 젖어 푹 가라앉은 분위기 일색이었을 때, 이 곡은 개성 넘치는 힘찬 사운드로 사람들에게 해방감을 안겨줄 수 있었다. 록음악이었지만 첫박에 강세가 오는 사운드는 국악의 중모리 장단처럼 들렸으며 해녀의 숨비 소리와도 같았다.

이 곡을 들으며 사람들은 사회로부터 개인의 해방감을 느꼈으며 동시에 사회를 위해 어떻게 행동해야 하는지 정치를 배울 수 있었다. 노래에서 "그 누구의 애인인가 정말로 궁금하네" 대목은 낯선 사람에 대한 궁금증을 키우므로 사회성 교육에 해당한다. 낯선 사람은 여기서 정말로 낯선 사람을 지칭하는 말이 아니기 때문이다. 우리가 잘 알고 있는 사람들, 평소에 보고 지나쳤던 친근한 이웃들 모두에 대해 다시 관심을 가지게 만드는 것이다. 사회성 교육은 곧 정치로 이어지게 된다. "모두 사랑하네. 나도 사랑하네." 우리 모두가 서로에 대한 관심으로 사랑을 실천하게 되기 때문이다. 팝음악은 우리에게 사회를 가르치고 정치적 행동을 이끌어 낸다. 물론 그 목적은 개인의 자유를 위해서다. 그리고 개인의 자유가 공동체의 자유가 된다. 이렇게 팝음악은 학교에서 개인과 친구들이 서로 만나듯이, 개인과 사회의 구성원이 함께 만나고 영향을 주고받는 인터페이스 공간을 형성한다.

2부

팝음악의 객관적 역사와 주관적 역사

제 3 장

팝음악의 객관적 역사

20세기 들어서면서 급격히 기술 매체가 발달하면서 팝음악이 대량 생산되기 시작했다. 그 전체가 얼마나 되는지는 현실적으로 집계를 포기하게 만든다. 최소한 수억 곡 이상일 것이다. 너무 많아서 이제는 그 전체의 모습을 아무도 짐작할 수 없다. 단 하나의 음악 밴드가 생산한 곡이 천 곡이 넘는 경우도 있다. 단원들도 다 기억하지 못할 정도다. 예컨대 독일 뒤셀도르프의 펑크록 밴드 디 토텐 호젠 Die Toten Hosen은 지난 40년간 앨범 숫자만도 109매에 이른다(2021년도 기준). 매 음반마다 20곡 내외가 실려 있으므로 전체가 약 2,000곡이나 된다.[8]

팝음악의 역사를 쓰는 것은 이제 사실상 불가능하게 되었다. 그렇지만 그 역사는 불꽃놀이의 재티들을 땅과 바다 밑에 가라앉혀 객관적으로 흔적을 남겼다. 그것을 잘 찾아가 보면 개략적으로 땅속의 광맥과도 같은 모습이다. 음악학자들은 광맥을 사운드의 물리적 음질을 중심으로 탐사하여 아래의 도표와 같이 시각화했다. 도표에서 제일 하층부에는 사운드의 비중이 커서 무게감을 주는 곡들이 배치되고 상층부에는 경량감을 주는 곡들이 배치된다. 주파수의 차이가 그런 느낌을 만들어 낸다. 주파수가 높으면 바이올린 소리처럼 경쾌한 고음을 내므로 상층부에, 주파수가 낮으면 튜바 소리처럼 묵직한 저음을 내므로 하층부에 배치된다. 지구 물리학자의 감각으로 보면, 상층부의 사운드는 화강암 계열이고 하층부는 현무암 계열이다. 위는 밝고 아래는 어둡다.

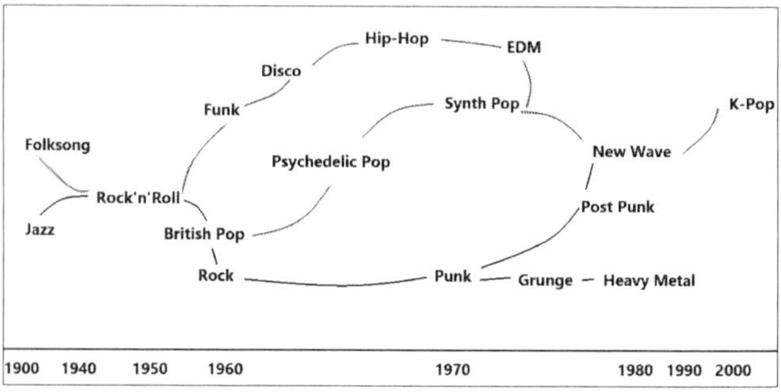

표를 보면 팝음악의 역사는 1940년경부터 본격적으로 시작되었음을 알 수 있다. 1950년대에 로큰롤은 포크송과 재즈의 전통을 이어받으면서 상부의 팝과 하부의 록의 두 계열로 나뉜다. 비교적 뒤늦게 팝음악사에 모습을 드러낸 록은 팝과 경쟁하면서 어깨를 나란히 하게 된다. 팝과 록의 양대 산맥 시대가 1960년대 초에 시작된 것이다. 그 이후로 두 산맥은 서로 만났다가 헤어지기를 반복하면서 유전자를 서로 교환하며 팝음악 전체의 역사를 풍요롭게 발전시키게 된다.

이 표에서 K-Pop이 지맥을 형성하여 세계적으로 유명세를 타기 시작한 것은 2000년대 이후다. 최근에는 심지어 조선팝도[9]

거기서 분파되어 나오기 시작했다. 그 모든 조류 운동의 역사는 오늘날도 계속되고 있다. 여기서 새로운 지맥이 진화냐 퇴보냐 하는 것은 상대적인 개념이다. 판단의 기준을 어떻게 정하느냐의 문제일 뿐이다. 보수적 기성세대의 눈으로 보기에, 힙합의 출현은 음악의 퇴보로 여겨졌었다. 그러나 오늘날 힙합은 수많은 젊은이들의 사랑을 받으며 최전선에서 팝음악의 발전을 주도하고 있으며 당당히 팝음악으로 인정받고 있다.

1. 1910년대: 재즈 음악

팝음악의 사운드가 객관적으로 처음으로 존재를 알리기 시작한 곳은 미국 동남부였다. 그곳에서 재즈 음악의 기원이 되는 소리가 언제부터인가 드넓은 벌판에서 들리기 시작했다. 그리고 그 소리는 미국의 산업화의 시기에 주민들이 일자리를 찾아 미시시피 강을 따라 점차 북쪽으로 올라갈 때 같이 따라 올라갔다. 이리하여 동남부 주민들의 이주의 역사와 팝음악의 전파의 역사는 일치한다. 경로는 시카고와 디트로이트를 지나 뉴욕까지 이어졌다.

20세기 초 미국 남동부에는 아프리카계 흑인과 크레올들이 많이 살고 있었다. 그들은 농장에서 힘든 농사일을 할 때마다 노동요를 불렀다. 그것이 재즈 음악의 시작이었다. 재즈는 힘든 일이 끝난 후에 동네 어귀의 술집들에서도 연주되었다. 12마디의 블루스나 32마디의 간단한 노래를 각 구성원들이 전체의 틀을 깨지 않는 한도 내에서 자유로이 변주하면서 연주하면 되었다. 밴드의 주도 악기가 기본 멜로디를 연주할 때, 다른 악기 파트들이 각자에게 고유한 음역대 내에서 즉흥적으로 변주한다. 변주는 강약의 리듬을 약강으로 역전시켜도 되며, 신코페이션 또는 엇박자를 사용해도 된다. 그로써 전체적으로는 화음을 깨뜨리지 않으면서 대위법적 연주 효과를 낼 수 있게 된다.

재즈의 "집단적 즉흥 연주 Collective improvisation" 형식은 천재적 연주자 루이스 암스트롱을 비롯해 수많은 명연주자들에 의해 독창적 솔로 형식으로도 발전하였다. 또한 10인 이상의 연주자가 함께 고유의 악기 스타일로 즉흥적으로 연주함으로써 빅밴드 연주 시대를 열기도 했다. 빅밴드는 박자를 밀고 당기는 신코페이션으로 신나는 느낌을 주므로 스윙 재즈로도 불렸다. 30년대에 시작된 스윙 재즈는 큰 인기를 끌었지만 미리 편곡된 악보의 큰 틀에 따라 연주하지 않을 수 없었으므로 연주자에게는 다소 갑갑한 것이었다. 그래서 그 정형을 깨뜨리는 파격적 형식이 비밥 Bebop이었다. 비밥에서는 연주자가 스윙의 정형화된 틀을 벗어나서 매우 빠른 템포로 기량을 뽐내도 되었다. 비브라토, 벤딩, 글리산도 등의 새로운 연주 기법이 여기서 추가되었다. 스윙이 멜로디 중심이었다면 비밥은 코드 중심이었다. 비밥은 대중들에게 익숙하지 않아 처음에는 인기가 없었지만 재즈의 단조로운 선율을 벗어나 재즈를 고급 클래식 예술을 닮을 수 있게 했다.

그 후에도 재즈는 여러 다른 음악 장르와 만나면서 진화를 거듭하였다. 40년대에는 차분한 느낌의 쿨 재즈가 나왔고, 50년대에는 일반적인 박자와 음악적 구조를 거부하는 프리 재즈가 탄생했다. 50년대 중반부터는 즉흥성이 더 강조된 '하드 밥'이 등장했으며, 후반에는 개성 넘치는 연주 스타일을 중시하는 모달 재즈도 나왔다. 재즈는 그렇게 변신을 거듭하며 새로운 형식으로 발전하게 된다.

유럽의 클래식이 엄격히 정해진 박자와 화음의 구조에 포커스가 맞추어져 있었다면, 재즈는 연주자 간에 호흡을 맞추면서 즉흥적이고 역동적인 협력이 중시되었다. 즉흥성, 협력은 재즈에 내재한 에너지에서 나온 것이었다. 재즈 Jazz는 원래 어원이 재스 Jass였는데 그 뜻은 흑인들의 속어로 '섹스한다'였다는 설이 있다. 주류 사회의 클래식 음악의 관점으로 보면, 재즈는 저급한 것이었다. 정신보다는 감각을 자극하였기 때문이다. 그러나 재즈는 뉴올리언스에서 미시시피강을 따라 시카고와 뉴욕까지 전파되는 과정에서 백인 노동자들의 마음도 사로잡았고 이제는 미국 주류 사회의 전통으로 자리잡았다. 포크송의 소울과 블루스의 그루브는 재즈 없이는 불가능한 것이었다.

우리가 재즈를 들을 때마다 느끼는 그루브는 사실은 흑인 노예 노동자들의 고통에서 생겨난 것이었다. 그들은 선조 때부터 고된 노동에 시달려야 했는데, 이 고통을 극복하기 위해 그 고통을 유연한 리듬으로 견딜 만하게 승화시켰던 것이다. 소울 가수 커티스 메이필드 C. Mayfield는 그들의 절망감을 아래와 같이 「언더그라운드 Underground」(1971)에서 노래한다.

빛은 없을 것이므로 시력도 사라지리라
그리고 그 위치에서 너희는 동료들을 판단하면서
판단이 옳다고 믿으리라
모든 사람이 원래의 검은색으로 되돌아올 것이니 그러니 누가 누구인지 어떻게 알리요
사실대로 말하건대, 색, 신념 그리고 종족은 반드시 사라져야 한다네

There'll be no light, so there can be no sight
And you'll judge your fellow men on the stand
By what is right
They'll all turn black so who's to know
As a matter of fact: color, creed and breed must go

흑인 가수로서 메이필드는 이 노래에서 차라리 지하에 머물기를 원한다. 그곳에서는 피부색이 검어도 안 보여 괜찮을 것이기 때문이다. 재즈의 비판 정신은 오늘날도 팝음악에 면면이 흐르고 있다. 흑인 가수 니나 시몬 N. Simone은 「네 명의 여자 Four Women」(1966)에서 아래와 같이 자신의 인종 차별의 경험을 직설적 언어로 노래한다. "나는 우선 엄마부터 죽이고 싶다. 나의 삶은 너무 고달팠다. 요즘 놀랍도록 고통스럽다. 나의 부모들이 노예였기 때문이다. I'll kill the first mother I see/ My life has been too rough/ I'm awfully bitter these days/ Because my parents were slaves." 나를 흑인으로 낳아 준 엄마를 죽이고 싶다는 말이다. 자학적인 것처럼 보이지만 사실은 사회의 차별 대우에 대한 저항 정신을 제유법으로 표현한 것이다.

2. 1950년대: 로큰롤

재즈 음악의 뒤를 이어 미국 사회에서 유행한 로큰롤 Rock'n' Roll은 재즈의 전통에 댄스를 비롯해서 다양한 음악적 요소들이 혼합된 음악이었다. 리듬 앤 블루스 Rhythm & Blues, 소울 Soul 그리고 컨트리 뮤직 Country Music의 음악적 요소들이 거기에 모두 담겨 있다. 전설 미대륙의 중부 자마이카에서 발전한 스카 Ska와 레게 Reggae 음악도 로큰롤의 계보에 속한다. 로큰롤의 노랫말에는 비록 직설적 표현은 삼갔지만 인종주의, 빈곤 문제, 여성들의 성적 억압 같은 테마들이 거론되었다. 프랭크 시나트라 F. Sinatra, 팻 분 P. Boone 그리고 도리스 데이 D. Day가 로큰롤의 유행을 주도했고 그 최고의 정점에는 엘비스 프레슬리 E. Presley가 있다.

로큰롤의 리듬은 엉덩이를 들썩거리게 한다. 그래서 로큰롤은 처음에는 보수주의자들에게 비판을 받았다. 그것이 성적인 자극을 유발하는 천박한 리듬처럼 들렸기 때문이다. 로큰롤은 10대 청소년들 사이에서 폭발적 인기를 끌었다. 그것은 60년대 중반부터는 훵크 Funk 음악의 훅훅하며 가슴을 울리는 사운드로 발전하게 된다. 그 사운드는 베이스 기타 연주를 통해 생겨난다. 일종의 그루브 리듬이다. 그루브는 몸의 감각을 통해서 정신을 자유롭게 하는 기능을 하므로 향후 팝음악에서 없어서는 안 되는 핵심 요소로 자리잡는다.

엘비스 프레슬리의 등장은 로큰롤이 백인 중산층들 사이에서도 사랑받는 대중음악이 될 수 있게 했다. 로큰롤이 클래식 음악과 차이가 나는 부분이 있다면, 신나는 리듬감이다. 리듬은 몸의 살아있는 역동성을 직접 느끼게 한다. 클래식이 정장을 차려입고 듣는 엄숙한 음악이라면, 로큰롤은 일상생활 속에서 신나게 춤추며 즐기는 음악이었다. 클래식 음악과 팝음악의 차이나는 감성을 알려면, 영화 『그린북 Greenbook』(2018)을 보는 것이 도움이 된다.

영화에서 보면 흑인 클래식 음악가가 백인을 운전사로 고용해서 장거리 연주 투어를 떠난다. 백인은 가난한 이탈리아계 미국인이다. 연주자는 클래식을 통해서 백인들의 중산층 사회로의 계층 상승을 이루었고 그들의 점잖은 문화를 흉내내지만 그가 아무리 연주를 잘해도 도처에서 흑인이라는 이유로 차별 대우를 받는다. 클래식 음악을 즐기는 중산층 백인들이 얼마나 비인간적인가가 이를 통해 비판된다. 주인공은 운전사의 집에 초대를 받아 그의 집에서 가난한 하층민 가족도 얼마나 행복한 삶을 살 수 있는지 보고 배우게 된다. 로큰롤의 레전드 엘비스 프레슬리도 스타가 되기 이전에는 생계를 위해 일하는 가난한 트럭 운전사였다.

3. 1960년대: 팝 Pop과 록 Rock

오늘날 우리가 팝음악하면 생각나는 것이 있다. 그것은 60년대에 영국에서 시작된 록 밴드 비틀즈 Beatles다. 오늘날 전 세계에서 사람들에게 역사상 최고의 밴드를 손꼽으라면, 늘 비틀즈가 최고의 득표를 한다. 비틀즈 사운드의 거센 돌풍이 일기 시작한 곳은 영국의 항구 도시 리버풀 Liverpool이었다. 그 도시에는 당시에 약 300여 개의 밴드가 활동하였다(Büsser 2002, 16).[10] 비틀즈의 바람은 예술과 철학이 결합되면서 시작되었다. 마약처럼 유혹하는 아름다운 선율과 평화를 노래하는 철학적 가사는 전 세계의 젊은이들의 마음을 사로잡았다. 폴 매커트니 P. McCartney는 부유한 상류 계층의 졸린 듯한 미소년의 눈매로, 존 레논 J. Lennon은 노동자 계급의 맏형처럼 의젓한 표정으로 팬들의 자유와 질서에 대한 욕망을 고루 만족시키며 밴드를 팝음악의 전설이 되게 했다.

비틀즈가 젊은이들의 폭발적 인기를 끈 이유는 역사적 상황 탓도 있었다. 1차 대전과 2차 대전을 치룬 뒤에 기성세대는 그들에게 감동을 줄 만한 특별한 것이 없었다. 그들은 전후의 폐허 위에서 경제 재건에 매진하느라 자녀들의 감성 욕구를 미처 챙기지 못했다. 그리고 뒤이어 60년대 말에 발발한 월남전도 골칫거리였다. 냉전 체제의 이념 갈등 하에서 젊은이들은 감성의 분출 통로를 찾아야 했다. 수많은 밴드들은 그 욕구를 대변해 주었다. 젊은이들은 밴드를 통해서 자신의 억눌린 욕망을 발견할 수 있었고 마음껏 발산할 수 있었다.

록밴드들의 음악과 연주 스타일은 크게 두 계보로 나누어진다. 하나는 비틀즈처럼 사랑과 평화의 소중함을 느끼게 하는 아름다운 멜로디의 음악이었다. 사회 비판은 간접적으로만 이루어졌다. 다른 하나는 런던에서 새로운 바람을 불러일으킨 하드록이었다. 록밴드 롤링 스톤즈 Rolling Stones와 더 후 The Who가 그 대표자들이다. 강렬한 드럼과 베이스 기타의 사운드는 사회에 대해 불만을 직접 노골적으로 표출한다. 보컬은 이제부터는 가만히 서서 노래하던 스타일에서 벗어나 무대 위를 뛰어다니며 온몸으로 감정을 표현하였다. 시민 사회의 타부에 해당하는 섹스나 마약 투여를 암시하는 가사도 처음 등장한다. 부모 세대는 이 새로운 스타일에 경악을 금치 못했지만 젊은이들은 이 시끄러운 음악에서 카타르시스를 느꼈다. 자신들의 감정을 솔직히 대변해 주었기 때문이다. 특히 소녀팬들은 강한 남성 이미지의 보컬들에 호감을 느꼈다. 롤링 스톤즈의 보컬 믹 재거의 M. Jagger는 나쁜 B형 남자의 이미지로 그들의 스타가 되었다.

4. 60년대 말: 우드스탁 페스티발

1969년 한여름에 개최된 우드스탁 페스티발은 팝음악의 역사를 최고 절정기로 한껏 끌어올렸다. 거기에는 자유의 정신으로 가득한 미국의 젊은이들이 구름같이 모였다. 그리고 음악의 세계에 빠져들어 해방의 감정을 만끽했다. 히피 문화와 프로그레시브 록, 로큰롤 그 모든 장르의 음악들이 함께하는 시간이었다.

팝음악으로 세계를 바꿀 수 있다는 희망을 품을 수 있었다. 축제는 뉴욕에서 차로 두 시간 걸리는 북쪽에 위치한 농장의 푸른 초원 위에서 개최되었다. 금요일 오후에 시작된 축제의 공식 명칭은 "우드스탁 음악 및 아트 페어 The Woodstock music and art fair 1969"였다. 동시대의 팝음악을 대표할 만한 보컬과 밴드들이 대거 참여했다. 공연은 기획자들도 예상치 못한 대성황을 이루었다. 약 30만 명의 젊은이들이 그곳에 운집했고 공연은 3일 동안 새벽부터 밤늦게까지 계속 이어졌다. 여름이라서 폭우가 자주 쏟아졌지만 상관없었다. 공연장은 여기저기 진창으로 변했지만, 악천후의 환경이 도리어 유토피아의 낭만적 세계에 대한 꿈을 더욱 키울 뿐이었다.

그러나 그들의 모습을 바라보는 바깥의 시민 사회의 눈길은 곱지 않았다. 어른들은 국가의 질서가 흐트러질 것을 우려했고 검열을 통해서 팝음악을 통제하려 했다. 이 팽팽한 긴장감 속에서도 축제는 계속 개최되었다. 그리고 그 이후 팝음악은 우여곡절이 많았지만 점차 사회에서 누구라도 인정하는 문화 예술로 자리를 잡게 되었다.

5. 70년대 중후반: 사이키델릭 록

70년대 중반부터 팝음악은 사회의 문화로 인정받아 제도권에 편입되었고 문화 산업의 날개를 달았다. 급격한 양적 팽창 속에 숱한 밴드들이 인기 경쟁을 벌였고 서로 차별성을 강조하였다. 그 결과 기교를 과시하는 아트 밴드들이 우후죽순처럼 생겨났다. 녹음 기술의 발전은 다양한 테크닉의 시도들을 가능하게 했었다. 그 대가로 사회의식은 많이 퇴조하는 경향을 보였다. 이 시대에 생겨난 주요 장르는 사이키델릭 록이었다. 팝과 록의 만남은 수많은 서정적이고 아름다운 곡들을 생산할 수 있게 했다. 제2의 비틀즈 시대가 온 것 같았다. 그리고 앨범 표지들은 문화 상품으로서의 가치를 높이기 위해 낭만적으로 꾸며졌다. 중세의 기사나 요정들의 모습을 거기서 볼 수 있었다. 표지 앨범을 중세 스타일로 연출한 플리트우드 맥 F. Mac의 「소문 Rumors」(1977)은 4,000만 장 넘게 판매되었다. 콘서트 공연을 위해서 무대 장치 기술도 발전하였으며 규모도 엄청나게 커졌다. 스타디온 록의 시대가 열린 것이다.

이 시대를 대표하는 사이키델릭 록 밴드로는 핑크 플로이드 Pink Floyd, 제네시스 Genesis, 딥 퍼플 Deep Purple, 바클레이 제임스 하비스트 Barclay James Harvest, 스틱스 Styx, 보스톤 Boston 등을 손꼽을 수 있다. 그들은 다양한 테크닉을 동원하였고 얼터너티브 록 또는 프로그레시브 록으로도 불린다. 곡 내용은 감성을 자극하는 것들이었으며 깊이 생각하게 하는 철학적 내용의 가사도 많았다. 특히 핑크 플로이드는 스튜디오에서 녹화할 때 신세사이저 장치를 활용해 몽환적 분위기를 연출하는 데 탁월한 재능을 보였다. 그러나 주관성의 강조는 팝음악의 사회정치성을 희생의 대가로 치루게 하는 부작용을 감수하지 않을 수 없게 했다. 핑크 플로이드의 「벽 The Wall」(1979)은 노랫말이 아래와 같이 되어 있다.

아무런 교육도 우린 필요 없습니다
아무런 생각의 통제도 우린 필요 없습니다

수업 시간에 어두운 냉소적 태도는 필요 없습니다
선생, 그 아이들을 그냥 놓아 두세요
이봐요, 선생, 애들을 그냥 놓아 두라구요
모두가 모두 안에 들어 있지요. 벽에 들어있는 벽돌들일 뿐이에요
모두가 모두 안에 들어 있지요. 당신도 벽에 있는 벽돌 하나에 불과합니다.[11]

We don't need no education
We don't need no thought control
No dark sarcasm in the classroom

Teacher, leave those kids alone
Hey, Teacher, leave those kids alone
All in all it's just another brick in the wall
All in all you're just another brick in the wall

사회정치적으로 교육 현장을 비판하지만 아무런 출구도 대안으로 제시하지 못해 답답한 느낌을 준다. 자칫하면 주관성의 음악 세계에서 빠져 나오지 못하고 무기력해지게 만들기 쉽다. 세

계는 철저히 암울한 모습뿐이다. 세계가 감옥처럼 느껴진다.

6. 70년대 중후반: 펑크 록

수많은 예술 음악 밴드들이 문화 산업의 날개에 편승해 앨범의 판매고에만 관심을 기울이고 있을 때 미국과 영국 그리고 독일의 도시 변두리들에서 전대미문의 사운드가 들려오기 시작했다. 그것은 음악이라기보다는 온힘을 다해 악을 쓰는 소리같이 들렸다. 그것은 펑크 Punk 음악이었다. 팝계열의 록밴드의 관점에서 보더라도 그것은 과도하게 소리를 지르는 것 같았다. 음악이라기보다는 차라리 불협화음의 소음에 가깝게 들렸다.

이 낯선 사운드에는 팝계열의 자장가와 같은 사운드에 대해 거부감을 느끼는 젊은이들의 반감이 반영되고 있었다. 70년대 중반부터 오일 쇼크가 시작되어 세계 경제는 스태그플레이션을 맞았고 젊은이들의 앞날이 불안해졌는데 팝의 사이키델릭 록은 잠꼬대처럼 몽환적 사운드만 내고 있었기 때문이다. 펑크 밴드를 대표하는 섹스피스톨즈 Sex Pistols는「영국의 아나키스트 Anarchy in The U.K.」에서 아래와 같이 시민 사회에 대해 거칠게 항의하는 목소리를 낸다.

지금 바로
나는 적그리스도다.
그리고 나는 아나키스트다.
내가 뭘 원하는지 모르겠어.

하지만 나는 그것을 얻는 방법을 알고 있어.
나는 지나가는 사람을 파괴하고 싶어.
나는 무정부주의자가 되고 싶거든.
개같은 몸뚱이는 필요 없어.

Right now
I am an antichrist
And I am an anarchist
Don't know what I want
But I know how to get it
I want to destroy passerby
'Cause I wanna be anarchy
No dogsbody

보컬은 여기서 시민 사회와 타협하여 "개"처럼 굴종적으로 살아가지 않겠다고 온힘을 다해 소리친다. 차라리 무정부주의자가 되겠다는 것이다. 시민 사회의 가치와 질서의 전복을 꿈꾸는 것이다. 그에게 대안이 있는 것도 아니었다. 사이키델릭 록은 전대미문의 낯선 사운드의 도전을 받아 몽환에서 깨어나지 않을 수 없었다. 모든 동일성의 환상을 깨뜨려야만 하는 것이다.

펑크 록은 모든 동일성을 부정하고 깨뜨릴 때 자신들의 정체성도 당연히 부정하는 태도를 취했다. 그들은 자신들을 사회의 골칫덩어리라고 스스로 인정하였다. 펑크라는 단어도 하찮은 물건 즉 쓰레기를 뜻하는 속어였다. 그러면서 밴드들 사이에서도 서로 간에 못난이 경쟁을 의식적으로 이어갔다. 사회의 동일성 문화를 부정하려는 그들의 도발정신은 밴드명칭에서도 잘 나타난다. 섹스피스톨즈라는 이름이 이미 그러하며 클래시 The Clash, 버즈록스 The Buzzrocks, 댐드 The Damned 등의 다른 밴드 이름도 그 의도를 잘 말해 준다. 번역하자면 '쾅', '부르르 울리는 록', '저주받은 자'다. 그들은 사회에 대해서 철저히 저항하는 자세로 팝음악이 그 이후의 역사에서 사회참여적 정치성을 계속 견지할 수 있게 하는 계기를 마련했다.

7. 70년대 말: 뉴웨이브

펑크 음악이 팝음악계를 뒤흔들 때, 뉴웨이브 New Wave 음악이 거의 같은 시기에 유행하기 시작했다. 펑크 밴드가 온몸에서 솟아오르는 자연 감정을 진실이라고 여겨 그 감정을 사회에 맞세우고 정당성을 주장하려 했다면, 뉴웨이브 음악은 그 감정에 일정한 거리를 유지하면서 감정을 절제하며 미적으로 표현하는 데도 관심을 기울였다. 펑크 음악이 사회에 대해 무조건 부정하는 태도를 취했다면, 뉴웨이브 음악은 사회의 부조리를 어떻게 드러낼 수 있는지 다양하게 아방가르드적 형식 실험을 하기 시작한 것이다. 예컨대 미국의 뉴웨이브 밴드 디보 Devo의 「휘둘러라 whip it」(1980)는 아래와 같이 은유의 형식으로 사회의 억압적 메커니즘을 표현한다.

채찍을 휘둘러라
과거를 헛돌게 하라
채찍질을 계속 하라

너의 엄마의 등골을 부러뜨려라

문제가 따라오면

채찍질을 하라

크림이 너무 많이 흘러나오지 않게 하라

채찍질을 하라

일이 잘못되어 가면

채찍질을 하라

이제 쳐라

모양을 만들어라

다듬어라

똑바로 펴라

전진하라

앞으로 이동하라

발견하도록 해라

너무 늦지 않았다.

채찍질을 하라

쳐서 잘 만들어라

Crack that whip

Give the past a slip

Step on a crack

Break your momma's back

When a problem comes along

You must whip it

Before the cream sets out too long
You must whip it
When something's going wrong
You must whip it

Now whip it
Into shape
Shape it up
Get straight
Go forward
Move ahead
Try to detect it
It's not too late
To whip it
Whip it good

이 가사는 레이건 대통령 시대에 미국 시민 사회가 '너는 할 수 있다'라며 무엇이든지 최선을 다하면 된다는 낙관론이 팽배하던 시대에 그 노력들이 과연 무엇을 위한 것인지에 대해 되돌아보게 한다. 채찍질의 의미는 여기서 다양하게 해석될 수 있지만 일단 폭력 행사에 대한 비유로 볼 수 있다. 첫 행에서 채찍질의 폭력적 의미가 드러난다. "너의 엄마의 등골을 부러뜨려라"는 노예의 등에 가하는 채찍질처럼 느껴진다. 두 번째 행은 생산성을 높이기 위해서 지금이라도 늦지 않았으니 총력을 기울이라는 독려처럼 느껴진다. 그리고 마지막 행에는 세상의 모든 것은 채찍질을 통해서만 성사된다며 우리도 누구나 채찍질에 참여해야 한다고 말한다. 실적 지상주의에 대한 패러디다. 뉴웨이브 음악의 비판 정신은 우리 사회에 일상 깊이까지 침투해 만연해 있는 폭력의 보편화에 대해 많은 생각을 하게 한다.

8. 80년대: 힙합

팝음악의 밴드들이 지금까지는 주로 백인들에 의해 결성된다면, 힙합 Hip Hop은 주로 흑인들에 의해 주도되는 음악이었다. 그 음악의 발상지는 뉴욕 남부 브롱스 지역이었다. 이 지역은 흑인 빈민가로서 마약과 폭력이 일상생활 속에 깊이 들어와 있었다. 열악한 주거 환경 속에서 청소년들의 교육의 기회는 제한되었으며 부모의 가난은 대물림되었었다. 힙합 음악은 이런 어려운 환경 속에서 생겨났다. 젊은이들은 예술가 정신으로 뒷골목 담장에 그라피티를 그렸고 빈터에서 브레이크댄스를 춤으로써 자신들의 불만을 표출하기 시작했다.

힙합 음악은 원래 파티를 위한 춤곡이었다. DJ가 음반을 틀어 주는 중간에 흥을 돋구기 위해 추임새를 넣기 시작했는데 그들의 말이 길어지면서 차츰 독립 음악으로 발전하게 된 것이 랩 Rap 형식의 힙합이었다. 그리고 그들의 브레이크 타임에 무대에 올라와서 춤을 추는 사람들이 생겨났는데, 이들이 오늘날의 B-boy와 B-girl의 원형이 되었다. 이렇듯 힙합은 매우 자유분방하고 흥겨운 파티 분위기에서 시작된 것이었다. 그러므로 그것은 매우 포괄적인 장르다. 댄스를 비롯해 각종 예술의 다양한 요소들이 쉽게 섞일 수 있는 장점이 있는 것이다.

힙합이 음악사에서 가장 특별히 이룩한 혁신이 있다면 그것은 춤곡의 형식보다는 랩 형식에 있었다. 랩은 젊은이들이 다양하게 자신들의 이야기를 할 수 있게 했다. 언론에 보도된 내용도 짜깁기해 넣을 수도 있고 그들만의 구어체 슬랭도 얼마든지 사용해도 되었다. 그 중에 상당수는 범죄와 섹스 그리고 마약에 관한 것이었지만, 래퍼의 높은 자의식 반영된다는 점이 가장 특징적이다. 예컨대 경찰의 인종 차별적 폭력 사건이 발생했을 때는 그런 사건들을 제시하면서 우리가 어떻게 해야 그런 문제를 풀어나갈 수 있을 것인지 청중에게 질문을 던지며 성찰을 촉구하기도 한다.

백인 자녀를 둔 부모들은 자녀들이 힙합의 반사회적 요소들에 영향을 받을까 봐 두려워했다. 하지만 힙합은 고유의 그루브가 주는 흥겨움으로 백인 청소년들의 마음도 쉽게 사로잡을 수 있었다. 이리하여 백인들 중에도 유명한 래퍼가 많이 생겨나기 시작했다. 그렇지만 힙합의 언어는 우리 한국인으로서는 이해하기가 쉽지 않다. 힙합의 기존의 내용들이 계속 패러디되는 양상을 보이기 때문이다. 오늘날 힙합은 우리나라의 청소년들에게도 낯설지 않은 음악이 되었다. 랩 내용이 반드시 미국 사회와 관련된 것일 필요는 없기 때문이다. 힙합은 젊은이들에게 각자의 이야기를 할 수 있게 함으로써 이제 수많은 나라에서 그들의 보편적 음악 형식으로 자리를 잡았다.

9. 90년대: 레트로 팝

90년대에 접어들면서 팝음악의 생산은 양적인 면에서 기하급수적으로 증가했다. 하지만 팝음악의 역사에 기록할 만한 혁신적 장르는 더 이상 출현하지 않은 것으로 평가받고 있다. 그 대신에 레트로 붐이 일어났던 시대로 기록된다. 과거에 유행했던 형식들이 다시 리바이벌되었다. 팝음악의 전성기였던 60년대 말부터 70년대에 청소년기를 보낸 성인들을 위해서 존 트라볼타 J. Travolta와 올리비아 뉴튼 존 O. N. John이 등장하는 영화 「그리스 Grease」가 재개봉되었으며, 아바 ABBA의 음악들로 편집된 뮤지컬 영화 「맘마미아 Mamma Mia」(2008)도 제작되어 인기를 끌었다. 전체적으로 볼 때 록보다는 팝이 대세를 이루고 있던 시대다. 우리나라에서 근래에 유행했던 영화 「써니」(2011)도 7080세대의 감성을 자극하며 큰 인기를 끌었다. 좌파 비평가들은 이러한 레트로 현상에 대해 지극히 비판적인 시선을 보낸다. 역사의 바퀴는 전진하는 것이 아니라 제자리에서 공전하고 있다고 보는 것이다.

그러나 레트로 문화는 보는 이의 관점이 매우 중요하다. 즉 반어 감정을 가지고 볼 수 있어야 한다. 예컨대 마크 피셔 M. Fisher는 현대 사회는 동구권의 붕괴 이후로 신자유주의 시대로 돌입하면서 현실에서 자본주의에 대한 대안적 상상력이 고갈되었지만 과거의 문화 예술들을 우리가 어떻게 창조적으로 재활용하는지 여부에 따라서 역사는 다르게 진행될 것이라고 보았다.[12] 과거의 문화 예술에 대해 창조적 재인식을 획득하는 것이 레트로 문화의 관건이다. 그것은 생산을 담당한 뮤지션들의 책임일 뿐만 아니라 소비하는 청중의 책임이기도 하다. 자본주의 사회에서 문화 예술의 수동적 소비자의 위치에서 벗어나 진정으로 자유로운 주체가 되기 위해 노력해야 한다.

10. 2020년대: 현재진행형 사운드

팝음악의 사운드는 지금도 우리 곁에 있으며 계속 생산되고 있다. 그것은 인간의 마음이 살아 있는 것처럼 계속 역동적으로 뛰고 있다. 사운드는 살아 있으며 우리의 제2의 심장 소리처럼 박동한다. 트리니다드 토바고 출신의 니키 미나즈 Nicki Minaj는 그 소리를 들으라며 아래와 같이 「슈퍼베이스」(2010)에서 열심히 노래한다.

> 보이, 내 심장박동이 멀리 뛰어간 소리를 들었지
> 드럼처럼 둥둥 소리를 내며 너의 갈 길을 따라 오고 있지
> 그 소리 들을 수 없니?
> 붐 바둠, 붐 붐 바둠 붐, 베이스?
>
> Boy, you got my heartbeat runnin' away
> Beatin' like a drum and it's comin' your way
> Can't you hear that
> Boom, badoom, boom, boom, badoom, boom, bass?

음악의 사운드는 다른 낯선 사람의 사운드인 것만은 아니다. 그것은 듣는 사람이 살아가는 바로 그 길과 일치한다. 그래서 사

운드는 멈추지 않으며 심장을 계속 공명시켜 두근거리게 한다. 불꽃놀이는 현재 진행형이며, 팝음악의 역사는 그것이 산화한 다음에 재티가 가라앉은 것에 불과하다.

제 4 장

팝음악의 주관적 역사: '팝'과 '포퓰러'의 숨바꼭질

팝음악이 그 자체로 무엇인지를 그것이 아닌 것과 구분해서 명확히 정확히 정의하기란 쉽지 않다. 팝음악은 사람마다 다르게 이해하는 주관적인 것이기 때문이다. 이 혼란을 피하기 위해서는 팝음악에 수식어로 붙어 있는 '팝'의 뜻을 명확히 짚고 넘어갈 필요가 있다. 그 단어는 대부분의 음악사 서술에서 마치 자명한 것처럼 이해되고 있다. 우리나라의 많은 사람들은 팝을 7080세대가 즐겨 듣던 팝송으로 이해한다. 그러나 그 단어를 이 책에서는 역사적 저항 문화로서 역동성을 지니는 음악들에만 한정해서 사용할 것이다. 팝음악은 단순한 대중음악이 아니다. 포퓰러 음악과 구분되는 음악이라는 말이다. 포퓰러 음악이 체제 유지적이라면, 팝음악은 전복적이다.

1. '팝'의 역사성: 클래식과 팝 그리고 록

팝음악은 우선 서구의 현대 음악사에서 역사적으로 형성되어 확립된 특정 음악 즉 클래식 음악에 대한 반대 개념으로 이해될 수 있다. 이런 차이의 설정에 있어서는 일정한 선입견이 함께 작동한다. 즉 클래식 음악은 고급 음악이고 팝음악은 저급 음악이라는 편견이다. 고급 예술로서의 클래식 음악의 관점으로 보면 팝음악은 완벽한 형식미를 갖추지 못한 것이며 유행가일 뿐이다. 잠시 유행하다 사라지는 허망한 것이라는 것이다.

그렇지만 정치의 관점으로 보면 두 음악에 대한 평가는 뒤바뀐다. 음악의 민주화라는 관점으로 보면 클래식보다는 재즈와 로큰롤이 도리어 수많은 민중이 사랑하는 음악이었으므로 도리어 가치가 있다. 이렇게 정치성의 관점으로 재평가된 팝음악을 우리는 이 책에서 탐구하게 될 것이다. 60년대부터 팝음악은 민주주의 원칙에 따라 자체적으로 다양한 모습으로 끝없이 혁신하는 모습을 보였다. 사회 비판적인 젊은 지식인들이 팝음악의 주체였기 때문이다. 그들은 전통적 민요의 틀에 박힌 도식성을 벗어 버리는 데 앞장섰다. 혁신성은 팝음악이 수많은 사람들에게 계속 사랑받을 수 있게 하는 원동력이었다.

물론 팝음악의 형식은 클래식 오케스트라 음악처럼 방대하거나 또는 완벽을 기하지는 않는다. 그렇지만 수분 이내에 연주를 끝내야 하는 한계 내에서, 팝음악은 거의 무한한 형식 실험이 가능하다. 이리하여 팝음악은 소박한 전통적 대중음악으로서의 포크송의 안정성과는 차별화된다.

그리고 팝음악은 그 자체 내에서 철학과 예술성 중심성에서 탈피하게 하는 새로운 강력한 경쟁자를 자체 내에서 탄생시켰다. 록 음악 장르의 등장이 그것이었다. 록으로 인해 팝음악은 민주적 음악이라는 개념 규정 가능성을 객관적으로도 증명할 수 있게 되었다. 록 음악은 개인적 내면의 자유뿐만 아니라 정치적 자유도 목표로 삼으면서 기존의 음악 형식을 쇄신하였기 때문이다. 기존의 팝음악이 단순히 낭만적이었다면 록 음악은 시끄러운 베이스 기타 소리로 노골적으로 사회에 대한 불만으로 정치 의식을 표현하는 음악이었다.

록 음악의 요란한 등장으로 팝이라는 수식어는 이제 상대적으로 과거의 개념으로 퇴색되게 된다. 즉 팝음악은 록 음악을 제외한 과거의 팝음악 전체를 가리키는 말처럼 이해되기 시작한다. 록 음악은 진보적 정치적 음악, 팝음악은 보수적 심미적 음악이라는 뉘앙스가 생겨난 것이다. 우리는 이 책에서 이 뉘앙스를 구분하기 위해서 팝음악은 록과 팝 전체를 아우르는 말로 사용하고 팝은 록 이전의 팝음악을 가리키는 말로 사용할 것이다. 그러나 경우에 따라서는 팝은 클래식과 반대되는 개념으로서 저항 문화로서 저항성과 전복성을 갖춘 음악이라는 뜻으로도 범위를 넓혀 저항적 팝음악의 동의어로서도 사용할 것이다.

그리고 실제의 팝음악에서 사운드로 팝과 록 양자를 명확히 구분하기는 사실상 불가능하다. 서로 크로스된 형태로 작곡된 곡도 많이 있기 때문이다. 예컨대 고딕 록은 고딕 팝으로 불릴 가능성이 있는 것이다. 결국 록과 팝은 주관적 표상에 의해서 상대적으로만 구분될 수 있다.

2. '팝'의 주관적 맥락: 아방가르드적 취향으로 대중성 따돌리기

주관성이 강조되는 팝음악에서 팝음악은 장르 명칭이 아니라 차라리 개인의 미적 취향에 의해 심리적으로 정해지는 주관적 개념이라고 정의하는 편이 차라리 현실에 부합한다. 팝음악과 팝음악 아닌 것의 구분은 명확한 음향학적 기준이 있는 것이 아니라 개인의 주관적 판단에 의해 결정된다는 뜻이다. 어떤 하나의 신곡이 발표되었을 때 그것이 신박하게 들리면 그것은 그 개인에게 팝음악으로 불릴 수 있는 자격이 생긴다는 것이다. 기존의 다른 메인스트림 음악들과 차별화되어 유니크하게 들려야 한다는 것이 여기서 중요하다. 신곡이 신박하게 들릴지는 개인마다 다르다. 무엇을 기준으로 삼을지 개인마다 다르기 때문이다. 즉 곡을 어떤 맥락 속에서 듣느냐가 중요하다. 외국곡은 그 나라에서는 많이 불리었기 때문에 더 이상 신박하지 않을 수도 있으나, 그것이 국경을 넘어 우리나라에 오면 신박하게 들릴 수 있다. 즉 그것은 그 나라에서는 팝음악이 아니라 포퓰러 음악이지만, 우리나라에서는 팝음악으로서 수용될 수 있는 것이다.

그러나 개인이 혼자서 신곡을 신박하다고 느낀다고 해서 그것이 곧 팝음악이라고 주장할 수는 없다. 사회의 다수의 사람들도 함께 신박하다고 느낄 수 있는 것이 중요하다. 팝음악은 주관성이면서도 사회성이기 때문이다. 물론 한 명이 신곡을 핫하다고 느끼면, 대부분의 경우 다른 사람들도 핫하다고 느낄 것이다. 다수의 사람들이 공유하는 감정이 팝음악의 수용에서 중요하다. 신곡이 신박하다고 느끼는 감정은 누구에게나 공유되는 것이지만,

신곡을 창작하거나 좋아하게 되는 일이 모든 사람들에게 처음부터 동시에 발생하는 것은 아니다. 신곡의 수용은 시차를 두고 이루어진다. 신곡은 처음에는 소수의 매니어들에 의해 생산되고 향유된다. 그리고 향후에 다수의 사람들도 함께 좋아하고 이리하여 대중음악이 된다. 비유컨대 신곡은 우주의 별의 탄생과 소멸처럼 수명이 있다. 신성이 빅뱅으로 태어나고 그것은 한동안 빛나다가 수명을 다하면 블랙홀로 사라진다. 그것이 팝음악으로서 널리 대중의 사랑을 받고 인기를 누리는 시간은 매우 짧다. 길어야 두 달인 경우가 대부분이다. 인기 차트 명단에 올라 있는 기간만을 두고 보면 그렇다는 것이다. 싸이 PSY의 댄스곡 「강남스타일」의 예를 통해서 잘 알 수 있다. 그것은 2012년도에 전 세계의 사람들의 폭발적 인기를 끌어 뮤직어워드 상을 수상했지만 지금은 더 이상 핫하지 않다. 더 이상 살아 있는 팝음악이 아니다.

장르의 경우도 마찬가지다. 수많은 팝음악의 하위 장르들이 생겨났지만 몇 개월만 유행하다가 사라지는 경우가 허다하다. 펑크 Punk 음악은 오늘날 외면당하지만 70년대 말까지는 젊은이들 사이에서 폭발적 인기를 누렸다. 그러나 수년도 못되어 사라졌다. 반대의 경우도 있다. 힙합은 80년대에 처음 등장했을 때는 백인 사회에서 거부되었지만 지금은 백인 가정의 젊은이들 사이에서 인기가 높다. 펑크가 블랙홀로 사라졌다면, 힙합은 여전히 초신성처럼 빛난다.

신곡이 기존의 메인스트림 음악에 속하는 음악인지 아닌지는 명확한 기준이나 경계선이 없다. 팝음악과 메인스트림 음악의 관계는 늘 개인적, 집단적 주관성에 의해 결정될 뿐이다. 유동성은 팝음악의 단점이 아니라 장점이다. 팝음악 생산자들도 신곡을 팝음악으로 인정받기 위해서 늘 정신이 깨어 있어야 하고 새로움을 통해서 팝음악을 전체적으로 발전할 수 있게 하기 때문이다. 팝음악과 포퓰러 음악의 관계는 비유를 들자면 알과 병아리의 관계다.

헤세의 『데미안』에서 보면 이런 구절이 있다. "새는 알에서 나오려고 투쟁한다. 알은 세계다. 태어나려는 자는 한 세계를 깨뜨려야 한다. 새는 신에게 날아간다. 신의 이름은 아브락사스다." 소설에서 주인공 싱클레어는 유복한 시민 가정에서 아무런 걱정 없이 자라는 소년이다. 집안의 사랑을 독차지하는 인기남 포퓰러 음악인 셈이다. 그러나 그는 새로운 삶의 경험을 위해서 자신의 부친의 안락한 집을 뛰쳐나간다. 그로써 시민적 도덕의 틀도 벗어난다. 그리고 저잣거리에서 험상궂은 사람들도 만난다. 그 모든 과정의 경험은 그를 성숙시킨다. 그는 팝을 택하는 것이다.

그러나 집 바깥의 그 모든 체험들이 그 자체로 진리라는 것은 결코 아니다. 진리는 그 모든 경험들 사이를 통과하는 운동 자체다. 통과할 때마다 그는 매번 신박하다고 느낀다. 팝음악은 매번 기존의 집을 박차고 나오는 것이다. 껍질깨기 운동이다. 팝음악의 역사는 그 모든 껍질깨기 운동이 뒤에 남긴 껍질들의 무덤일 뿐이다. 껍질들은 살아 있는 역사가 아니라 죽어 있는 박물관이다. 깨기가 역사다. 팝음악은 '팝 Pop!' 즉 깨기다.

3부

팝음악 성립 시기의 사회문화사적 배경

항구에서 선박이 출항하려면 많은 채비가 필요하다. 가장 중요한 것은 연료와 식량 그리고 식수다. 그것들을 배에 실어야 한다. 팝음악 여행도 마찬가지다. 20세기에 처음 시작된 팝음악이 미래로 여행할 때, 사용해야 할 여러 물품을 실어야 했다. 그것은 눈에는 안 보이는 것들이었다. 예술로서 팝음악은 20세기의 역사에서 물리적 여행이 아니라 정신적 여행을 시작하려는 참이었기 때문이다. 정신적 여행에 사용할 물품은 역시 정신이었다. 이름은 영혼, 지성, 감성, 정열, 동경, 욕망 등 다양하게 세분화되었지만 모두 하나의 정신이었다.

그리고 그것들이 다양한 브랜드로 처음 공급되기 시작한 곳은 미국의 항구 도시들이었다. 미국 대륙의 남부의 뉴올리언스가 20세기 초에 그것들을 생산해서 제공했고 그 후에는 그것들이 다른 지역에서도 납품되었다. 정확한 위치는 태평양 연안의 샌프란시스코와 대서양 연안의 뉴욕이었다. 이리하여 팝음악 여행은 그곳으로부터 그 정신적 자원들을 안정적으로 지원받아 순항할 수 있게 된다.

제 5 장

아메리카: 문학과 미술의 쇄신

1. 샌프란시스코: 비트닉의 영혼

샌프란시스코의 콜롬비아 주립 대학 근처에서 과거에 들을 수 없던 낯선 아우성 소리가 들리기 시작했다. 그것은 미국 문화의 새로운 시작을 알리기 위해 잠을 깨우는 소리였다. 그 소리가 어떤 것인지 이해하려면 미국의 역사에 대한 약간의 공부가 필요하다. 미국은 역사는 200여 년밖에 되지 않는 신생국으로서 이민자들의 나라로 시작했다. 영국의 앵글로색슨족이 주도권을 쥐고 시작된 나라이기는 하지만 원칙적으로 출신은 중요하지 않았다. 히스패닉과 아프리카계의 인종도 법적으로 누구나 평등한 권리를 가진 나라였다. 그곳에서는 헌법에 정해진 권리와 의무를 이행하겠다는 약속만 지키면 출신과 상관없이 자유롭게 살 수 있었다. 그러나 자유는 사회적 현실에서는 양면성을 지니고 있었다. 이론적으로는 자유가 보장되고 있었지만 현실에서는 자유가 없었다. 그 이유는 전통의 부재 때문이었다.

19세기 초기의 프랑스 역사학자 토크빌은 전통의 부재가 낳는 부작용을 다각도로 비판했다.[13] 그가 보기에 미국에서 지식인들의 문화는 찾아보기 어려웠고 대중들도 문화나 사회에 대해 관심이 없었다. 사람들은 생계를 위해 직업 활동이나 하고 있었으며 문화 생활은 흥미 위주의 오락 문화뿐이었다. 결론적으로 사람들은 수동적으로 감각적 욕망의 충족만을 위한 삶을 살고 있었다. 그들의 정치적 의견을 표현할 수 있는 유일한 사회적 기관은 신문이었지만 신문마저도 이미 소수의 권력자들의 차지였다. 사람들은 언론이 자신들의 이해관계를 침해하지 않는 한, 수수방관하였다. 토크빌은 미국에서 민주주의가 이렇게 비민주주의로 전도되는 모순을 목격하고 유럽인으로서 전통을 중시하는 관점으로 비판하였다.

1950년대의 샌프란시스코 대학가에서 들리기 시작한 아우성 소리는 미국 문화의 쇄신이 필요하다고 주장하는 소리였다. 미국의 진정한 민주화를 실현하기 위해서는 정신의 수동성부터 극복할 필요가 있었기 때문이다. 이 운동은 팝음악 문화의 전통의 근간이 되었다. 앨런 긴즈버그 A. Ginsberg의 산문시 「아우성 Howl」(1955)은 그 효시가 되었다.

> 나는 우리 세대 최고의 지성들이 광기에 의해 파괴되는 것을 보았다.
> 불안하고 굶주린 벌거숭이들,
> 몸을 끌고 분노를 폭발할 곳을 찾아 새벽까지도 흑인가를 방황하며,
> 천사 머리의 비트족들이 별빛 가득한 밤에 고대의 성스러운 하늘과의 연대감을 기대하지만
> 오직 기계의 움직임만이 가득할 뿐인 [...](Ginsberg 1984, 126)[14]

이 시의 아우성은 끝없이 길게 이어진다. 미국의 가정집에서 잠자고 있는 사람들의 영혼을 문을 두드려 잠에서 깨우기 위함이었다. 하늘의 빛나는 별을 올려다보고 어두운 뒷골목의 가난한 사람들의 현실을 돌아보자는 것이었다. 그는 이 시를 1955년 10월 13일 밤 11시경, 샌프란시스코의 카페 식스 갤러리 Six Gallary에서 처음 낭송했다. 이 시는 미국의 경제 부흥기에 물질주의에 젖어 침체한 영혼에 다시 불을 지폈다. 이 세대의 정신을 공유하는 세대를 우리는 비트닉 Beatnik라고 부른다. 비트 beat 즉 '때리다'라는 동사와 소련의 인공위성 스푸트닉 Sputnik의 합성어였다. '비트-'는 형용사로 쓰일 수 있으며 처음에는 '맞아서 녹초가 된'이라는 의미였으나 나중에는 드럼 연주 소리처럼 '하늘까지 올라가는' 뜻으로 의미가 긍정적으로 바뀌기 시작했다. '-닉'은 이 세대의 친사회주의적 성향을 말해 준다. 요컨대 비트닉은 하늘과 땅을 하나로 다시 연결하고자 했으며 이를 위해서 사회의 하층민과의 연대감을 중시했다.

잭 케루악 J. Kerouac이 1957년에 발표한 소설 『길 위에서 On the Road』에도 비트닉의 생활 감정이 잘 묘사되어 있다. 내용을 보면, 자유로운 영혼의 소유자 샐 파라다이스는 아내와 헤어지고 힘든 시간을 보내다가 격정적이고 자유분방한 청년 딘 모리아티를 사귀게 된다. 그에게 매력을 느끼는 그는 청년과 함께 벗삼아 뉴욕에서 미국 서부로 장거리 여행을 떠나게 된다. 미국의 동쪽 끝에서 샌프란시스코에 이르기까지 그리고 남쪽 끝 멕시코시티에 이르기까지 4차례에 걸쳐 모두 5만km나 되는 긴 거리를 무작정 히치하이크로 여행한다. 미국을 동서로 가로지르는 이 장거리 여행에서 그는 별의별 사람들을 다 만나게 된다. 그 경험은 그를 정신적으로 성장시킨다. 비록 현실에선 그는 삶의 숨은 의미를 발견하고 싶어하지만, 아무것도 발견하지 못할지라도 그 모든 무의미를 의미로 승화시킨다. 그가 만난 사람들은 도덕이나 이념을 알지 못한 채 하루하루 돈벌이에 충실하며 저녁이면 술집에 모여서 시원한 맥주를 마시고 재즈 음악을 들으며 분주히 살아갈 뿐이었다. 하지만 그는 깨닫는다. 그들이 비록 결함투성이일지라도 그들의 연약함에 대한 이해와 공감이 연대감을 가지게 하기 때문이다.

연대감은 무엇보다도 국가나 사회의 전체주의적 체제에 대해 개인의 자유를 옹호하는 것이었다. 비트 세대는 2차 대전과 한국전에 참전했던 세대이기도 했다. 전쟁을 겪으면서 국가 이데올로기의 허망함을 체험했다. 그들의 자유주의 정신은 팝음악에도 공통적으로 확인되는 것이다.

2. 뉴욕: 팝아티스트 워홀의 지성

비트닉의 문학이 샌프란시스코에서 자유를 위해 아우성칠 때에, 뉴욕에서는 또 다른 종류의 지식인 운동이 차분히 시작되었다. 앤디 워홀 A. Warhol의 팝아트 운동이 그것이었다. 팝아트에서 '팝 pop'이라는 단어는 팝음악의 팝의 뉘앙스 형성에도 큰 영향을 주게 된다. 그것도 자유라는 뜻과 사실상 동의어다. 팝은 팝콘이 탁 터질 때 나는 소리다. 그래서 팝음악에는 '새로운', '경쾌한'이라는 뜻이 거기에 담겨 있다. 그것은 포퓰러의 전통과는 대조적이다. 늘 새로운 혁신으로, 기존의 고정 관념을 혁신하는 현재진행형으로서의 팝이다. 팝아트의 중심지는 워홀의 "팩토리 The Factory"였다. 뉴욕에 위치한 이 아틀리에서 그는 팝아트의 자유정신을 실천했다. 그곳에서 그는 예술 노동자 art worker들과 예술의 민주주의를 실현했다. 실크 스크린을 사용한 프린트 기법은 민주주의 실현을 위한 날개의 역할을 했다. 예술은 소수의 특권층의 소유가 아니라 모든 대중이 함께 보고 즐기는 것이 되었다.

작품들의 주제도 클래식 미술과 달랐다. 신화나 성경의 인물 또는 왕족이 중심에 오는 신성한 것이 아니었다. 창작의 소재도 누구나 일상의 주변에서 흔히 볼 수 있는 평범한 것이었다. 마트에서 구입할 수 있는 값싼 완두콩 통조림이나 합성 세제, 또는 안방의 TV에서 자주 보는 마릴린 먼로나 믹 재거와 같은 인기 가수들의 프로필 사진을 소재로 삼았다. 이리하여 예술의 굳건히 닫힌 문은 활짝 열렸다.

그러나 문이 갑자기 열리면서 길거리로 쏟아져 나오는 예술에 대해서 사람들은 처음에는 어리둥절하지 않을 수 없었다. 팝아트의 주제는 아무런 내용도 없는 소비재이거나 실크 스크린 판화들뿐이었다. 그것은 그 자체로는 일상생활의 민주화된 미일 수는 있었지만, 사실은 텅빈 현실만을 보라고 지시하고 있는 듯했다. 그것을 본 사람들은 속은 것 같아서 허탈했다.

예술 비평가 아서 단토 A. Danto는 '예술의 죽음'을 선언하기에 이르렀다(Danto 1998, 47).[15] 그러나 그의 판단은 성급한 것이었다. 팝아트는 현실에 대해서 아무것도 말하지 않는 것처럼 보였기 때문이다. 그러나 그가 간과한 부분이 있었다. 그것은 예술은 항상 새로이 현실 속에서 시작되어야 한다는 사실에 대한 통찰이다. 예술은 현실에 대한 해석을 개념을 통해 가르치는 것이 아니라 기존의 개념을 부수고 자유를 위해 나아가는 것이라는 것을 그는 미처 몰랐던 것이다.

팝아트의 껍질깨기 원칙은 길버트와 조지 Gilbert & George의 팝아트에서도 그대로 지켜진다. 두 사람은 늘 쌍둥이처럼 공동 창작을 하였다. 작품에는 늘 두 사람의 형상이 나란히 서 있다. 그런데 그들은 모두 정면만을 바라보고 있다. 같이 한 공간에 있으면서도 그들을 서로를 바라보지 않는다. 늘 정면을 본다. 두 사람 사이에는 유리벽이 있는 듯하다. 서로의 존재를 의식조차 못하는 듯. 그 이유를 우리는 알지 못한다. 그들의 그림을 보면서 관람자는 바로 이 문제에 대해서 질문하게 된다. 왜 우리는 동시대를 살아갈 때 쌍둥이처럼 생겼으면서도 그냥 그렇게 물리적 공간에 나란히 있어야만 하는가? 작가들도 그 답을 모른다. 팝아트는 그렇게 우리의 존재의 의미에 대해서 질문할 뿐이다. 팝아트는 자유를 위해 늘 질문을 던진다.

워홀은 팝아트로 미술뿐만 아니라 영화 제작 그리고 음반 디자인 등 다양한 예술 분야에 이르기까지 활동 영역을 넓혔다. 그리고 길버트와 조지처럼 존재에 관한 질문을 줄기차게 이어나갔다. 예술, 해석, 의미, 그리고 인간의 존재. 팝아트는 그 관계를 역동적으로 만들었다. 팝아트는 더 이상 미술관의 유리벽 뒤에 골동품처럼 머물러 있기를 거부하였다. 역사가 변화함에 따라 예술도 변화해야 한다. 예술은 현실이 무의미해진 순간에 비로소 시작된다. 무의미의 심연을 똑바로 보면서 거기에 의미를 주관적 맥락을 통해 부여하는 것이 예술의 과제인 것이다.

워홀의 스크린 판화 시리즈들중에서 믹 재거 M. Jagger의 시리즈를 보면, 10개의 변조된 초상화 사진에서 변화하는 내용은 미미하다. 얼굴의 촬영각도가 조금씩 변화할 뿐이고 대일밴드같은 느낌의 붓질이 여기저기 가필되어 있을 뿐이다. 역사도 없고 스토리도 없다. 그저 한 장 한 장마다 색상이나 형태에 약간씩 변화가 있을 뿐이다. 그는 누구인가? 우리는 그렇게 묻게 되지 않는다. 모습의 변화는 우리에게 차라리 이렇게 묻게 만든다. 그는 자신의 삶을 어떤 식으로 스타일링하고 있는가? 팝아트는 모든 질문의 가능성을 열어 놓지만, 우리는 삶의 근원을 질문하기보다는 삶에 어떻게 의미를 부여할 수 있는가를 생각하는 편이 현명하다. 의미를 부여하는 과정은 무한히 자유롭게 허용된다. 그 자체가 신나는 모험이다. 우리의 삶이 모험이 되는 것이다.

워홀의 팝아트 실험들은 매우 다양했다. 그 모든 변화들은 포스트모더니즘 시대의 예술이 걸어가야 할 길을 먼저 걸어간 길이었다. 니체는 일찍이 현대인의 삶을 영원 회귀라고 말했고, 들뢰즈도 니체처럼 우리의 현실을 차이와 반복이라고 말했다.[16] 들뢰즈에 의하면, 바로크 연주자는 동일한 악보를 연주하더라도 매번 반복함으로써 항상 다른 경지에 이른다고 한다. 예술은 항상 반복되는 것이지만 매번 다르다. 그것은 느끼는 자만이 느낄 수 있다. 팝아트에서도 그러하다. 지각을 통한 차이를 느끼고 의미를 거기에 부여하는 훈련이 필요하다. 그 순간에 스크린 시리즈도 퀼트 주단처럼 펼쳐질 것이다. 그 안에서 수많은 협곡과 산맥들을 발견할 것이다. 그것의 숨겨진 의미는 우리가 스스로 부여하는 것이다. 들뢰즈는 그런 곳을 천개의 고원이라고 말한다.[17] 팝음악의 껍질깨기는 역사 속에 천개의 고원이 다양한 표정을 짓는 흥미진진한 풍경을 자유를 통해서 연출해 놓았다.

제 6 장

맨해튼: 예술창작 특구

팝음악은 개인성과 사회성이 함께 상호 작용하는 인터페이스다. 비트 세대에게서도 인터페이스가 형성되기 시작했다. 그들은 보헤미안으로 살아가고 싶은 외로운 자들이었지만 혼자 지내지는 않았다. 그들은 함께 모여 예술혼을 불태웠다. 그로써 문화와 예술이 미국에서 르네상스를 맞이할 수 있게 했다. 숯불을 피울 때 불씨를 흩어 놓으면 꺼지지만 한데 모아놓으면 활활 잘 타오르는 것과 같은 원리였다. 비트 세대가 보헤미안의 심장을 부둥켜안고 모여들어 정신의 교류를 하기 시작하자 팝음악 여행의 추진을 위한 기초 체력이 튼튼해졌다.

비트 세대는 맨해튼을 좋아했고 특히 애비뉴 Avenues A, B, C, 그리고 D에 많이 모여 살았다. 거리 이름들이 알파벳 Alphabet의 낱자 하나씩으로만 되어 있어 일명 '알파벳 City'로 불리는 지역이었다. 긴스버그의 아파트도 그곳에 있었다. 케루악을 비롯해 숱한 문화 예술인들이 그의 집에서 사교 모임을 형성했다. 근처에는 나이트클럽들도 있었다. 지금은 젠트리피케이션의 시대 변화에 따라 대부분 문을 닫기는 했지만 그들은 저녁이면 그곳에 가서 보헤미안의 낭만과 꿈을 노래했다. 긴스버그의 시에 나타난 사회적 연대감과 그의 불교의 광활한 하늘과 초기 사회주의의 지상낙원의 꿈이 그곳에서 쑥쑥 자라났다. 뉴올리언스에서 시작된 흑인 재즈의 영혼도 미시시피강을 따라 이곳으로 올라와 합류했다.

1. 나이트클럽: 보헤미안의 성역

맨해튼에서 어두운 밤하늘 속에서 보헤미안의 심장의 고동 소리를 느끼며 별을 보고 싶은 비트 세대의 젊은이들이 가장 즐겨 찾은 곳은 나이트클럽이었다. 그들은 그곳의 고정 회원이나 다름없었다. 일반인들에게 그곳은 입장 티켓을 구하기가 하늘의 별따기처럼 어려웠다. 그곳은 특별한 사람들만 입장할 수 있었기 때문이다. 입장료는 무료였지만, 문지기의 허락이 필요했기 때문이다. 문지기 휴 몽타우 H. Montaug는 상징적으로 그 이유를 알 수 있게 하는 장본인이다. 그는 단순히 문지기일 뿐이었다. 그 대신 그는 자신이 클럽에서 MC로서 버라이어티 쇼 프로그램을 진행하면서 특별한 사람만을 입장시켰다. 사람들은 그가 혼자서 북치고 장구치는 쇼를 몹시 보고 싶어했다. TV 프로그램 '아는 형님'처럼 매번 새로운 스타가 초대 손님으로 출현하기 때문이었다.

몽타우는 입장객의 선별에 매우 신경을 썼다. 사람들은 그 기준을 맞추기가 심히 어려웠다. 선별 기준이 아예 없었기 때문이다. 공연 날짜에 맞추어 구름처럼 게이트 앞으로 몰려들어 호명

되기를 기다리는 수밖에 없었다. 몽타우는 그 날의 입맛대로 엄선해서 입장시켰다. 사람들은 안달이 났으며, 탈락한 사람들은 아무리 항의해도 아무 소용이 없었다. 프로그램의 제목처럼 그의 기준은 '넨티엔데스 No Entiendes'였다. 넨티엔데스는 스페인어로 '너는 이해 못한다. you don't understand' 라는 뜻이다. 쇼를 제대로 즐기기 위해서 좋은 지능이 필요 없다는 뜻이다. 보헤미안의 내면은 현실의 논리와는 아무 상관없는 낭만적 주관성의 쇼였다.

나중에 미국의 대중문화 예술을 주도하게 될 미래의 스타들 중에서 상당수가 그의 클럽 무대에서 데뷔 오디션을 보았다. 그는 여러 클럽에서 일했는데 그 중 한군데는 댄스테리아 Danceteria였다. 이름은 말 그대로 '댄스'홀 + 카페'테리아'라는 뜻이다. 몽타우는 1982년 11월 그곳에서 미래의 팝음악계의 댄스 여왕 한 명을 소개한다. 마돈나 Madonna였다. 그녀가 그 날 부른 노래는「에브리바디 Everybody」였다. 가사는 아래와 같다.

> 나는 알아요. 당신이 기다리셨다는 것을
> 그래요, 당신의 기다리시는 모습을 보았지요
> 그래요, 당신이 뽑히기를 원하신다는 것을 알아요
> 그래요, 들어오세요.
> 모두 들어오세요 춤추고 노래해요.
> 모두 일어서요 그리고 각자의 일을 하세요
> 모두 들어오세요 춤추고 노래해요.
> 모두 일어서요 그리고 각자의 일을 하세요
> 음악의 통제를 받으세요
> 그루브를 발견하고 몸은 따라가게 하세요

룸이 출렁이기 시작하면
당신은 제가 말로 표현하려 노력하는 것이 어떤 것인지 알 거예요

I know you've been waiting
Yeah, I've been watching you
Yeah, I know you wanna get up
Yeah, come on
Everybody come on, dance and sing
Everybody get up and do your thing
Everybody come on, dance and sing
Everybody get up and do your thing
Let the music take control
Find a groove and let yourself go
When the room begins to sway
You know what I'm trying to say

그날의 다큐 동영상을 보면, 몽타우는 무대 위에서 객석 쪽을 향해 거듭 '에브리바디 Everybody'를 외친다. '모든 사람의 바디여, 춤출 준비가 되었느냐?'라고. 우리가 몸이 있음을 거듭 깨우치는 소리다. 미국인들이 현실에서 한동안 잊고 살았던 몸이다. 긴즈버그가 뉴욕 갤러리 카페에서 선포하던 거룩한 몸이다. 시민계급이 집을 나와서 하늘과 땅이 있음을 체험해야 하는 몸이다.

뉴욕 클럽은 그 모든 체험을 가능하게 하는 특구였다. 신성과 사회적 연대가 그곳에서 몸의 자유를 위해서 실천되었다. 이 전용 특구는 몸에 대한 특권 의식이 있는 사람들만이 그곳에 입장할 수 있었다. 맨해튼 미트팩킹 구역 Meatpacking District에('도

살장 고기 가공 공장'이라는 뜻) 위치한 클럽 바 룸 Bar Room 432에서 음악 파티 재키 JACKIE 60을 기획하고 주관했던 발렌티 C. C. Valenti는 그곳이 몸을 위한 곳이라며 아래와 같이 초대장을 기안했다.

> 마약이나 치료 방법에 도달하는 길을 잃은 모든 사람들,
> 단순히 신경을 잃은 모든 사람들은
> 밤을 되찾으십시오.
> 잠들어 있는 천 개의 도시들에서 쉬지도 못하며 성장한 모든 사람들은
> 이곳에 와서 묻습니다.
> "내가 꿈꾸던 마법의 도시는 어디에 있습니까?" 라고.
> 밤을 되찾으십시오(Valenti 1990).[18]

클럽은 몸이 해방되는 밤의 천국이었다. "게이, 페티즘 드레서, 비동성애자, 성도착자 그리고 클럽에 자주 가는 시인들"이 그곳에서 보헤미안처럼 몰려들어 몸이 있음을 깨닫게 하는 음악 문화를 즐겼다. 그 모습은 동양의 철학자 장자가 말했던 호랑이 담배 피우던 시절의 모습을 기억나게 한다. 장자 17장 응제왕 편을 보면 남해의 신과 북해의 신이 중앙의 신 혼돈(混沌)의 모습을 멀리서 바라보며 이런 이야기를 한다. "사람은 일곱 개의 구멍, 즉 눈구멍 둘, 귓구멍 둘, 콧구멍 둘, 입이 있어 보고, 듣고, 먹고, 숨 쉬는 데, 유독 혼돈만은 그것이 없으니, 구멍을 뚫어 줍시다." 그들은 선의로 이 계획에 따라서 하루에 한 구멍씩을 혼돈에게 뚫었는데, 7일이 지나자 혼돈은 죽고 말았다. 장자는 이 이야기에서 물론 클럽의 몸보다는 한걸음 더 앞서간 것이다. 정신주의의 입장에 서서 몸의 감각이 몸을 망가뜨렸다고 보는 것이다. 클

럽은 반대다. 클럽은 몸의 감각이 있어야 몸도 있다고 생각한다. 몸의 감각이 있어야 정신도 살아난다. 비 밀러 B. Miller의 자전적 글에는 몸이 얼마나 다양하게 체험될 수 있는지 잘 나타난다.

> 나는 매춘녀, 성자, 죄인, 치료사, 이교도, 배우, 시인, 드래그 퀸, 이성애자, 십대 좀비, 펑크 로커, 스패니시, 클론, 호모, 매춘남, 스카이 카피라이터, 채식주의자
> 교사, 대학생, 부랑자, 사회복지사
> 불량배, 아버지, 아들, 요가 수행자
> 그리고 격렬한 미용사였다.
> 나는 길을 잃었고, 혼란에 빠졌고, 사면받았고, 처벌받았고, 상을 받았다.
> 나는 죽음의 얼굴을 들여다보았고, 왜 내가 죽음의 얼굴이 아닌지 의아스러웠다 - 아직은(Bobby 1993, #1).[20]

비트닉은 몸을 부정하지 않는다. 몸을 만나기 위해 변신을 거듭한다. 그러나 그들은 아직도 동일시할 정체성을 여전히 몸은 만나지 못했다. 아마 영원히 만나지 못할 것이다. 그럼에도 몸을 찾아 계속 보헤미안이 되어 시민 사회의 바깥으로 떠난다. 나이트클럽은 그렇게 아웃사이더들이 모이는 곳이다. 팝음악도 몸을 만나기 위해서 계속 신곡을 내는 인터페이스다. 믹 재거의 판화 시리즈처럼 그 과정은 끝이 없다. 마치 베케트의 희곡 『고도를 기다리며』의 주인공들처럼 떠돈다. 디디와 고고처럼.

> 나는 거의 모든 장소에 있었고, 거의 모든 사람들을 만났고, 거의 모든 것을 보았다.

거의 그 모든 것을 해 보았고 사람들이 나를 발견하기를 조용히 기다린다.
이 밤은 천 개의 눈이 있고, 나는 집시 댄서이며 아직도 더 많은 것을 원하는 허기를 느낀다(Bobby 1993, #1).

뉴욕 맨해튼의 클럽들은 70년대와 80년대를 거치면서 상업화의 길을 걸었다. 그러나 상업화의 길에서도 보헤미안의 영혼은 몸을 만나기 위해 계속 몸에 구멍을 뚫었다. 숨통이 트이게 하기 위해서였다. 77년도에 개장한 Studio 54와 85년도에 개장한 Palladium도 그런 클럽들 중 하나였다. 뉴욕의 클럽들에는 오늘날도 수많은 시인, 영화감독, 연극인, 미술가가 모여든다. 그로써 항상 새로운 몸의 모습을 다양한 예술 형식들로 관찰하게 한다.

2. 팩토리: 스타들의 플랫폼

비트 세대가 보헤미안이 되어 몸을 찾으러 뉴욕 클럽들에 모여 음악과 댄스의 황홀경에 빠져들었다면, 예술가 집단은 영혼을 만나러 워홀의 팩토리 The Factory로 모여들었다. 그들은 댄스와 음악에 열광하기보다는 예술에 대해 일정한 거리를 유지하면서 자신들의 정신을 차갑게 관조하였다. 지적 정신의 교류는 음악, 미술, 영화, 패션 등 서로 다른 전공 분야에서 괄목한 시너지 효과를 내었다. 이종 결합의 힘이었다.

워홀은 자신의 활동을 미술 분야에만 고집하지 않았다. 영화와 실용 미술 쪽으로도 창작의 범위를 넓혔다. 그리고 다양한 전공 분야의 예술가와 공동 작업을 했다. 1965년도에 록음악 그룹 벨벳 언더그라운드의 데뷔 앨범 제작은 그 신호탄이었다. 앨범 「벨벳 언더그라운드와 니코 The Velvet Underground & Nico」에 실린 곡들의 내용은 마약, 매춘을 암시하는 것으로서 비트닉의 몸에 관한 것이었다. 노래를 들어 보면 몸의 애절함이 가슴을 사무치게 한다. 보컬 니코는 묵직한 저음으로 고독의 심연에서 노래하는 듯하다. 그러나 워홀이 디자인한 앨범 표지는 그 심연에 빠지지 않고 그것을 시각적으로 관조할 수 있게 한다. 실크 스크린 기법으로 제작한 반쯤 썩은 노란 바나나 한 개가 삶과 죽음 사이에 존재하는 유한한 시간을 무표정하게 재현하기 때문이다. 워홀은 숱한 스타 예술인들과 공동 작업을 했다. 팩토리는 그로써 수공업에 머무는 것이 아니라 콘소시엄 대기업처럼 규모가 커졌다. 가수 믹 재거 M. Jagger, 루 리드 L. Reed, 데이비드 보위 D. Bowie를 비롯해 배우 홀리 우들론 H. Woodlawn, 캔디 달링 C. Darling, 조 달레산드로 J. Dallesandro, 그리고 작가 재키 커티스 J. Curtis, 대학교수 조지프 캠벨 J. Campbell이 팩토리의 문을 두드렸다. 그리고 그와 협업을 하거나 후원을 받았다. 그들의 경력의 다양함은 예술 생산의 신세계를 개척할 수 있게 했다.

조지프 캠벨은 저서 「천 개의 얼굴을 가진 영웅 The Hero with a Thousand Faces」(1949)에서 스타들이 어떻게 스타가 될 수 있는지를 이미 문학 이론적으로 정립한 교수였다. 그리스 신화 시대부터 현대의 문학에서 생산된 수많은 이야기들을 보면 하나의 공통된 내러티브가 있다. 그것은 스타가 일상의 현실에서 벗어나 먼 곳으로 여행을 떠나는 것이다. 떠난 스타는 기이한 낯선 세계로 들어간다. 그리고 그곳에서 놀라운 기적을 경험한다. 그리고 다시 현실로 돌아온다. 돌아와서 해야 하는 가장 중요한 일이 남아 있다. 그것은 그의 모든 경험을 사람들에게 전하는 것이다. 그래야만 이야기가 사람들에게 선물로서 전달될 수 있기 때문이다. 예술은 모험 사건이 아니라 사건을 전하는 사건이다. 실패든 성공이든 전한다. 오디세우스도 이야기에 재능이 있는 자였다. 「오디세이아」를 읽어 보면 알 수 있다. 그는 귀국하기 직전에 마지막으로 표류한 파이아케 사람들 Phaiaken의 섬에서 그곳에 사는 사람들에게 자신의 모험을 모두 이야기로 전한다. 우리가 아는 오디세이아 이야기는 모두 그의 입을 통해서 전해지는 것이다. 뉴욕은 숱한 오디세우스들이 모이는 곳이었다. 그들은 그곳에서 자기들의 이야기를 전했다. 그것이 그들의 예술이고 그로써 그들은 스타가 되었다.

워홀과 작업한 루 리드 L. Reed의 노래 「야생의 길을 걷다 Walk on the Wild Side」는 팩토리의 중요한 스타 5인의 이야기를 담았다. 그들이 어떻게 뉴욕으로 오게 되었는지를 5절의 가사에 하나씩 담았다. 1절과 2절의 주인공은 트랜스젠더 배우였으며, 나머지도 모두 개성파 배우들이라는 사실을 우리는 거기서 알 수 있다. 노래의 가사는 성매매를 암시하는 것으로 볼 수도 있다. 사회의 타부 영역을 건드리므로 많은 사람들은 그 곡을 듣고 많이 놀랐다고 한다. 이 곡은 글램록의 효시로 평가받는다.

홀리는[우들론은] 마이애미 F.L.A.에서 왔지
히치하이킹으로 USA를 횡단했지
도중에 눈썹을 뽑았고
다리털을 면도했고 그러곤 그는 그녀가 됐어.

그녀는 말하지. "이봐, 아가씨, 야성미 넘치는 장소에 가볼래?"

그녀는 말했었지. "이봐, 총각, 야성미 넘치는 장소에 가볼래?"

캔디는[달링은] 아이슬랜드에서 왔지

홀 뒤의 골방에선 그녀는 모두의 연인이었지

근데 그래도 그녀는 머리는 포기하지 않았지

심지어 머리를 내줄 때도.

그녀는 말하지. "이봐, 아가씨, 야성미 넘치는 장소에 가볼래?"

그녀는 말했었지. "이봐, 총각, 야성미 넘치는 장소에 가볼래?"

Holly came from Miami, F.L.A.

Hitch-hiked her way across USA

Plucked her eyebrows on the way

Shaved her legs and then he was a she

She says, "Hey, babe

Take a walk on the wild side"

She said, "Hey, honey

Take a walk on the wild side"

Candy came from out on the island

In the back room she was everybody's darlin'

But she never lost her head

Even when she was givin' head

She says, "Hey, babe

Take a walk on the wild side"

She said, "Hey, honey

Take a walk on the wild side"

스타들은 뉴욕에서 누구나 자기 이야기를 했다. 각자의 전공 분야에서 영화배우, 가수, 미술가 또는 작가로서 고유한 예술 형식으로 그 이야기를 표현했다. 그로써 그들은 스타가 될 수 있었다. 뉴욕은 꿈같은 기적이 일어나는 곳이었다. 사람들은 "야성미 넘치는 장소" 뉴욕으로 가고 싶어했다. 그리고 자신의 이야기로 스타가 되고 싶어했다. 그러나 조건이 하나 있었다. 기적은 누구에게나 짧은 순간만 허용된다는 것이었다. 즉 이야기의 불꽃놀이가 진행되는 시간뿐이었다. 그 시간은 워홀이 1965년 스웨덴 스톡홀름 국립 현대 미술관 Moderna Museet에서 전시회를 할 때 구체적으로 "15분"으로 정했다. 그것은 그가 거기서 캐치프레이즈로 내건 표어의 문구에 나오는 시간이었다. "모든 사람은 15분 동안 유명해질 것이다. In the future everyone will be famous for 15 minutes."

장 미셸 바스키아 J.-M. Basquiat는 자기 이야기를 함으로써 15분 동안 유명해진 사람이었다. 그는 자기 이야기를 그림으로 했다. 다큐영화 「바스키아 Basquiat」는 그가 어떤 이야기를 하는 사람이었는지 잘 보여 준다. 그는 어릴 때부터 그림에 천부적인 재능을 보였다. 신동 중의 신동이었다. 중미 출신의 부모 밑에서 태어난 유색 인종으로서 그의 하늘에는 짙은 먹구름이 깔려 있었다. 그는 백인 사회로 진출하고 싶었다. 그래서 화가로서 성공했다. 그러나 그는 유명해지고 나서도 검은 피부 색깔로 인한 인종 차별에서 벗어날 수 없었다. 사회에는 그가 갈 수 없는 배타적 공간들이 여전히 존재했다. 한번은 고급 레스토랑에서 그는 사람들이 신고를 해서 출동한 경찰관에 의해 끌려 나갈 뻔했다. 워홀은 그의 재능을 일찍 밝혀 후원하였고 공동 창작을 했다. 그러나 안타깝게도 그는 만 28세가 채 못 되어 하늘로 떠났다.

그는 떠났지만 그의 그림들에는 유색인들이 백인 사회에서 겪어야 하는 고통이 고스란히 남았다. 색채에는 아프리카 회화 특유의 강렬함이 살아 있다. 붓의 터치는 과감하므로 마치 길거리 뒷골목의 담벼락에 그려진 그래피티 선처럼 보인다. 그의 작품의 모티브인 거칠게 그려진 해골 형상들은 섬뜩한 느낌을 주면서도 한없이 슬프게 한다. 표정을 보노라면 마치 앨런 긴즈버그가 그의 장시에서 옹호한 흑인가의 사람들의 얼굴을 다시 만나는 듯하다. 뉴욕 맨해튼의 빈민가에서 멸시를 받으며 살아야하는 흑인들의 고통이 거기에서 두 눈을 뜨고 우리를 응시한다. 팝음악의 역사에서도 유색인들의 고통은 그의 그림처럼 먹장구름이 드리운 어두운 하늘의 틈새에서 별처럼 빛났다. 재즈와 블루스의 멜로디에서 그리고 힙합의 격정적 파도 속에서 우리는 거기서 새어나오는 고통의 애절한 사운드를 들을 수 있다.

자신의 이야기로 유명해진 두 번째 인물은 배우 에디 세즈윅 E. Sedgewick이었다. 그녀도 바스키아처럼 약물 남용과 알코올 중독으로 28세의 나이에 요절했다. 15분 동안만 유명했던 것이다. 그녀는 짧은 생애지만 가장 아름답게 살았다. 한 편의 짧은 드라마였다. 그녀가 아동용 스커트를 구입해서 입고 다니면, 사람들은 그녀를 따라했다. 그래서 뉴욕에 미니스커트 패션이 크게 유행했다. 수많은 예술인과 영화감독들이 그녀의 자유로운 영혼을 사랑했다. 밥 딜런 Bob Dylan의 7번째 앨범 「금발에 잇달아 오는 금발 Blonde on Blonde」(1967)에 실린 곡들은 거의 전부가 그녀의 영혼에 공명한 결과였다.[21] 그래서 「바로 어떤 여자처럼 Just Like a Woman」, 「표범 피부, 납작 실린더 모자 Leopard-

Skin Pill-Box Hat」, 그리고 「네 번째 시간의 주변 Fourth Time Around」을 들으면 미국인들은 바로 그녀를 생각하게 된다.

그러나 인간의 무제한의 자유와 그 자유의 지속은 양립할 수 없는 대척 관계에 있다. 자유의 나라에 너무 깊이 빠진 그녀는 다시 나오지 못했다. 그녀는 15분 동안만 유명했다. 그 이유를 우리는 벨벳 언더그라운드의 앨범 The Velvet Underground & Nico에 실린 곡 「팜므 파탈 Femme Fatale」(1967)의 뮤직 동영상을 보면 금세 알 수 있다. 거기서 15분은 너무나 아름답기 때문이다. 그래서 그녀는 거기서 벗어나지 않고 세이렌이 되기로 했다. 팜므 파탈. 치명적 여자.

15분을 영원한 시간으로 만들 수는 없을까? 유한한 몸의 이야기는 워홀의 팩토리에서 계속되었다. 완전한 몸의 이야기로 뉴욕 마천루 위의 하늘에서 영원히 빛나는 스타가 되고 싶은 욕망이 간절했기 때문이다. 「엔디 워홀의 프랑켄슈타인 Andy Worhol's Frankenstein」(1973)은 그 시도가 실패한 사건에 관한 이야기다. 프랑켄슈타인 남작이다. 그는 실험실에서 완전한 인간을 제작하는 것을 목표로 한다. 그는 세상에서 가장 아름답고 가장 현명한 인간을 만들기로 계획한다. 그래서 젊은 남녀 한쌍을 외과 수술을 통해서 만든다. 그들은 겉으로 보기에 신체 조건이 완벽하다. 다만 현재 모자라는 것은 남자의 머리 하나다. 그는 머리가 필요하다. 그래서 그는 호색한일 것으로 보이는 잘생긴 남자의 머리를 베어서 수술실로 가져와 아름다운 여자의 몸통에 실로 꿰매어 붙인다. 그러나 완벽한 인간의 제작은 실패한다. 그는 섹스를 할 욕망이 없는 불구자였던 것이다. 인간의 차가운 지성으로는 보헤미언의 아름다운 몸을 살려낼 수 없다. 영원한 몸을 예술이 만들 수 없다. 이 격차로 인한 실패 이야기는 오늘날도 팝음악의 역사 속에서 계속 이어지고 있다. 15분 동안만 유명해진 스타들의 이야기를 우리는 이제 듣게 될 것이다.

4부

팝음악 주관성 연구의 준거: 철학과 미학

젊은 보헤미안 지식인들은 뉴욕 맨해튼에서 자신들의 이야기로 풀어놓았다. 그로써 화려한 팝음악 문화의 불꽃놀이도 시작될 수 있었다. 팝음악은 스타들이 자신의 이야기를 하는 예술이었다. 여기서 궁금한 것이 있다. 그들의 영혼은 정말로 무엇을 원했던 것일까? 왜 그렇게 아름답고 싶었던 것일까? 아름다움은 15분만 유명해지고 산화할 만한 가치가 있는 것이었을까? 아름다움 너머에는 무엇이 있었을까? 그 모든 사람들의 이야기를 다 들으려면 끝이 없을 것이다. 스타가 바스키아와 세즈윅 두 사람뿐이런가? 지구의 인구 77.53억명(2020년 기준, 출처: 세계은행) 모두가 나름대로 스타가 아니겠는가?

아메리카 대륙의 맨해튼은 아니지만 이미 대서양 건너 유럽 대륙에서 철학자들은 그 모든 이야기를 정리해서 들을 수 있는 방법은 없는지 고민했다. 그 방법은 중세까지만 해도 불필요했다. 신학이 목적지를 뚜렷이 제시하고 있었고 모든 사람들은 거기에 따를 것이기 때문이었다. 모든 사람들의 이야기는 하나였다. 그들이 가는 길은 다르더라도 목적지는 같았기 때문이다. 그곳은 신의 나라였다.

그러나 자연 과학이 신의 나라를 파괴하기 시작함으로써 사람들은 목적지가 달라졌다. 목적지를 새로 정할 필요가 있었다. 유럽 대륙의 철학자들은 그것을 명명하길 합리주의라고 불렀고, 영국의 철학자들은 그것에 경험주의라고 이름을 붙였다. 데카르트와 흄이 나름대로 그 두 이름의 대표자였다. 19세기 초에 프랑스 파리로 망명길에 올랐던 카를 마르크스 K. Marx는 유물론이라는 길을 고안했고, 20세기 초에 지그문트 프로이트 S. Freud는 정신 분석학이라는 신종 브랜드의 길을 고안했다. 그러나 뉴욕 맨하튼 사람들은 그런 길을 따르고 싶지 않았다. 매력적이지 않았기 때문이다. 길은 아름다워야 했다. 아름다운 길이 어떤 것인지 설명할 수 있는 방법은 없을까?

제7장

현대철학

유럽의 지도를 보면 중앙에 독일과 프랑스라는 나라가 있다. 두 나라의 철학자들은 사람들이 가는 길이 아름다우려면 목적이 인류의 평화에 기여하는 것이어야 한다고 생각했다.

1. 독일 사회철학: 미완의 계몽주의

독일의 중심에는 프랑크푸르트라는 작은 도시가 있고 북쪽에 괴테 대학이 자리잡고 있다. 그 대학의 캠퍼스에는 멋진 건물이 하나 있는데 지금은 인문 사회 연구동으로 사용된다. 원래는 유태인 수용소에서 사용할 독가스를 생산해 납품하던 화학 공장 Interessen-Gemeinschaft Farbenindustrie AktienGesellschaft이었고 그 다음에는 미군 사령부가 그곳에 주둔했다. 20세기 정치의 역사가 하나의 건물에 고스란히 반영되어 있는 것이다. 이 유서 깊

을 침공하는 경우는 어떻게 할 것인가? 끼리끼리의 짝짜꿍이 아닌가? 또한 내부적으로도 야합하여 구성원중 일부를 배제시키는 권력이 작동할 경우에는 어떻게 대응을 할 것인가? 2차대전 중에 독일뿐만 아니라 프랑스, 벨기에, 이탈리아, 유고슬라비아, 그리스, 헝가리 등 거의 유럽의 모든 나라들에서 그들은 자국 내의 유태인과 외국인과 장애인들을 블랙리스트로 작성해서 나치 정부에 제공하지 않았던가?(아렌트 2006, 229-292)[23]

이 문제에 대해서 스위스의 언어학자 페르디낭 드 소쉬르 F. Saussure는 의도치 않게도 그들에게 곰곰히 생각해볼 만한 실마리를 제공했다. 우리의 언어는 외부 현실과 무관한 임의적 시스템이다. 언어는 상형문자처럼 현실의 사물들의 모습을 본떠서 결정되는 것이 아니라 랑그라는 고유의 문법 구조에 따라서 구성되는 매트릭스다. 0과 1이 둘의 차이로 모든 디지털 세계의 운영체제를 구현하듯이, 언어는 자체의 소리들의 차이로 변별력을 가지게 되는 문법적 체계일 뿐이다. 소쉬르는 이렇게 언어와 현실간의 분리를 설명했다. 그의 설명은 프랑스 포스트모더니즘 철학자들에게 언어의 속성에 대해 많이 생각하게 했다. 혹시 우리가 현실이라고 생각한 것이 언어의 도깨비 같은 기호 작용에 의한 체계가 아닐까? 우리는 체계에 갇혀 살면서 그것을 현실이라고 착각하는 것은 아닐까? '등잔 밑이 어둡다.' 라는 속담이 있듯이, 말의 논리를 따라 체계의 빛만 보고 넋 놓고 따라갈 것이 아니라 차라리 개인들이 각자 손에 작은 촛불을 하나씩 켜들고 정신을 바짝 차리는 것이 낫지 않을까? 프랑스 철학자들의 생각은 팝음악의 스타들의 이야기를 이해하는 데 도움이 될 법하다. 철학자들이나 스타들이나 공히 자유를 추구하기 때문이다. 물론 철학자들은 아름다운 것이 무엇인지에 대해서는 눈꼽만큼의 관심도 없는 사람들이었다.

2.1. 지식의 매트릭스: 푸코의 판옵티쿰

미셸 푸코 M. Foucault는 인간의 지식이 그 자체로 그물망 구조로 된 체계라고 주장한 사회 철학자였다. 시대마다 구조가 약간씩 변화할 뿐이다. 언어로 말해지고 구성되는 인간의 지식은 유럽의 역사에서 계몽주의 시대 이후부터는 합리주의라는 로고스를 유일한 진리로 믿게 했다. 그리고 로고스라고 생각되지 않는 타자들을 이분법적으로 배제하게 했다. 이성/광기, 남성/여성, 건강/질병 이성애/동성애 따위의 이분법이 지식으로 생겨나서 비대칭적 우열 관계를 낳았다. 예를 들어 푸코 자신은 동성애자이지만 이성애 중심주의적 도덕 사회에서 자신은 비정상적 인간으로 그 밖으로 내몰릴 수밖에 없다. 이제는 남녀의 젠더를 구분하고 경계선을 긋게 만드는 도덕 지식을 허물어야 한다. 푸코에 의하면, 그물망은 과거의 판옵티쿰 감옥같이 생겼다. 판옵티쿰은 거대한 콜로세움 모양으로 설계되어 있으며 중앙에는 감시초소가 있다. 감시인이 혼자서 감옥의 모든 감방들을 방사선 방향으로 일목요연하게 감시할 수 있는 구조다. 수감자들은 그 안을 들여다 볼 수 없다. 그러나 구조는 그 속에 실제로는 아무도 없는데도 마치 그들을 향한 감시의 눈초리가 있다고 믿는다. 감시가 무서워 스스로의 행동을 통제하며 조심하게 된다. 그것이 도덕의 작용이다. 도덕은 함수인 셈이다.

팝음악의 스타들은 도덕 함수 Y=F(x)에서 F 대신에 다른 함수 사운드 Sound를 통해 얻어지는 자유를 겨냥할 것이다. 자유를 낳는 그들의 함수는 아마도 사람마다 다를 것이다. 똑같다면 그것은 이미 프로크루스테스의 침대일 것이다.

2.2. 매트릭스의 고리: 데리다의 랑그

자크 데리다 J. Derrida도 푸코와 동일한 입장이었다. 그는 우리가 믿는 형이상학적 진리가 사실은 언어에 의한 착시라고 설명했다. 현실은 언어가 현실인 것처럼 가장하고 나타나는 허깨비일 뿐이다. 언어의 피안에 있는 진실이 있다면 그것은 결코 그 자체로 사고(思考)될 수 없다. 요컨대 언어라는 채널을 통해서만 가능하다. 그래서 우리는 사고 = 언어 = 매체 = 착시 = 그물이라는 악순환의 등식에서 벗어날 수 없다. 데리다는 언어의 그물이 어떻게 현실을 허깨비 그물로 창조하게 되었는지 그 과정을 루소의 『고백록』과 『언어기원론』을 예로 들어 설명한다. 루소는 이 글들에서 계몽주의 이후 시작된 현대의 문명사회는 해악이며 인간의 선한 본성을 타락시켜 자연으로부터 소외시켰다고 불평하면서 자연의 회복을 주장한다. 그러나 이번에도 자연 = 언어가 그를 그물처럼 지배한다. 그가 궁정 사회에서 귀족 계급의 위선을 문명이라고 비판하면서 회복하고 싶어했던 인간의 순박한 본성으로서의 자연은 결코 언어의 피안에 있는 현실이 아니라 언어의 기호 작용이 빚어낸 환상이다. 그가 위선자들의 말을 거짓이라고 비판하면 할수록, 그 비판하는 언어가 그에게 자연에 대한 갈망을 더욱 확고해 만드는 역효과를 낸다. 즉 그의 비판의 말 자체가 그가 싫어하는 문명과 그가 좋아하는 자연을 동시에 생산한다. 언어는 부재 Absence/현전 Presence을 동시에 생산한다.[24]

데리다의 언어철학은 니체의 허무주의 철학과 판박이로 닮았다. 니체가 인간이 언어의 인습에서 벗어나려면 새로운 언어, 예컨대 문학의 빛나는 수사학의 언어를 말하기를 시도해야 한다고 주장했듯이, 데리다도 언어의 랑그 Langue를 그러한 그물로 여겨, 그 대안으로 작은 그물들을 많이 만드는 프로세스를 활성화하자고 주장한다. 쉽게 말해 그물을 아기자기하게 여러 가지로 디자인하자는 것이다. 그는 언어의 디자인 행위를 에크리튀르 éctriture라고 말한다. 에크리튀르는 가급적 기존의 랑그 문법과는 다른 화법을 시도하는 행위다. 랑그가 문법이라면, 에크리튀르('글쓰기'라는 뜻)는 현재 진행형을 강조하므로 소쉬르 언어학의 빠롤 parole('말하기'라는 뜻)에 해당한다. 미시적 '진리'는 적어도 랑그의 전체론적 '진리'의 독주에는 저항할 수 있을 것이다. 물론 미니 그물들의 디자인도 완전한 진리는 아니다. 우리는 결코 언어의 그물을 돌파할 수 없기 때문이다. 기왕이면 여러 가지 디자인으로 자유를 조금이라도 더 누리자는 것이다.

데리다는 문법의 무서운 포획 능력에 대해서 문학 비평가의 입장으로 설명한다. 말라르메의 시에서 주체는 말라르메 자신의 글쓰기를 통해서 탄생하며 그 감옥에서 거미줄에 감기듯 뒤엉킨다. 처음에는 깔깔대며 웃으며 시작한 글쓰기가 나중에는 매우 진지해진다(데리다 2013, 146-168).[25] 팝음악도 이런 양면성이 있다. 좋아하는 음악이 자칫하면 우리의 자유로운 사고를 가두는 속박이 될 수도 있다. 그러면 그것을 깨는 파격이 필요하다. 신곡이 기존의 형식을 뒤엎는 파격으로 그 속박을 끊어내게 된다.

2.3. 매트릭스의 장막: 보드리야르의 시뮬라시옹

장 보드리야르 J. Baudrillard는 현대인의 현실이 이제 매스미디어의 시대를 맞아 가상 세계와 현실의 구분이 사라졌다고 주장한다. 주변에 보이는 모든 것이 이미지투성이일 뿐이다. 그는 모든 현실을 사실상 시뮬라시옹이라고 말한다. 요컨대, 모든 것이 시뮬라시옹이다. 그는 이 급진적 주장으로 푸코의 지식 감옥, 데리다의 언어 감옥을 이미지 감옥으로 살짝 교체했다. 어두운 밤에 벽의 스위치를 눌러 불을 환히 켜고 보니 자신이 살고 있는 세계가 이미지의 가상 현실 감옥이었다는 것을 깨달았다는 것이다. 영화 「트루먼 쇼 The Truman Show」(1998)에는 평생 동안 영화 촬영 세트장에서 살다가 뒤늦게 그곳이 세트장임을 알고 분노하는 사람이 있다. 그는 그 동안은 자신이 자신의 의지에 따라 독자적으로 살아가고 있는 줄 알았다. 트루맨 True Man 즉 진짜 사람이라고 확신한 것이다. 그런데 나중에 알고 보니 그의 모든 생활 환경은 세트장이었고 자신은 실시간으로 중계되는 트루맨 쇼에 출연하고 있던 꼭두각시였다. 그는 영화 속에 있는 영화의 인생을 살고 있었던 것이다. 그는 마지막에 세트장 바깥에 드넓은 바다가 있음을 발견한다. 그리고 세트장 바깥으로 나간다. 그러나 보드리야르는 세트장 바깥은 없다고 말한다. 우리는 서로가 서로에게 보여 주는 인생을 살고 있을 뿐이다. 푸코의 판옵티콤은 보드리야르에게서 핍쇼장이 된다. 모두가 서로에게 일부러 보여 주도록 우리 등뒤에 태엽이 감겨 있는 것이다. 태엽을 감는 것은 TV광고다. 우리는 거기서 연예인을 보고 그들의 패션을 우리도 구입해 입는다. 먹는 것, 입는 것, 모든 것을 우리는 TV에서 배운 대로 한다. 영화 속 주인공은 도처에 설치된 몰래카메라를 발견하고 분노하지만 우리는 그런 것을 발견할 수 없다. 카메라는 눈에 안 보이면서 작동하도록 모든 사람의 안구 안에 교묘하게 감추어져 있기 때문이다.

보드리야르는 우리의 현실에서 시뮬라시옹 바깥에 드넓은 세상이 있을 것이라고 믿는 것은 착각이라고 말한다.[26] 우리는 TV에서 뉴스를 보더라도 시뮬라시옹 바깥의 세상을 보는 것이 아니다. 예컨대 우리는 CNN과 BBC가 편집해서 보여 주는 것만을 보게 되기 때문이다. 우리가 세상을 보는 것이 아니라 결국은 방송이 우리를 본다. 방송이 우리를 위해서 우리에게 볼 것을 지정해 준다. 우리는 방송의 먹잇감이 된다. 방송은 새로운 삶의 의미도 우리에게 지정해 준다. 여행 상품을 판매하는 관광 업체의 광고는 방송으로 우리에게 지구에서 가고 싶은 관광지를 결정해 준다. 대통령 선거 방송도 특정 후보만을 자꾸 노출시킨다. 후보에 대한 비판도 노이지 마케팅이다. 방송되지 않는 후보는 아무리 훌륭한 후보일지라도 스크린의 밝은 사각형 화면 안에 결코 포착되지 않으며 그로써 존재하지도 않는 것이나 마찬가지다. 우리는 과연 그 모든 방송들의 매트릭스로부터 얼마나 자유로운가? 우리는 영화 속 디즈니랜드 안에 살고 있다. L.A.의 디즈니랜드에서 하루 종일 온몸이 피곤하도록 돌아다니며 놀다가 저녁에 게이트 바깥으로 나오면 우리는 알상의 현실 세계로 돌아왔다고 생각하지만, 이것도 착각이다. 이미 미국 대륙 전체가 디즈니랜드이기 때문이다.[27] 보편적 시뮬라시옹의 매트릭에는 외부의 빅브라더나 연출자도 없다. 이미 모든 사람들이 완벽하게 서로에게 자신을 연출하도록 자동 매트릭스의 버튼이 눌려져 있다. 그래서 모든 것들이 완벽하게 돌아간다.

보드리야르의 극단적 토탈스크린으로서의 세계는 우리에게 현실 감옥을 탈출해야 할 필요성을 절감하게 한다. 그는 내파(內

破) Implosion라는 개념을 해법으로 내세운다. 개념만 있지 그 자신도 방법은 모른다. 시한폭탄. 그런 것이 있을까? 그것은 어떤 것일까? 소형 매트릭스들을 그는 원한 것일까? 토탈스크린 매트릭스론은 오늘날 인터넷 시대를 맞아 그 의의가 점점 커진다. 토네이도처럼 사방에서 소형 매트릭스들이 불어오면서 지구촌 곳곳을 강타하며 새로운 양상으로 매트릭스가 분화되고 있기 때문이다. 미중 무역 갈등, 발칸과 중동지역 그리고 극동아시아, 중앙아시아의 이데올로기와 종교 대립은 지역을 중심으로 결집한 매트릭스들 간의 팽팽한 힘겨루기다. 매트릭스들이 안 좋은 방향으로 분화되며 세력을 키운 결과다. 인터넷 시대가 도래한 이후로 매트릭스들은 쉽게 세력을 키운다. 방송을 통해 지역의 흩어진 시뮬라시옹의 먼지들을 하나로 모을 수 있기 때문이다. 종교, 지역주의, 세대, 젠더, 계층 갈등, 이익 집단의 이기주의가 그 내부에서 성장한다. 우리는 우리가 시뮬라시옹 놀이의 꼭두각시임을 인식할 수 있어야 한다. 우리는 향후 팝음악에 대해서 논의할 때 현실 = 시뮬라시옹 등식을 고려할 것이다. 사운드의 음상이 우리를 자칫하면 꼼짝 못하게 가두는 감옥이 되기 때문이다. 그러면 우리는 다시 감옥을 뚫고 나와야 한다. 자유를 위해서다.

2.4. 매트릭스 해킹: 페미니즘 담론

우리가 언어와 이미지로 구성되는 매트릭스 감옥에서 벗어나 자유를 얻으려면 과연 어떻게 해야 할까? 쥐떼처럼 또는 고등어처럼 살지 않을 수 있는 방법은? 붕어빵 기계에서 찍혀 나오는 붕어빵처럼 되지 않으려면? 페미니스트들은 포스트모더니즘의 관점에서 이 문제 해결을 위해 다양한 방안을 제시했다. 그들은 인류가 언어와 이미지의 가두리에서 살기 시작한 이래로 여성들이 가장 큰 피해자 집단이었다고 주장한다. 현대 사회에서 누구나 때로는 푸코의 판옵티콤에서, 또는 때로는 보드리야르의 핍쇼장에서 사는 것은 매한가지였지만, 그런 사회적 제도가 사회에 정착되게 한 주체는 사회의 지배 계층이던 남성들이었기 때문이다. 남성들은 자신들의 우월감과 관음증 욕망을 충족시키기 위해 그런 억압적 제도를 방치하는 편이었다. 남녀유별을 내세우면서 오늘날도 지역에 따라서는 여성들을 판옵티콤에 가두거나 또는 핍쇼장으로 내몬다. 물론 상징적 의미에서다. 여자들의 욕망은 자신들도 모르는 사이에 남성들의 눈을 빌어 세상을 보게끔 욕망을 훈련받게 된다. 판옵티콤을 위해서 정숙을 배우게 되고 핍쇼장을 위해서 패션 스타일링과 화장법을 배운다. 페미니스트는 거기서 훈련된 자신들을 처음으로 발견한 것이다.

페미니스트는 감옥을 안에서 야금야금 부수기 위해서 언어와 이미지의 스크린을 해킹하기 시작했다. 곡괭이로 벽을 콩콩 찍기 시작한 것이다. 그들이 손에 쥔 곡괭이는 여러 가지가 있었지만 그 중에 가장 중요한 것은 예술이었다. 정치 참여권을 주장하며 데모도 그것들 중 하나였지만, 정치 참여는 결국 기존의 판옵티콤 내지는 핍쇼장에 입장하는 결과 이상의 결과를 가져올 수 없기 때문이었다. 예술 활동은 그 모든 형식들을 문제삼을 수 있는 자유를 누린다. 예술 활동은 근본적으로 남성뿐만 아니라 여성들도 모두 너 나 할 것 없이 꼭두각시임을 객관적으로 통찰할 수 있게 할 수 있는 것이다.

예술의 세계는 언어의 에크리튀르의 기호 작용을 통해서 미의 무한한 세계를 창조하며 그로써 언어와 이미지의 토탈스크린의 바깥을 예감하게 할 수 있다. 바깥 세계에 대한 예감을 위해서는 화성 탐사선 보이저호와 같은 먼 나라로 가는 운송 수단도 특별히 필요하지 않다. 예술에서는 첫째, 시의 언어, 둘째, 시의 아름다움을 감상할 수 있는 미적 감수성, 그리고 윤리 의식 이 세 가지만 있으면 된다.

이 셋으로 구성된 곡괭이 세트에 대한 브랜드 명칭은 페니스트들마다 조금씩 달랐다. 뤼스 이리가레 L. Irigaray는 그것을 따뜻한 우주적 모성, 쥘리아 크리스테바 J. Kristeva는 기호계, 주디스 버틀러 J. Butler는 젠더 즉 성정체성에 대한 트러블이라고 불렀다. 그것들은 모두 로고스 Logos로서의 언어의 문법 Langue의 반대개념이다. 우리가 탐사하려는 팝음악도 페미니스트들의 이러한 해킹 정신을 공유한다. 디드리히 디더릭슨 D. Diederichsen은 이 맥락에서 아래와 같이 말한다.

> 우리는 자신의 주체를 프로그래밍의 결과로 인식하는 것이 중요하다. 그것은 동세대에게 고유하게 주어진 문화적 세팅에 불과하므로 인공적인 것이며 차용한 것이며 클리셰이며 그로써 조작 가능한 것임을 우리는 알아야 한다. 그리고 더 나아가서 다른 사람들, 환경, 그리고 유형들에 대해서 알고 있는 우리의 지식이 과연 옳은 것인지 질문하려는 태도를 지녀야 한다(Diederichsen 2014, XXII).[28]

팝음악도 예술로서 이렇게 어려운 과제를 달성할 수 있을까? 현재까지의 성적표는? 우리는 이 문제를 현재 진행형으로 여기고 함께 앞으로도 계속 풀어가야 할 것이다. 바흐의 「G선상의 아리아」를 들어 보자. 그러면 우리는 거기서 언어로 형언할 수는 없는 사운드를 듣는다. 그것은 단지 첼로의 몸통에서 활의 현과 악기의 G선이 만나는 마찰을 통해서 나는 소음이지만 우리는 그것을 아름답다고 느낀다. 이 느낌은 감옥인가? 아니면 현실에서 벗어나 새로운 세계로 탈출하는 것인가? 여전히 판옵티쿰 내지는 핍쇼장의 내부인가? 아니면 바깥인가? 팝음악은 어떠한가? 팝음악은 예술로서 양다리 해석 가능성을 동시에 열어 놓는다. 노래는 사운드이고, 가사는 언어다. 팝음악의 스타들은 무엇을 목적으로 자신들의 몸의 이야기를 풀어놓았을까?

제 8 장

현대미학

스타들이 맨해튼에서 풀어놓는 이야기에서 가장 중요한 것은 아름다움이었다. 아름답지 않은 것은 그들에게 매력이 없었다. 그리고 철학자들은 윤리 공동체의 필요성을 앞세우고 자유의 필요성에 대해서도 이야기한다. 이 두 가지 요구를 예술의 미가 모두 충족시킬 수 있을까? 우리가 예술로 아름다우면서도 윤리 공동체에서 자유롭게 살아가는 길로 나아갈 수 있을까? 칸트는 이 길을 갈 수 있을 것으로 믿는다. 그는 인간이 판단력이 있을 것이라고 믿는다. 예술의 아름다움 Aestheta과 공동체의 윤리 Ethika를 판단력은 만날 수 있게 한다. 이 믿음을 칸트는 『판단력 비판』에서 논구했다. 예술의 미를 감상하는 인간의 판단력이 인간을 모든 체계의 감옥으로부터 해방시킬 수 있을 것이다. 예술은 자유이기 때문이다. 자연은 본능에 종속되므로 본능의 구속으로부터 자유롭지 못하지만 예술을 감상하는 인간의 능력은 나름대로 자유롭다.

그러니까 우리의 특별한 능력이 관심을 가지는 것은 체계의 논리가 아니다. 그것은 아름다움의 자유다. 알렉산더 바움가르텐 A. Baumgarten은 아름다움을 에스테타 Aesthetа라고 최초로 명명함으로써 그것을 체계적으로 연구할 수 있는 가능성을 제시했다. 그는 『시의 몇 가지 조건에 관한 철학적 성찰』(1735)에서 아래와 같이 말한다.

> '노에타'—상위의 인식 능력을 통해 인식될 수 있는 것—가 로기카(Logica, 논리학)의 대상이라면, '아이스테타[에스테타]'는 '아이스테타의 학문' 내지 '아이스테티카(Aesthetica, 미학)'의 대상이다(박민수, 72).[29]

논리학은 논리성 Noeta을 연구한다면, 미학은 아름다움을 연구한다는 것이다. 무엇이 아름다운가? 아름다움은 논리처럼 완벽한 진리를 탐구할 수는 없게 하지만, 아리스토텔레스의 『시학』에서 말하는 핵심 원칙인 개연성(蓋然性) Wahrscheinlickeit이라는 것을 탐구하게 한다. 이것은 진리에 버금가는 미적 진리다.

1. 자연의 합목적성: 칸트의 조화미

바움가르텐이 인간의 미적 능력을 인식능력의 측면에서 볼 때 로기카 능력보다는 열등한 능력으로 본 반면에, 칸트는 미적 능력을 자유와의 관련성에서는 도리어 로기카 능력보다 우위에 둔다. 그렇게 그가 주장하는 이유를 알려면 우리는 그의 『판단력 비판 Urteilskraft』(1790)을 읽어야 한다. 이 저술은 인식의 목표가 자연법칙이 아니라 인간의 자유이기 때문이다. 윤리 공동체에서의 자유. 이 비전이 실현될 수 있는 근거로 그는 인간 이성 능력을 든다. 그것은 세 종류가 있으며 그 세 가지가 기초 공사, 벽체 공사, 지붕 공사처럼 인간의 인간다움이라는 집을 짓는 데 나름대로 필요하다.

첫째는 순수 이성 reine Vernunft이다. 이것은 그가 『순수이성비판』(1781)에서 이미 규명한 것이다. 노에타 탐구를 위한 것으로서의 로기카는 시간, 공간 그리고 인과성이라는 방에 대상을 집어넣고 관찰한다는 것이다. 나쁘게 극단적으로 말하면 프로크루스테스의 침대이다. 아무도 사유할 때 그 방의 함수 틀을 벗어날 수 없기 때문이다.

둘째는 실천 이성 prkatische Vernuft이다. 이것은 그가 『실천이성비판』(1788)에서 주장한 것이다. 인간의 영혼에는 하늘의 별처럼 영원히 꺼지지 않고 빛나는 별이 있다. 그것은 양심 das Gewissen이라는 이름의 별이다. 그것은 칸트 철학이 도달하려는 목표다. 그러나 현실에서 두 세계 대전의 역사적 경험은 그 놀라운 별이 사실은 창백한 별이었음이 드러났다. 어떻게 그 별을 다시 칸트가 경탄한 것처럼 다시 빛나게 할 것인가. 이것이 현대 사회의 공동 과제이다.

셋째는 에스테타를 담당하는 판단 능력 Urteilskraft이다. 이것이 우리로 하여금 팝음악의 스타들의 이야기를 살아 있는 그대로 이해하면서도 일목요연하게 이해할 수 있게 하는 참조값이다. 이것이 있기에 우리는 현실의 체계의 감옥에서 다시 자유의 별을 보게 할 수 있는 희망을 가지게 한다. 스타들은 모두 이 능력에 의지해서 자신의 삶에 대해 아름답게 이야기하는 사람들이었다. 세 능력을 다시 정리하면, 아래와 같다.

> 첫째, 순수 이성은 논리적 사고를 통해 진/위를 구별할 수 있는 능력이다. 이 능력으로 우리는 자연의 법칙적 진리를 인식할 수 있다. 오늘날 우리가 보통 사용하는 용어로 말하자면 이해력에 해당한다.
> 둘째, 실천 이성은 선/악을 구별하게 하는 도덕적 능력이다. 즉 양심에 해당한다. 이것이 칸트가 순수 이성을 통해서 도달하려는 것이다. 자유를 향한 욕망 능력이다.
> 셋째, 미적 판단력은 미를 감상하는 능력이며 나름대로 목적이 있다. 이것은 누구에게나 상식적으로 주어져 있으며 제한적이지만 양심과 비슷하게 자유 의지에 따라 작동한다.

칸트는 이성의 그 세 아이템을 계몽주의 정신의 필수 구성 요소로서 신뢰했다. 그는 계몽주의를 다음과 같이 정의한다.

> 계몽주의는 인간이 자신의 책임으로 짊어지게 된 미성년 상태에서 벗어나는 것이다. 미성년 상태는, 인간이 자신의 이해력을 다른 사람의 지도를 받지 못하면 사용하지 못하는 상태를 뜻한다(Kant 1968, Bd. VIII, 35).[30]

인간의 바람직한 능력은 위의 세 가지 이성을 고루 사용하는 능력이다. 그것들은 비록 유한한 인간의 능력의 한계 내에 있으므로 전능하지는 못한 제한적 능력이지만 나름대로 현실의 체계를 뚫고 나와 자유를 향해 탈출할 수 있게 한다. 스타들도 현실을 떠나 아름다움을 추구할 때 결국은 자유를 추구했을 것이다.

칸트의 저술들은 내용이 이해하기가 너무나도 어렵지만 요약해서 간추린 것이다. 저술은 문장들이 길고 개념들이 비슷비슷해서 읽기가 어렵다. 그 책을 읽으려면 독일 사람조차도 두 손 두 발 다 든다. 문장 속에 문장들이 러시아 목각 인형처럼 한없이 양보절로 얽혀 들어가 있다. 그러나 그렇게 어렵게 된 이유는 간단하다. 칸트가 그만큼 인간의 내면을 탐사하며 깊이 심사숙고했다는 뜻이다. 사유에 대한 반성적 사유가 끝없이 이어진다. 집중하지 않으면 앞뒤가 모순되는 문장처럼 해석되기 십상이다. 그러나 그의 기본 입장은 명백하다. 자유를 위해서 우리는 나아가야 한다는 것이다.

> 자연의 합목적성이라는 판단력의 개념은 자연 개념들에 속하는데, 단지 인식능력의 규제적 원리로서만 그렇다. 이 개념을 유발하는 (자연 또는 예술의) 어떤 대상들에 관한 미적 판단이 유쾌 또는 불쾌의 감정과 관련해서는 구성적 원리이다(Kant 1968, Bd.V, 197).[31]

칸트는 미적 판단력이 양심 능력만큼 본능에서 완전히 자유롭지는 못하다고 본다. 대상이 아름다우면 거기에 저절로 끌리고 속박되기 때문이다. 미인에게 우리는 꼼짝 못한다. 그러나 나름대로 판단력은 자유의 속성도 있다. 그래서 자유를 위해서 합목적성이다. 우리는 위의 말을 앞에서 살펴본 마돈나의 노래 「에브리바디 Everybody」를 통해서 설명할 수 있다. 마돈나가 아무렇게나 막춤을 추는 것이 아니다. 그녀는 안무에 따라 춤을 추고 백댄서들도 그녀에게 맞추어 신크로나이징을 한다. 예술은 이미 그 주변의 모든 것을 규제한다. 그것은 규제이지만 다른 한편으로는 구성이기도 하다. 규제는 부자유지만, 구성은 자유다. 우리는 안

무를 구성하고 거기서 리듬감을 통해서 아름다움을 느낀다. 아름다움은 속박이자 의지의 자유인 것이다.

초겨울 첫눈이 하늘에 흩날리기 시작할 때 우리가 그것을 교통 체증의 유발자로 우려하는 눈길로 본다면, 우리는 미를 놓친다. 여기서 구성 능력이 필요하다. 설레는 마음으로 눈덮인 아름다운 풍경을 마음속으로 구성한다면, 상황은 완전히 반전된다. 미적 판단력은 인간에게 주어진 신의 선물이다. 칸트는 이성 능력들을 모두 "선험적인 a priori"(Kant 1968, 179) 것이라고 말한다.

칸트는 미적 쾌감을 구성적으로 낳게 하는 미의 계기들을 자연과 예술에서 발견한다. 예컨대 자동차를 타고 여행할 때 에티카는 목적지이지만 에스테타는 그곳으로 가면서 현재 진행형으로 즐길 수 있게 하는 밤하늘의 빛나는 별들이다. 칸트는 그 별들을 볼 때 얻어지는 즐거운 마음을 일컬어 "유쾌 das Wohlgefallen"라고 말하며 그 속에 "합목적성 Zweckmäßigkeit"이 담겨 있다고 말한다. 에티카가 자유라는 궁극적 "목적 Zweck"이라면 에스테타는 그 목적에 부합할 수 있는 가능성이기 때문이다. 물론 억지로 의도해서 그렇게 되는 것은 아니다. 에스테타는 내면에서 저절로 우러나오는 인간적 능력 즉 미적 판단력의 결과이다. 칸트는 판단력을 "목적 없는 합목적성 Zweckmäßigkeit ohne Zweck"라고 말한다.

우리가 이러한 상황을 쉽게 설명하려면, 이탈리아 밀라노에서 멋진 자동차를 한 대 렌트해서 스위스 취리히로 여행을 가는 것을 통해 설명해볼 수 있다. 네비게이션을 켜 보면, 가장 빠른 길이 모니터 화면에 제시될 것이다. 그래서 우리는 네비게이션이 안내에 따라 주행하게 될 것이다. 그 길을 따라가면 우리는 고타르트 터널 Gotthard Tunnel을 지나게 된다. 가도 가도 끝이 없다. 길이가 자그마치 15킬로미터나 되기 때문이다. 시간 단축이라는 실용적 목적을 위해서라면, 그 길을 선택한 것은 가장 현명한 선택이었다. 이해력 Verstand이 그렇게 시킨 것이다. 그러나 미의 판단력은 다르게 선택했을 것이다. 산악 도로를 통해 갔더라면, 우리는 눈부시게 아름다운 알프스 산맥의 끝없이 이어지는 연봉들 위에 펼쳐진 파란 하늘을 볼 수 있었을 것이기 때문이다.

기름값과 시간보다 미의 판단과 선택은 네비게이션의 유용성을 계산하는 이해력을 넘어서게 한다. 미의 구성 능력이 우리를 자유라는 궁극적 목적에 근접하게 한다. 팝음악은 예술로서 미의 판단력을 작동시킨다. 궁극적 목적은 자유이다. 이것이 팝음악의 스타들의 이야기의 요체다. 다만 개인마다 요체가 실현되는 양상은 다채롭다. 그 다양한 모드를 우리는 이제 곧 탐사하게 될 것이다.

2. 모더니즘 예술의 대립성: 아도르노의 현대적 숭고미

그런데 판단력을 통한 규제와 구성을 끝까지 불가능하게 못하는 현실 사태가 있다면 그런 경우는 우리는 어떻게 해야 할까? 테오도어 루트비히 비젠그룬트 아도르노 Theodor L. W. Adorno는 이런 예외적 사태를 예술이 떠맡아야 한다고 말한다. 현실은 유대인들을 체계적으로 홀로코스트에서 600만 명이나 희생시켰는데 예술이 칸트 시대처럼 미의 선택을 통해서 자유에 도달할 수 있게 할 수 있을까? 이것이 아도르노의 고민이며 문제 제기다. 현실이 그런 심각한 사태라면, 예술도 그런 심각한 사태를 어떻게 해서든지 반영해야 하지 않을까? 예술은 좀더 고강도의 처방이어야 한다. 스타들의 이야기는 이런 견지에서 보면 그들이 엄청나게 실패한 이야기를 해야 하는 것이 아니겠는가? 아도르노의 예술론은 사실상 반(反)예술론이다.

예컨대 우리가 알프스의 산악 도로 위로 가서 보더라도 그곳의 별은 더 이상 태연히 아름답게 빛나서는 안 된다는 것이다. 그곳의 별은 아마도 문화 산업으로 아름답게 치장되어 있을 것이다. 성탄절의 크리스마스 트리 불빛처럼 빛나면서 산 아래의 고통스런 현실에 대해서는 눈을 감게 할 수도 있다. 우리는 히틀러 시대의 독일 관광 산업의 실제를 통해서 이 사실을 설명해볼 수 있다.[32] 히틀러는 집권 후에 독일의 국가 재정 확충을 위해 관광 산업을 진흥시켰다. 이리하여 1차 세계 대전 이후의 해빙무드 속에서 수십만 명의 영국인들이 독일로 관광을 갔다. 그들은 베를린 시내에서 빌헬름 2세의 제국주의 시대에 건설된 도로와 건물들의 웅장한 모습을 보고 감탄을 금치 못했다. 런던의 비좁은 골목길들에서는 만날 수 없는 넓은 도로들이 사방으로 펼쳐져 있었기 때문이다. 그리고 도로의 좌우에는 신고전주의 양식의 거대한 건물들이 위용을 과시하며 도열해 있었다. 독일의 농촌 지역에도 가 보았다. 자연에서 그들은 순박하고 건강한 젊은 여성들을 만나 보면서 독일의 자연의 미에 경탄하지 않을 수 없었다. 히틀러의 별장이 있던 잘츠부르크 인근 알프스 산속의 별장도 그들의 인기 있는 방문 코스 중 하나였다. 그곳에서 히틀러와 기념사진도 찍었다. 그들은 그 아름다운 자연이 그들을 배신하고 전쟁을 위한 물적 자원으로 사용될 것임을 미처 예감하지 못했다. 그들은 관광 사업에 포로가 되어 프로크루스테스의 침대 위에 누워 있었던 것이다. 고개에 석고 기브스를 하고 사이비 자연을 보았던 것이다.

아도르노는 미적 판단력이 칸트의 본래의 취지대로 20세기의 역사적 현실 속에서도 우리를 자유의 에티카의 나라로 데려갈 수 있는 견인차 역할을 할 수 있기를 간절히 원한다. 이 목적을 위해서 그는 조화미 개념의 작동을 도리어 멈추게 하는 새로운 충격미가 필요한 시대가 되었다고 진단한다. 우리가 예술을 감상할 때 합목적성의 본래의 취지가 작동하려면, 예술은 우리를 죽음의 터널로 데리고 가야 한다. 우리는 긴 터널을 통과하면서 원래의 자연의 아름다운 상태의 회복이 절실하다는 것을 실감해야 한다.

아도르노는 칸트의 미학에 이미 터널 구간이 함께 설계되어 있었다고 지적한다. 칸트는 자미를 (조화)미 das Schöne와 숭고(미) das Erhabene 두 종류로 나누어 설명했기 때문이다. 숭고가 바로 현대 사회에서 반드시 필요한 미의 형식에 해당한다. 칸트는 판단력이 숭고(미) das Erhabene 앞에서는 구성의 작동을 멈춘다는 것이다. 자연의 위대한 힘은 판단력의 구성 능력을 초월하기 때문이다. 칸트는 거센 풍랑이 몰아치는 거친 바다를 예로 든다. 우리는 그것을 바라보면서 자연의 위대함 앞에 숭고함과 인간의 연약함을 느낀다. 그러나 인간과 자연 둘 중에서 진정으로 위대한 것은 무엇인가? 칸트는 연약한 인간이 도리어 숭고하다고 말한다. 인간은 숭고함을 인지하고 그 체험을 정신의 자유를 위한 계기로 삼게 되기 때문이다.

아도르노는 현대 사회의 예술은 우리를 보잘것없게 만드는 충격을 주는 것이어야 한다고 말한다. 예술이 반드시 거창하고 거대한 규모일 필요는 없다. 카프카의 소설과 베케트의 희곡은 그 좋은 예다. 정의와 법은 부조리하게도 누추하고 속이 텅 비어 있으며, 종교나 희망도 아무런 미래를 약속하지 못한다. 부조리가 우리의 모든 로기카 상식을 뛰어넘는다. 그로써 우리는 현실세계의 에티카의 나라가 공허해졌으며 무의미만 남았음을 절실히 깨닫게 된다.

아도르노의 반예술적 예술론은 현실에 대한 일종의 변증법적 대응이다. 헤겔도 변증법을 이야기했지만, 헤겔의 변증법은 정·반·합에서 합을 겨냥하는 낙관론적 긍정의 변증법이라면, 아도르노의 변증법은 모든 합을 부정함으로써만 비로소 합을 희망할 수 있게 된다는 심층적 부정의 변증법이다. 목표는 같지만 길은 다른 것이다. 그는 부정의 변증법을 아래와 같이 정의한다.

> 변증법은 객관적 현혹강령(綱領)에 대한 깨어있는 자의식이지 이미 현혹강령에서 벗어나 있다는 자부심이 아니다(Adorno 1979, 398).[33]

부정의 변증법은 긍정적 합이 생산하게 되는 결과의 폐해를 비판한다. '강령'이라는 현혹의 즉 합이 배제하는 타자들에 주목한다. 유럽의 모든 국가들에 내부에서 살고 있다가 어느날 강령으로부터 배제되어 희생된 유태인들이 그러한 타자였다. 부정의 변증법은 모든 것들의 동질화에 저항하기 위해 체계 내에서 타자의 특수성 das Besondere을 살아가도록 하기 위함이다. 팝음악도 특수성을 위해서 끝없이 '팝'으로 자체의 포퓰러에 대해 저항한다. 그것은 어떤 외부의 지시를 받는 것이 아니다. 자체의 체계의 끝없는 탈피일 뿐이다. 아도르노는 예술이 외부의 지시를 받으면 그 순간 예술은 도덕 교과서가 된다고 말한다. 예술은 쉽게 개념으로 환원되어서는 안 된다. 일의적 해석을 거부하고 끝까지 특수성을 은닉해 지켜야 하는 것이다. 비유컨대 예술은 일종의 밀폐된 청동탑이고 해석은 그 표면의 비본질적 "푸른 녹 Patina"(Adorno 1973, 273)[34]에 불과하다.

아도르노는 헤겔이 이미 19세기에 "예술의 종말"을 선언"했지만, 종말을 맞은 것은 '동일성 미학의 고전주의적 예술'뿐이라고 말한다. 현대의 산문 예술이 과거의 시처럼 현실의 조화로운 질서를 반영하지 못하게 되었다고 헤겔은 슬퍼했지만, 아도르노는 현실에서 아름다움이 산산조각났으므로 예술도 산문(散文)이 되는 것이 당연하다고 보는 것이다. 예술은 늘 반립이다. 팝음악도 자체의 형식 내에서 끝없이 '팝'으로 자체의 껍질을 그것이 거짓일 경우에 깬다. 껍질이 '아무짝에도 쓸모없게 되었음 das Obsolete'[35]을 민낯으로 보일 때, 예술은 민낯의 "섬뜩한 것 das Unheimliche"(Adorno 1973, 273)으로 비로소 예술의 자격을 획득한다. 아도르노는 호머의 서사시 『오디세이아』를 예로 든다. 오디세우스는 세이렌 협곡을 통과하면서 자신의 몸을 스스로 돛대에 단단히 묶었다. 예술을 위해서 구성의 자유보다 규제의 자연성이 극대화된 것이다. 자유는 어디서도 찾아볼 수 없게 되었다. 예술은 그렇게 체계의 동일성에 포착되지 않는 고통의 생산과정을 주목하게 하는 앙가주망이 되어야 한다. 분석 철학자 루트비히 비트겐슈타인 L. Wittgenstein도 이와 유사한 시각으로 전통적 형이상학의 언어를 체계라는 관점으로 비판했다. 그는 '말로 할 수 없는 것 das Unsagbare' 즉 개념으로 설명 불가능한 것을 인정하라고 한다. "말로 할 수 없는 것, 그것에 대해서는 침묵해야만 한다 Wovon man nicht sprechen kann, darüber muss man schweigen."[36](Wittgenstein 1984, 85).

3. 물질성의 긍정: 손택의 캠프미

아도르노와 유사하게 반예술의 미학이론을 설계한 사람은 그 이외에도 많이 있었다. 미국의 60년대 중엽에 살았던 비평가 수전 손택 S. Sontag도 그 중 한 명이었다. 그녀는 말이 신뢰를 잃을 때, 예술의 감각을 그 어떤 것인지 가리지 말고 그 자체로 긍정해야 한다는 입장으로 언어의 추락에 대해 저항했다. 그 당시에 미국에는 매커시즘이 난무했고 월남 북쪽 지역에 대해 공습을 하기 시작했다. 그녀는 전쟁의 정당성을 옹호하는 공습 뉴스가 날조된 것이라고 생각하는 미국 사람들의 심정을 그로써 대변했다.

『파티잰 리뷰 Partisan Review』 1964년 가을호에 그녀가 발표한 「캠프에 관한 노트」는 그녀의 예술 감각을 설명한다. 그것은 문화 상품들에서 느껴지는 감정이었다. 그녀는 아도르노와 상반되게도 그 싸구려 예술품의 싸구려 느낌을 긍정했다. 그러면서 그 심리를 캠프 camp라고 명명했다. 예컨대 마릴린 먼로의 복제판 판화 사진에 묘하게 끌리는 감정이다. 캠프라는 말은 원래는 동성애자들의 취향같이 기인한 것에서 풍기는 느낌을 가리키는 형용사였다. 퀴어라는 말과 비슷한 말이다.

캠프 감정은 대상과의 동일시 감정이지만 정신적으로는 반동일시 감정도 수반한다. 그것은 지식인들이 중산층들의 위선정치에 염증을 느껴 그들과 차별화되는 싸구려 대중문화를 역선택한다는 자의식을 수반하기 때문이다. 예술에 귀천이 있을 수 없다는 포스트모더니즘 태도였다. 그것은 클래식 교양 시민의 고답적 동일성 미학의 대상의 범주를 대중 미술 쪽으로 확장함으로써 기존의 고급 예술에 대해 저항하려는 전략이었다. 그녀는 『해석에 저항한다』에서 싸구려 상품의 동일성 미학을 긍정하며 그 감정에 대해서 더 이상 개념을 가지고 설명할 필요가 없다며 비트겐슈타인의 침묵론을 옹호한다. 캠프미는 팝음악에서 글램 록에 반영되어 나타난다.

마릴린 먼로는 스타로서 캠프미 취향에 자발적으로 부응하였다. 60년대는 글램 미학의 시대였다. 촌스러운 것들이 승리한 것이다. 아도르노라면 포퓰러 대중문화라고 비판했을 만한 것들이었다. 요즘 감각으로 말하자면, 맨발에 명품 운동화 신기와 같은 것이었다. 캠프미 취향은 글램 스타 숭배의 시대를 열었다. 스타 숭배는 보수주의적 서구 사회에서는 처음 있는 일이었다. 2차대전 이전의 흑백 영화 시대에도 스타 숭배는 있었지만 당시에는 주인공들은 연인으로서 혹은 부부로서 사회의 신분을 대표하였다. 사회적 타입으로서의 영웅에 대한 숭배였지 그들의 몸의 캠프미에 대한 숭배는 아니었다. 페티시즘 Fetishism의 시대가 시작된 것이다.

배우나 가수들의 목소리 Stimme도 페티시즘의 대상이었다. 페티시즘의 노에타는 살아 있는 사람의 목소리였던 것이다. 기술 매체도 페티시즘 미의 출현에 큰 영향을 미쳤다. 미국의 모타운 Motown의 음반 산업은 스타의 목소리를 안방에서 들을 수 있게 음질을 획기적으로 발전시켰다. 그로써, 스피커를 통해 흘러나오는 스타의 물질성에 대한 관심을 증폭시켰다. 가예를 들어 반전 저항 가수 밥 딜런 B. Dylan이나 존 바에즈 J. Baez의 인기 요인은 그들의 노래 실력보다는 그들의 떨리는 목소리였다. 목소리는 물질성으로서의 진정성의 느낌을 가지게 했다. 정치인들의 언어적 진정성의 위선에 저항한다는 느낌을 주었던 것이다. 울분과 서러움이 배어 있는 듯한 스타들의 떨리는 목소리는 언어적 개념으로 설명할 수 없이 거짓이 아니라 실재이며 위선에 저항하는 살아있는 미였다. 팝음악은 그 자체 내에서 개념에 저항하는 반립으로 '팝'의 원칙을 자유를 위해 계속 실천한다.

5부

전통미학의 객관성과 현대미학의 주관성: 문학과 영화

스타들은 자유를 위해 모험하길 좋아한다. 어디론가 훌쩍 떠나가서 새로운 세계를 경험하는 것이다. 그리고 돌아와서 이야기를 한다. 예술은 그 경험들을 전하는 형식이다. 문학은 언어로, 미술은 형상으로, 음악은 사운드로 이야기를 한다. 캠벨은 숱한 문학 작품들에서 이야기 공식을 발견한다. 성인식 Initiation이라는 공식이다.

첫째, 주인공은 어디론가 출발한다.

둘째, 모험을 한다.

셋째, 돌아와서 모험을 이야기한다.

모험의 내용이 어떤 것이든 간에 출발/귀환 이야기가 있다. 여기서 경험은 체계의 바깥으로 떠난 경험이다. '팝'이다. 그러나 '팝'은 이야기를 통해서 포퓰러가 된다. 모든 사람들이 이야기를 좋아하게 되기 때문이다. 이리하여 이야기를 통해서 '팝'을 위한 새로운 출발선이 다시 생겨나게 된다. 그러면 출발한다. 포퓰러와 '팝'의 순환선이 이로써 완성된다.

제 9 장

공동체와 미의식의 만남과 헤어짐

출발/귀환의 순환이 일어나는 양상은 시대마다 다르다. 고대 문학에서는 순환이 힘차게 일어난다. 반면에 현대 문학에서는 아무도 순환을 환영하지 않으므로 운동이 외롭고 고독한 모습을 보인다. 순환을 공동체의 집단이 다 같이 해야 하는데 그렇지 못하기 때문이다. 우리는 그 차이를 고대 그리스 호머의 『일리아스 Ilias』와 계몽주의 시대 괴테의 『빌헬름 마이스터의 수업시대 Wilhelm Meisters Lehrjahre』를 비교해 보면 잘 알 수 있다.

1. 공동체와 함께 출발하기: 고대 서사시의 영웅

호머의 『일리아스 Ilias』에는 공동체가 순환의 한복판에 위치하여 구심점을 형성한다. 공동체는 영웅들의 전투를 위한 기지창(基地廠)과도 같다. 영웅들에게 물자를 충분히 보급한다. 공동체의 마음과 영웅의 마음은 하나이기 때문이다. 그들의 마음은 모두 미인 헬레네를 향해 있다. 헬레네는 그리스 최고의 미인이다. 트로이의 왕자 파리스는 미인을 쟁취하기 위해 지중해를 건너 그리스로 갔다. 그리고 이번에는 반대로 메넬라오스 왕이 미인을 되찾으러 엄청난 대군을 이끌고 지중해를 건너 트로이로 왔다. 미는 공동체가 함께 지향하는 최고의 가치다.

그러므로 미인을 차지하려는 전투는 치열하다. 아가멤논과 아킬레우스는 같은 우군임에도 불구하고 제1권부터 자기들끼리도 설전을 벌인다. 이번에는 트로이의 최고의 미인 크리세이스 때문이다. 그리고 트로이의 왕자 파리스도 형 헥토로와 미인 헬레네를 놓고 설전을 벌인다. 헥토르는 헬레네를 평화를 위해 내주라고 하고 파리스는 그 말에 응하지 않기 때문이다. 파리스는 아래와 같이 주장을 한다.

> 황금의 아프로디테의 사랑스런 선물을 비방하지 마시오.
> 신들이 손수 내리신 선물은 절대로 물리쳐서는
> 안 되며 또 원한다고 하여 얻을 수 있는 것도 아니지요.
> 하오나 지금 내가 싸우기를 진심으로 원하신다면
> 다른 트로이인들과 아카이오족은 모두 앉히시고
> 그 한가운데에서 아레스의 사랑을 받는 메넬라오스와 내가
> 헬레네와 그녀의 모든 보물을 걸고 싸우게 하시오(천병희 2011, 89).[37]

미인은 올림포스의 신도 인정하는 축복으로서 공동체의 최고의 가치다. 전쟁도 모두 미를 서로 차지하기 위해 벌어진 것이다.

아가멤논은 미를 위한 전쟁에 나가느라 심지어 사랑하는 친딸 이피게니에마저도 바다의 포세이돈에게 희생 제물로 바쳤다.

공동체의 한복판에서 미를 향한 공감이 불꽃처럼 활활 타오르던 시대는 현대 사회에서 사라졌다. 이제 사람들은 미가 어디 있는지도 모르면서 막연히 집을 나서야 하는 시대가 되었다. 헝가리의 문학 비평가 죄르지 루카치 G.Lukács는 『소설의 이론』 서문에서 고대의 모험에 대해서 아래와 같이 말한다.

> 별이 빛나는 창공을 보고, 갈 수가 있고 또 가야만 하는 길의 지도를 읽을 수 있던 시대는 얼마나 행복했던가? 그리고 별빛이 그 길을 훤히 밝혀 주던 시대는 얼마나 행복했던가? 이런 시대에 있어서 모든 것은 새로우면서도 친숙하며, 또 모험으로 가득차 있으면서도 결국은 자신의 소유로 되는 것이다. 그리고 세계는 무한히 광대하지만 마치 자기 집에 있는 것처럼 아늑한데, 왜냐하면 영혼 속에서 타오르는 불꽃은 별들이 발하고 있는 빛과 본질적으로 동일하기 때문이다. 다시 말해서, 세계와 자아, 천공(天空)의 불빛과 내면의 불꽃은 서로 뚜렷이 구분되지만 서로에 대해 결코 낯설어지는 법이 없다. 그 까닭은 불이 모든 빛의 영혼이며, 또 모든 불은 빛 속에 감싸여져 있기 때문이다. 이렇게 해서 영혼의 모든 행위는 의미로 가득차게 되고, 또 이러한 이원성(二元性) 속에서도 원환적 성격을 띠게 된다(루카치 1985, 29).[38]

호머에서처럼 개인과 세계가 하나로 포개지는 통일성의 세계는 이제 존재하지 않는다. 개인은 체계의 감옥이 되어 버린 현대 사회에서 혼자 어디론가 자유를 찾아 떠나야 한다.

2. 공동체 없이 출발하기: 근현대 문학의 주인공들

16세기 말 영국의 근대 문학에서 보면 주인공은 미인을 만나러 출발하지만 실패한다. 이제부터 모험은 정말로 자유를 찾기 위한 어둠 속의 모험이 된다. 미는 공동체의 현실에도 없었으며 그 바깥에도 없음이 확인될 뿐이다. 이리하여 모험은 아무런 성과를 내지 못하고 헛바퀴만 돌린다. 그럼에도 불구하고 모험은 계속 된다. 셰익스피어의 희극 작품 중 하나인 『한여름 밤의 꿈』을 보면 젊은 남녀 두 쌍이 도시 아테네를 떠나 자연의 숲으로 간다. 그들은 사랑을 찾아 집을 나섰지만, 숲에서 그들은 장난꾸러기 요정한테 사랑의 화살을 잘못 맞아 사랑하는 파트너를 서로 혼동하는 착시 현상에 빠진다. 이로 인해 그들은 서로 간에 밤새도록 쫓고 쫓기는 추격전에 휘말린다. 모험은 호러가 된다.

혼란은 새벽이 되어야 사라진다. 그들은 집으로 돌아온다. 그러나 집으로 돌아와도 사랑은 없다. 원래의 기존의 신분 질서에 따른 결혼이 그들을 기다리고 있기 때문이다. 현실의 질서는 결코 그들의 마음에 드는 것이 아니다. 현실의 신분을 벗어난 사랑을 하고 싶었지만, 그 경계선을 넘자마자 어둠의 현실이 악몽처럼 따라붙어 그들을 벗어날 수 없게 한다. 사랑이 허용되지 않는 사회에서 일탈로 인한 죄의식이 그들을 두려움에 떨게 한다. 사랑은 꿈이며 결코 현실에서 실현될 수 없는 것임을 깨달을 뿐이다. 르네상스 시대의 영국식 오징어게임이다.

셰익스피어의 작품들에는 이미 20세기의 현대 사회처럼 공동체의 위기 속에서 미도 아울러 파괴되어 있다. 공동체와의 동일성이 확보되지 못한 개인들은 미를 찾아 떠나지만 표류한다. 『햄릿』을 보면 잘 알 수 있다. 현실의 궁정 세계에 지배하는 것은 배반과 위선뿐이다. 물론 최후에 정의는 모든 주인공들의 죽음을 통해서 회복된다. 정의는 대가를 요구한다. 그래서 햄릿도 죽고 오필리어도 죽는다. 정의가 없는 사회가 아름다울 리가 없다. 그는 정의 회복을 위해 싸우다 죽었지만 정의가 회복된 것인지는 여전히 불확실하다. 궁정 사회에서 위선이 계속될 확률이 높다. 그래도 문학의 주인공들은 다시 팝을 위해 출발해야 한다.

18세기 말, 19세기 초의 계몽주의 시대에도 자유를 위해 미를 찾아가는 개인의 모험은 계속 실패한다. 개인이 공동체와 분리되었기 때문이다. 주인공들은 신의 가호없이 혼자서 통일성을 찾아 출발해야 한다. 방향은 어딘지 모른다. 목적지를 알지 못한 채 무조건 가출을 감행하지만 미아가 된다. 그래서 문학 평론가들은 이들을 일컬어 '문제적 주인공'이라고 말한다. 독일 문학사에서 문제적 주인공이 가장 많았던 때는 "폭풍우와 돌진"(안삼환 2006, 179)시대였다."[39] 괴테의 『젊은 베르터의 슬픔 Leiden des jungen Werther』(1774)의 주인공 베르터도 그들 중 하나였다. 그가 과연 주인공다운 주인공이었던가? 호머의 시대처럼 영웅적 주인공인가? 그가 가출해서 도착한 최종 종착지는 죽음이었기 때문이다.

그는 프랑크푸르트 대도시의 집을 떠나 잠시 쉬기 위해서 발하임 Wahlheim이라는 작은 마을에 온다. 그리고 그곳에서 혼자만의 불꽃같은 사랑을 한다. 그리고 혼자서 죽는다. 사회는 그에게 호머의 영웅 주인공들처럼 그의 몸과 일체가 되어 있는 것이 아니라 도리어 감옥같은 곳이었다. 고향 집에서는 모친과 친척 간에 유산 상속을 둘러싼 법적 분쟁으로 골치가 아팠고 그가 도착한 시골 마을에서도 토착 귀족들이 그를 평민이라고 무시하고 따돌린다. 그가 사랑하는 롯데도 이미 약혼남 알베르트가 있다. 그러므로 그는 주변에서 빙빙 떠돌다 이를테면 태종대의 절벽 아래로 추락한다. 알베르트에게 권총을 빌려 자살하는 것이다. 그의 총으로 죽었다는 것은 그가 자살이 아니라 사회가 자신을 죽였다는 것을 제발 봐 달라는 절규였다. 현실 사회 바깥으로 미를 찾으러 떠난 모험은 늘 실패로 돌아간다.

베르터 이후의 낭만주의 음악과 예술에도 베르터의 후예는 계속 등장한다. 슈베르트의 연가곡 『겨울 나그네 Winterreise』에서도 보면 가련한 주인공은 추운 겨울 정처없이 이곳저곳을 떠돈다. 24편의 가곡들로 구성된 그 노래는 사랑을 이루지 못하는 주인공을 바라보려면, 안타까움만이 가득하다. 우수한 찬 멜로디는 우리를 멜랑콜리에서 벗어나지 못하게 한다.

19세기를 지나 20세기로 넘어오면서 세계 문학에서 주인공이 살아서 안전하게 귀환 할 확률은 점차 급격히 낮아진다. 공동체가 시야에서 사라져 보이지 않게 되었기 때문이다. 카뮈, 베케트, 카프카의 작품들에서 보듯이 주인공들은 가출을 하기는 하지만, 가출은 곧 미아가 되는 것을 의미했다. 그들이 할 수 있는 일이라고는 고작 집을 나서는 것만이 전부였다. 거리 감각조차 사라졌다. 노숙인도 아니면서 노숙인이 되어 낯선 곳에서 살아야 한다. 『이방인』의 주인공은 모친을 살해하고 나서도 아무런 양심의 가책이 안 느껴지며 『고도를 기다리며』의 주인공들은 결코 오지도 않는 누군가를 기다리며 길가에서 망부석이 된다. 『변신』의 주인공은 벌레로 변신했지만 왜 변신했는지 궁금해하지도 않는다. 그저 안방의 네 개의 벽 안에서 빼빼 말라죽을 뿐이다. 그들의 행동은 이유고 목표도 없다.

펑크들의 록 음악은 현대 문학의 주인공들과 비슷하다. 모든 현실이 따분하고 삶의 의미를 찾을 수 없다. 그래서 요란한 기타 소리와 드럼 소리로 요란하게 소리를 지르기 시작한다. 답답한 권태의 벽을 뚫고 밖으로 나가고 싶다. 사방으로 벽을 마구 두드린다. 그들의 음악에서 통일성의 미는 찾아볼 수 없다. 아도르노의 부정성의 미학에서처럼 고통스런 아우성만 사방에서 들린다.

제 10 장

만남의 별빛과 헤어짐의 어둠: 영화

현대 문학에서 모험 여행이 공동체의 추진력을 받지 못해 벡터가 힘을 잃고 제자리 뛰기 양상을 보이는 것과 마찬가지로 현대영화들에서도 벡터는 지향해야 할 미의 빛을 발견하지 못하고 악순환에 빠지기 시작한다. 20세기 중반의 영화에서는 아직도 에스테타 등대의 불빛이 호롱불처럼 희미하게 빛을 내고 있었지만, 21세기에 들어오면서 그것마저도 완전히 꺼지고 만다. 개인이 일체감을 느낄 수 있는 공동체가 완전히 시야에서 사라졌기 때문이다.

1. 선순환: 뮤즈의 호위

영화 「로마의 휴일」(1953)에서 보면, 헬레네처럼 아름다운 미의 여신이 잠시 속세로 강림했다가 곧 다시 돌아간다. 신의 축복인 미가 모습을 보여 주기는 하는데 잠시만 있다가 곧 사라진다. 미는 이번에는 다름 아니라 영국의 공주다. 우리가 잘 아는 오드리 햅번이다. 그레고리 펙에게 그녀가 꿈속처럼 눈앞에 현신한 것이다. 그는 그 미녀가 신성한 미의 빛인지도 모르는 채 자신의 안방 소파에서 아무렇게나 하룻밤을 재운다. 그의 현재 현실은 누추하기 짝이 없다. 집세조차 제대로 못 내는 가난한 처지다. 공주는 나무꾼의 선녀처럼 나중에 왕실로 되돌아간다. 현실이 꿈속이었으므로 이번에는 셰익스피어의 『한여름밤의 꿈』과는 반대의 상황이 벌어진다. 현실이라는 꿈에서의 모험은 한없이 달콤하고 행복하다. 트레비 분수와 스페인 광장서 아이스크림 먹기, 테베레 강가에서 왈츠 추기, 진실의 입 앞에서 포옹하기. 여행은 로마의 거리를 누비며 계속된다. 그러나 현실이 꿈이므로, 꿈은 꿈일 뿐이다. 꿈인 이유는 두 사람의 신분 차이 때문이다. 평민과 왕족의 신분 차이는 결코 극복할 수 없는 것이다.

지체 높은 영국 공주와 미국 신문 기자는 견우와 직녀인 셈이다. 견우는 땅에 살고 직녀는 하늘에 산다. 펙이 마지막으로 햅번에게 말한다. “Life isn’t always what one likes, is it?” 경상도 말투로 표현하자면, “삶은 우리가 원하는 것과 늘 같지는 않다 아입니꺼?” 그러자 햅번은 웃으며 “예스”라고 말한다. 기자가 꾸는 꿈은 자유다. 두 사람은 맺어질 수 없는 사이일지라도 꿈은 누구에게나 허용된다. 기자는 꿈을 영원히 간직하기로 한다. 그래서 그녀와의 만남을 세상에 알리지 않기로 결심한다. 공주의 특종사진을 신문사에 보내지 않기로 결심하는 것이다. 현실은 누추하더라도 공주의 모습을 혼자만 영원히 간직하고 싶기 때문이다. 전통적 영웅담에서는 주인공이 미인을 차지한다. 그러나 현대 영화에서는 미인은 마음속으로만 차지할 수 있다.

음악 영화 「토요일 밤의 열기 Saturday Night Fever」(1977)에도 미인을 찾으러 떠나는 모험은 계속된다. 주인공은 뉴욕 변두리의 브루클린에서 가족과 운영하는 건축 자재 상점에서 점원으로 일한다. 재미없는 일상생활이다. 주인공은 모험 여행을 떠나기로 한다. 모험은 주말인 토요일에 가능하다. 그는 맨해튼의 디스코장 "2001 Odyssey"으로 간다. 그곳에서 그는 신나게 디스코 리듬 춤을 추며 꿈같은 낭만의 세계로 빠져들어갈 수 있다. 그러나 낭만적인 꿈은 현실의 고통을 수반한다. 그를 짝사랑하던 여자친구 한 명이 성폭행을 당하는 사건이 벌어진다. 또 한 명의 남자친구는 여자친구가 원치 않는 임신을 하자 미래가 두려워 좌절한 나머지 브루클린 다리에서 투신자살한다. 이런 불행한 사건들은 그가 디스코장에 가지 않았다면 일어나지 않았을 것이다. 그는 후회하며 새벽에 브루클린의 집으로 돌아온다. 현실이 다시 꿈을 밀어낸 것이다.

그러나 그는 다시 꿈속으로의 여행을 시작할 것이다. 디스코장에서 열리는 댄스 경연 대회에 참가할 수 있게 되었기 때문이다. 그 동안 댄스 경연 대회에 같이 참가하자고 아무리 부탁해도 거절했던 여친 스테파니가 그의 제안을 드디어 수락했기 때문이다. 맨해튼에 화려한 디스코텍 "2001 Odyssey"가 있는 한, 그는 그곳으로 매일 갈 것이다. 미의 등대의 불빛은 아직 꺼지지 않았다.

2. 악순환: 포세이돈의 심술

크리스토퍼 스미스 감독의 영화 중에 「트라이앵글」(2009)이라는 제목의 작품이 있다. 내용을 보면 현대 사회에서 개인이 어디에 위치하는지 자신의 위치를 정하지 못하고 고독하게 자신과의 투쟁이 이어진다. 어떤 낯선 운명의 힘이 작동한다. 그 힘은 주인공을 어디론가 떠나게 하지만 다시 원점으로 되돌리는 힘이다. 그 여정은 고통의 연속이다. 고통에서 벗어나고 싶어도 주인공은 벗어날 수 없다. 미의 불빛은 공동체의 파괴와 더불어 완전히 꺼진 상태다.

주인공의 이름은 제스다. 사건이 발생하는 장소는 미국의 동남부 버뮤다 해역이다. 그곳은 과거에 수많은 항공기와 배가 실종된 것으로 유명하다. 그녀는 아침에 그곳으로 가서 지인들과 요트를 타며 즐거운 시간을 보낸다. 그런데 갑자기 폭풍우가 몰려온다. 요트는 표류하게 된다. 때마침 대형 크루즈선 한 척이 다가온다. 그들은 그곳에 올라탄다. 그런데 배 안에는 아무도 없고 복면을 쓴 의문의 괴한만이 한 명 있다. 괴한은 무슨 이유에서인지 그녀의 일행들을 한 명씩 살해하기 시작한다. 그리고 마지막으로 그녀가 당할 차례가 된다. 괴한은 생긴 모습이 이상하게도 그녀 자신을 닮았다. 그녀는 정당 방어 차원에서 괴한과 맞서 싸운다. 그리고 괴한을 바닷물에 빠트리게 된다. 그녀는 두려움에 떤다. 그 순간에 멀리서 요트 한 척이 크루즈선 쪽으로 다가온다. 요트에는, 몇 시간 전에 자신이 요트에 타고 놀던 일행과 똑같은 모습의 사람들이 승선해 있다. 자신하고 똑같은 모습의 사람도 있다. 그녀는 시간이 마치 타임머신을 타고 되돌이표 된 것이 아닌지 놀라지 않을 수 없다. 지금까지 그녀가 배에 올라타고 나서 당한 악몽같은 일이 이제 그녀 자신에 의해 반복된다. 그녀가 그 사람들을 모두 죽이기 시작하는 것이다. 정체 모를 괴한 제스에게 당했던 것처럼 이번에는 자신이 그 괴한과 똑같은 일을 저지르는 것을 스스로 보게 된다. 자신도 모르는 사이에 낯선 힘에 이끌려 그들을 모두 죽이게 되는 것이다.

난투극의 와중에 그녀는 난간 너머 바닷물 속으로 추락한다. 그들 중에서 제스 괴한이 그녀를 죽이려 했기 때문이다. 그런데 그녀가 정신을 차리고 눈을 떠보니 이번에는 자신의 몸이 집에 돌아와 있다. 시간이 24시간 전으로 완전히 되돌이표 된 것이다. 눈앞에는 그녀가 어제 아침 요트에 타던 상황과 똑같은 상황이 반복된다. 미스테리한 괴한 제스는 그녀 자신이었음을 깨닫는다. 칸트의 에스테타 등대는 이 영화에서 제대로 작동하지 못한다. 등대의 불빛이 그녀에게 비쳤더라면 그녀는 미의 목적지를 제대로 찾아갈 수 있었을 것이다. 즉 그녀가 정신 착란증에 걸린 듯 정신없이 살인을 연거푸 저지르지 않아도 되었을 것이다. 왜 빛을 보지 못했을까? 그녀는 오직 로기카의 강박증에 사로잡혀 있다. 본인은 언제나 올바로 살려 했고 선한 의도로 살인을 막으려고 했지만, 결과는 연쇄 살인으로 이어질 뿐이다. 그녀는 마지막에 깜박 잠이 들었다가 다시 깬다. 그녀는 그 생생한 모든 기억이 악몽이었기를 진심으로 바란다. 등대의 빛은 어떻게 해야 다시 켜질 수 있을까? 「로마의 휴일」과 「토요일 밤의 열기」 때까지만 해도 살아 있던 미와 공동체의 연대 가능성이 어떻게 해서든 되살아나야 한다. 사람들은 오징어게임처럼 만인의 만인에 대한 투쟁의 쳇바퀴에 갇혀 있다. 자신이 누구인지도 모르는 채, 그리고 자신을 죽이는지도 모르는 채 살아남기 위해서 자신을 죽인다.

수없이 자살골만을 난무하는 시대다.

6부

팝음악 주관성의 대위법 운동

팝음악의 역사는 그 모든 모험의 실패에도 불구하고 목적지인 자유를 향해 계속 순항하는 운동이었다. 그것은 예술이기 때문이다. 예술은 현실이 아니라 현실에 없는 것을 만들어 내는 기술이다. 무에서 유를 창조하는 기술. 기술의 힘을 칸트의 미학 이론이나 아도르노 그리고 손택의 미학 이론은 믿는다. 게오르크 빌헬름 프리드리히 헤겔 G. W. F. Hegel도 예술의 자기 갱신을 통한 형성력을 믿는다. 그는 『베를린 미학 강의』에서 말하길 예술의 형식의 변천을 역사적으로 고찰해 보면 정신의 "형식적 도야 (formelle Bildung)"(권정임 2001, 130)[40]가 확인된다는 것이다. 예술에서 이데아는 발전한다. "이데아의 감각적 빛남 das sinnliche Scheinen der Idee"이 예술이다. 그는 예술의 역사적 변천 모습을 통해서 이데아를 보고 싶어했다. 이데아가 자유를 향해서 어떻게 전진하는지 시대마다 변하는 예술 형식을 통해서 관찰하고 싶었던 것이다. 고대 그리스에는 조각 미술이, 근현대에는 회화, 문학, 음악이 시대 고유의 이데아의 형식이었다.

여기서 우리는 헤겔의 자유주의 철학이념을 약간 수정해야 한다. 우리는 선험적으로 주어진 불변의 이데아가 있는지 또 그것의 목적이 자유인지도 알 수 없기 때문이다. 중세 이후로 과학은 목적지와 더불어 출발지인 이데아도 모두 파괴해 버렸다. 우리가 확인할 수 있는 것은 팝음악이 목적을 자체 내에서 수행론적으로 발생시킨다는 것뿐이다. 팝음악에 외부에서 주어진 어떤 목적이 있는지 우리는 알 수 없다. 팝음악은 현대예술로서 이데아의 상실과 함께 속이 비어 있다. 다만 팝음악이 타율적 사고를 거부하며 자체의 형식에 대해서 헤겔의 정·반·합과 유사하게 끊임없이 자체 내에 변화를 일으킨다는 운동을 한다는 것만은 우리가 확인할 수 있다. 헤겔 철학과 팝음악의 차이는 분명하다. 헤겔은 합의 결과에 주목한다면, 팝음악은 합을 박차고 나오는 반에 주목한다. 팝음악은 체제에 대한 젊은이들의 저항 즉 반립을 통해 활성화되는 문화다. 그래서 '팝'이다. 팝은 형식의 외부의 체제에 대한 저항이 아니다. 그것은 팝음악 자체의 형식에 대한 끊임없는 파기(破棄)라는 형식의 저항이다. 그래서 형식 내부에서 수많은 재(再)저항 형식들이 파생된다.

> 77년도는 68년도의 모든 정치적 결함을 문화적으로 그리고 생활세계에서 체험하고 이해했으며 자신의 저항문화 안으로 끌어들였다. 만약에 누군가가 68년도 자체가 이미 '저항문화'였다고 말한다면, 77년도는 68년도의 결함을 '저항문화'에 대한 저항문화 속으로 옮겨온 것이다(Diederichsen 2001).[41]

여기서 77년도는 독일의 적군파의 마지막 단원들이 슈튜트가르트 인근의 교도소에서 자살을 한 해이다. 적군파는 자본주의 서독의 좌익 테러 단체였으며, 단원들은 수차례 살인을 저지른 혐의로 오랫동안 재판을 받고 있었다. 그리고 68년도는 독일을 포함해서 서구의 대부분의 국가에서 학생들이 반미 데모를 시작한 해였다. 그러므로 77년도는 10년간의 격렬한 좌파 운동이 일단 종식된 해였다. 그러나 좌파의 저항 정신이 사라진 것은 아니라고 디더릭슨은 말한다. 좌파에 대한 반성의 의미로서의 재저항 운동이 시작된 해라는 것이다. 반립이 있었다는 뜻이다. 팝음악은 외부의 정치의 영향을 받아 자신의 저항 운동을 내부적으로 역동화시키며 계속 이어간다.

헤겔의 변증법은 정·반·합에서 '합'을 위주로 설계된 것이지만, 팝음악은 아도르노 미학처럼 늘 '반'에서 생명력을 얻는다. 캠벨의 출발 3단계의 문학 원리의 구조에서도 새 출발이 중요한 것이다. 기존의 '합'의 형식에 대해 '반'의 정신으로 반발하기. 이것이 '팝'이다. 그러므로 팝음악에서 모험 이야기는 고대 서사시와는 달리 영웅담을 이야기하는 경우는 드물다. 스타들의 이야기는 자신이 출발한 이야기일 뿐이다. 낯선 곳으로 출발한다. 현대 영화 「트라이앵글」에서처럼 출발은 곧장 실패일 확률이 높다. 그러나 실패는 좌절이 아니라 도리어 시지포스의 신화처럼 늘 새롭게 출발선으로 되돌아가서 서게 하는 희망찬 계기(契機)다.

제 11 장

팝음악의 구조: 뫼비우스의 띠

팝음악의 출발과 귀환이라는 뫼비우스의 띠는 목적론과는 무관하며 미래에 대한 무한한 희망의 순환 궤도다. 희망이 팝음악의 발전을 견인한다. 뫼비우스 띠가 생산되는 과정은 여행하는 사람의 심리 작용과 완전히 일치한다. 속담에 "집 떠나면 고생이다." 라는 말이 있다. 그래서 되돌아온다. 팝음악은 여행자가 출발지와 목적지 어디에 위치하든 간에 상관없이 그 지점을 떠나는 운동이다. 목적지에서 다시 집으로 출발하고 집에서 다시 목적지로 출발한다. 우리는 이 사태를 설명하기에 적합한 두 단어를 영어에서 발견하게 된다. 경외지(境外地) Exclave와 경내지(境內地) Enclave가 그것이다. 서로 반대말이다. 과거 서베를린 지역을 예로 들어 그 뜻을 쉽게 이해할 수 있다. 서베를린은 동서 냉전 시대에 역사적 특수성 속에 형성되었으며 누구나 한번 가보고 싶었던 곳이다. 동독의 입장에서 보면, 국경 내에 있는 외국 땅이었고, 서독의 입장에서 보면 국경 바깥에 있는 자국 영토였다. 그곳은 동독의 입장에서 보면 지리적으로 볼 때 경내지(국경 내부의 외국 영토)였고, 서독의 입장에서 보면 경외지(국경 외부의 자국 영토)였다.

그러나 현실적으로 동독의 주민들과 서독의 주민들의 입장에서 보면 상황은 반전된다. 서베를린은 동독 주민들에게는 외국이나 마찬가지였고 서독 주민들에게는 제주도처럼 사실상 국내였기 때문이다. 동독 주민들은 서베를린에 몹시 가고 싶어했다. 공산권에서 허용되지 않는 거주·이전의 자유가 그곳에는 있기 때문이었다. 동독 정부는 이 마음을 붙잡아 두기 위해 장벽을 쌓아 그곳으로 갈 수 없게 하였다. 금지는 그곳을 향하는 욕망을 낳는다. 동독 국민들에게 그곳은 동경의 대상으로만 존재하는 완벽한 경외지였다. 반면에 서독 주민들은 거주·이동의 자유가 있었다. 서독의 국경 뉘른베르크에서 기차를 타면 서베를린의 초 Zoo역('동물원 역'이라는 뜻)에 서너 시간이면 도착할 수 있었다. 그러므로 서베를린은 사실상 경내지였다. 주말 여행으로 다녀오기에 적합한 곳이었다. 그러나 서베를린에 가 보아도 신박한 것은 없다. 직접 가 보면 안다. 곧 실망하게 될 것이다. 마음은 번번이 속는다. 그래서 다시 서베를린을 떠난다. 그리고 다시 서베를린으로 간다. 우리가 원하는 파랑새는 도대체 어디에 있는가? 파랑새는 아마 마음속 깊이 숨어 있거나 아니면 달나라를 비롯해 그 어디에도 없을 것이다.

여담이지만, 당시에 서베를린의 인구 구성비를 보면 청년인구가 압도적으로 많았다. 많은 서독 젊은이들이 그곳으로 가서 살았기 때문이다. 그곳은 냉전 시대에 서방 세계에는 자유의 상징과도 같은 곳이었다. 그곳을 거주지로 선택하면 서독 정부는 다양한 혜택을 부여했다. 병역 면제 혜택은 그 중 하나일 뿐이었다. 통계치를 보면, 대략 50,000명의 젊은이가 자원해서 그곳으로 가서 살았다.[42] 그들은 아마도 서베를린 자유 대학 Freie Universität에 등록을 하였을 것이다.

1. 경내지: 마음속의 파랑새

파랑새를 찾아서 마음속의 경내지로 침잠하려는 마음은 팝 음악사적으로 보면 히피 Hippie들의 음악의 마음에 해당한다. 히피들은 서정적 음악들로 우드스탁 축제에서 사랑과 평화의 꿈을 꾸었다. 파랑새가 마음속에서 노래하게 한 것이다. 그래서 음악의 분위기는 목가적(牧歌的)이다. 이제 그곳에서 '한 뙈기 밭'을 잘 가꾸고 보듬으면 된다. 클래식 음악 중에서 낭만파 클래식 음악도 이미 히피 음악에 속했다. 드보르작 Dvořák의 교향곡 9번 「신세계 From the New World」를 들어보면 안다. 청중들은 이 멋진 곡이 미국에서 초연될 때 모두 감격의 눈물을 흘렸다고 한다. 지금은 이민자 신세가 되어 타국에서 살지만 이 곡은 우리나라의 아리랑처럼 그들의 마음에 다가갔기 때문이다. 제목도 직역하면 「신세계로부터」다. 신세계는 그들의 마음속에 있었으며 노래의 곡조는 내면에서 흘러나오는 것이었다. 한국의 「미나리」인 셈이다.

가곡 「가고파」(1933)도 그렇게 히피 음악으로 분류될 수 있다. 노래를 듣는 순간 우리 눈앞에 어느새 파란 "남쪽 바다"가 선하게 보이기 때문이다.

내 고향 남쪽 바다, 그 파란 물 눈에 보이네.
꿈엔들 잊으리오 그 잔잔한 고향바다.
지금도 그 물새들 날으리, 가고파라 가고파

여기서 "내 고향"은 마산이다. 이 곡의 작사가 이은상 시인의 고향이다. 그는 일제 강점기에 평양에서 살면서 마산이 늘 그리웠다. 우리도 이 노래를 부를 때면 마산이 마치 내 고향이 "남쪽 바다"인 것처럼 한번 그런 곳에 가보고 싶어진다. 우리의 도시 생활이 팍팍하기 때문이다. 그래서 주말이면 부산행 KTX에 몸을 싣는다. 대부분의 가곡들에는 그렇게 평화로운 자연을 그리워하는 향수가 담겨 있다. 반드시 바닷가 마을이 아니어도 상관없다. 김연준의 가곡 「청산에 살리라」(2005)는 자연이 산골이다. "나는 수풀 우거진 청산에 살으리라. 나의 마음 푸르러 청산에 살으리라~" 청산이 눈앞에 선하다. 이미 마음속에 청산이 있다.

그러나 노래가 약속하는 멋진 장소는 현실에는 그 어디에도 없다. 귀촌해 보면 안다. 유토피아의 접두사 유 U-는 원래 '없다'는 뜻이다. 푸른 바다와 청산은 마음속에서 생명력을 얻는 상상의 나라일 뿐이다. 직접 마산에 가 보면 실감난다. 항구의 부둣가에서 먼 바다 쪽을 바라보아도 하늘에는 물새들이 나르는 것이 아니라 수많은 차들이 달리는 육중한 마창대교가 시야를 가린다. 그래도 상관없다. 68년도의 히피 음악은 현실이 아니라 마음속의 고향을 향해 출발하는 것이기 때문이다. 히피 음악은 마음의 상상세계를 구성하는 음악이다. 그리고 그로써 현실로부터의 자유와 해방감을 느끼는 것이다. 마음속의 서베를린을 키우고 가꾸는 것이다.

2. 경외지: 하늘로 날아오르고 싶은 새

셰익스피어의 비극 시대 이후로 현대 사회에서 마음속 푸른 초원은 이제 모두 불모지가 되어 버렸다. 자연 예찬 노래는 대부분이 현실을 미화한 허구임이 밝혀졌다. 70년대 말 동독의 지식인들은 유토피아의 환상이 깨진 것에 대한 환멸감을 노래하기 시작했다. 나치를 피해 미국을 비롯해 세계 각지로 흩어졌던 사회주의자들이 동독 지역으로 돌아왔을 때 그들은 자신감과 활기가 넘쳤었다. 아나 제거스 A. Seghers를 비롯해 숱한 지식인들은 평화의 나라 건설에 매진했다. 이제는 나치의 파시즘 폭력이 없는 완벽한 지상 낙원을 건설할 수 있을 것으로 확신했다. 그러나 역사는 그들을 배신했다. 독일 민주주의 공화국은 현실 정치에서는 국가보위부 Stasi의 비열한 감시와 통제하에서만 겨우 유지될 수 있는 깡통 국가였다.

동독 젊은이들은 서베를린의 지하철 환기구를 통해 올라오는 팝음악 소리를 들으면서 경외지에 대한 환상을 키웠다. 그래서 77년도의 동독 펑크 음악은 경외지 음악이 되었다. 그러나 목적지가 곧장 자본주의 사회인 것은 결코 아니었다. 미완의 사회주의 국가를 완성해야 하는데 어떻게 해야 하는지 더 이상 알 수 없어 답답할 뿐이었다. 동독의 희망찬 역사는 실패로 돌아갔으며 지금의 현실은 답답했다. 하이너 뮐러 H. Müller의 연극 작품「햄릿기계 Die Hamletmaschine」(1977)에는 이 답답한 심정이 잘 표현되어 있다. 동독의 역사를 상징하는 햄릿은 자유롭고 싶으나 몸이 속박되어 옴짝달싹 못 한다. 그가 할 수 있는 것은 비명을 지르는 것뿐이다. 경외지에 대한 동경은 동독의 록밴드 가

수 니나 하겐 Nina Hagen에게도 잘 나타난다. 그녀는 「자연눈물 Naturträne」(1978)에서 아래와 같이 비통하게 노래한다.

창문을 여니 보이는 것은
참새구름, 펄럭이는 하늘
바람이 부풀고, 내 코는 시리다
그리고 배기관 머플러가 부르릉거린다

아, 저기 해가 진다
붉게, 금빛으로, 당연히 그래야지
저 아래 도로가 보인다
지인이 지나가네

갑자기 마음이 무거워진다
새들이 펄떡거리는 것을 보고 싶다
내 시선은 하늘 위로 향한다
영혼도 아프구나, 멋지다

저녁 시간의 자연은, 조용한 도시
산산 조각난 영혼, 눈물이 흐른다
정말 나를 녹초로 만든다
나는 엉엉 울 뿐이다

Off'nes Fenster präsentiert
Spatzenwolken, Himmelflattern
Wind bläst, meine Nase friert
Und paar Auspuffrohre knattern

Ach, da geht die Sonne unter
Rot, mit Gold, so muss das sein
Seh' ich auf die Strasse runter
Fällt mir mein Bekannter ein

Prompt wird mir's jetzt schwer ums Herz
Ich brauch' nur Vögel flattern seh'n
Und fliegt mein Blick dann himmelwärts
Tut auch die Seele weh, wie schön

Natur am Abend, stille Stadt
Verknackste Seele, Tränen rennen
Das alles macht einen mächtig matt
Und ich tu' einfach weiter flennen

공화국 건설 시대의 희망과 평화의 목가 소리는 더 이상 들리지 않고 흐느끼는 울음소리만 들린다. 자연은 눈물이다. 눈물처럼 슬프다. 팝음악의 파랑새는 어디론가 떠나고 싶다. 그래서 마음속에 자동차의 시동을 걸어 놓았다. 그렇지만 더 이상 갈 곳을 알지 못한다. 기껏 하는 일이라고는 부르릉 부르릉 요란한 소리가 들리게 가속 페달을 헛밟으며 품재기를 하는 것뿐이다. 77년도의 펑크 음악은 히피 음악처럼 평화로운 목적지 고향을 합으로 산출할 수 없는 시대의 음악이다. 이미 불모지가 되어 버린 역사의 현재 사태에 대한 불만이 표출된다. 가짜 자연을 노래하는 히피 음악에 대한 반립이다. 뮤직 비디오를 보면 안다. 니나 하겐은 펑크다. 펑크의 마음으로 사회주의 현체제로부터 멀리 탈출하고 싶어한다. 68년도의 경내지 동일성 음악에 대해 재저항하는 77년도 대립성 음악이라는 말은 동독이나 서독을 가리지 않고 모든 기성체제의 타성화에 저항한다는 뜻이다.

3. 경외지에서 경내지로: 순환선

팝음악은 자체의 형식의 극단을 오가며 전차 궤도처럼 빙글 빙글 돈다. 하늘에 올라가면 하늘이 보이고 땅으로 내려가면 바닥에 닿는다. 자체의 형식에 대한 반립이 계속된다. 땅에 깔리기를 좋아하는 사람은 아마 없을 것이다. 그래서 누구나 펑크보다는 히피의 음악을 더 좋아한다. 펑크처럼 밖으로 나가 바닥의 찬 냉기를 겪어보면 다시 집의 따뜻한 안방으로 돌아올 수밖에 없는 것이다. 우리가 아도르노의 마음으로 역사적 현실에 분노할지라도 그 목적은 결국은 평화를 위한 것이다. 미국의 히피 음악을 대표하는 밴드 그레이트풀 데드 The Grateful Dead의 곡 「트럭타고 가기」(1970)도 순환 경로를 따라 집으로 돌아온다.

트럭을 타고 가요, 내 포인트도 현금화했으니
오-두-다[43] 경마 대회를 하듯 계속 트럭을 타고 가요
다 함께, 대충 일렬로 줄 맞추어
계속 트럭을 타고 주욱-

대로변에는 수많은 네온 싸인 화살표와 번쩍이는 대형 천막들
시카고, 뉴욕, 디트로이트, 그리고 그 거리마다 있어야 할 모든 것이 있네

그대의 전형적인 도시가 한낮의 전형적인 꿈속에 들어 있네
그것들을 밖에 내다 높이 걸어요! 그리고 내일이 당신에게 가져다줄 것들을!

달라스, 정이 넘치는 곳이지
휴스턴, 뉴올리언스와 너무 가깝지
뉴욕, 누구나 꿈을 이룰 수 있는 길과 수단이 갖추어진 곳이기는 한데
정작 너의 한 몸을 안 받아 주는 곳이지

당신이 길거리에서 만나는 고양이들은 대부분 진짜 사랑을 말하고 있어요
대부분의 시간을 집에 머물며 야옹거리지요
수많은 날 중의 하루는 떠나는 것이 더 좋을 것이라는 것을 잘 알면서
문 밖으로 그리고 거리로 나가요 모두가 혼자이지만요

트럭을 타고 가요, 오-두-다 경마처럼
누군가 내게 말했지요. '당신은 게임할 수 있는 두 손이 있군요'
어떤 때는 우리가 카드를 많이 들고 있어도 동전 한 닢만도 못할 적이 있어요
그것들을 내려놓지 않는다면
[...]
당신은 하릴없이 지내느라 병이 나서 여행하고 싶어지지요
여행하다 지쳐서 주저앉아 쉬고 싶지요
다른 사람이 당신 대신에 흥이 나게 할 수는 없을 겁니다
문밖으로 나오세요, 라이트를 켜고 여기저기 비춰 보세요

가끔은 빛이 나를 환히 비치더군요

또 어떤 때는 눈이 너무 부셔서 볼 수 없어요
최근에 갑자기 번뜩 생각이 났어요
내가 참으로 길고도 이상한 여행을 했구나 하는 생각

트럭을 타고 가자, 집으로 가야겠습니다
워-, 워-, 얘야! 내가 원래 속한 곳으로 돌아가자
집으로 돌아가자. 엉덩이 좀 붙이자, 내 뼈의 토막들에도 패치나 붙여 보자
트럭을 타고 돌아가자

Truckin', got my chips cashed in
Keep truckin', like the do-dah man
Together, more or less in line
Just keep truckin' on

Arrows of neon and flashing marquees out on Main Street
Chicago, New York, Detroit and it's all on the same street
Your typical city involved in a typical daydream
Hang it up and see what tomorrow brings

Dallas, got a soft machine
Houston, too close to New Orleans
New York got the ways and means
But just won't let you be

Most of the cats that you meet on the street speak of true love
Most of the time, they're sittin' and cryin' at home

One of these days they know they better be goin'
Out of the door and down to the street all alone

Truckin', like the do-dah man
Once told me, "You've got to play your hand"
Sometimes the cards ain't worth a dime
If you don't lay'em down
[...]

You're sick of hangin' around and you'd like to travel
Get tired of travelin', you want to settle down
I guess they can't revoke your soul for tryin'
Get out of the door and light out and look all around

Sometimes the light's all shinin' on me
Other times, I can barely see
Lately, it occurs to me
What a long, strange trip it's been

Truckin', I'm a goin' home
Whoa, whoa, baby, back where I belong
Back home, sit down and patch my bones
And get back truckin' on

밴드는 이 곡에서 팝음악의 발상지인 뉴올리언스에서부터 시작해서 뉴욕까지 여행을 떠난다. 코스는 팝음악이 뉴올리언스에서 내륙으로 전파된 역사적 경로와 일치한다. 그 과정에서 밴드는 집중 조명을 받아 인기를 누리는 기회를 얻는다. 그러나 인기는 덧없는 것이고 몸과 마음은 피곤해졌다. 그래서 밴드는 만신창이가 된 몸을 이끌고 귀환한다. 팝음악은 그러한 순환선의 길을 뱅뱅 돈다. 디더릭슨은 이 길을 "고리 Loop"(Diederichsen 2009, 15)라고 부른다.

역시 여담이지만, 우리는 이런 사례를 월북 미군 병사 젠킨스의 처신에서 엿볼 수 있다.[44] 그는 1965년 1월 휴전선을 넘어 월북했다. 경외지를 찾아간 셈이다. 그러나 그곳에서 그를 기다리고 있는 것은 낯선 곳에서의 고생스런 억류 생활이었다. 그는 40년 동안 북한에 머물면서 체제에 협조하며 살 수밖에 없었다. 그러다가 그는 마침내 천우신조로 자유를 찾을 기회를 얻게 된다. 그의 아내 히토미 덕택이었다. 그녀는 간첩에게 일본어를 가르치게 할 목적으로 일본에서 납북되었던 여성이었다. 일본 정부의 노력으로 그들은 자유 세계로 돌아올 수 있었다. 그들은 일본으로 가서 잠시 살았으며 미국으로 함께 영구 귀국했다. 그리고 그는 2017년 심장 질환으로 하늘로 떠났다. 미국, 한국, 북한, 일본 그리고 미국이 그의 뫼비우스 띠의 경로였다.

제 12 장

팝과 록의 스타트: 자연산 스피릿

헤겔이 정신 Geist이라고 거창하게 말한 것은 영어로는 아마도 스피릿 Spirit에 해당할 것이다. 스피릿은 헤겔의 역사 철학의 무거운 느낌과는 다르게 산뜻하고 가벼운 느낌을 준다. 그것은 탄산가스일 수도 있다. 사이다 Sprite하고 발음이 유사하다. 스피릿은 우리말로 번역하자면 정신보다는 영혼, 기분, 마음, 활기가 더 어울린다. 정신이라는 용어를 스피릿이라는 용어로 대체하면, 우리는 팝음악의 정신을 설명할 때 한결 쉬워진다. 사이다 한 잔 마시면 기분이 좋아지듯이 스피릿은 쉽게 변화될 수 있는 기분이다. 실제로 스피릿이라는 단어에는 증류주라는 뜻도 있다. 물론 스피릿이 과도하면, 우리는 실수를 저지르기도 쉽다. 스피릿이 과도하면, 알코올 기운에 취하듯이 스피릿에 취해 현실을 착각하기 쉽기 때문이다.

1. 팝: 히피의 동일성 미학

팝음악의 초창기에는 스피릿이 마치 영원한 생명력처럼 추구된 적이 있었다. 그것은 무게감이 느껴지는 정신은 아니지만 모든 사람들의 영혼에게 생명을 부여하는 활력소로 간주되었다. 그것이 현실의 문명 사회에서 억압되고 있다는 생각이 들었다. 그것은 어디에서 찾을 수 있는가? 사람들은 자연에 가면 스피릿을 만날 수 있을 것이라고 생각했다. 이런 생각이 미국의 전통 민요 포크송 Folksong에 표현되어 있다. 물론 포크송은 우리가 이 책에서 아도르노의 관점으로 서술하려는 사회정치적 반립으로서의 팝음악은 아니다. 포크송은 사회정치적 팝음악의 관점으로 보면 정립 음악 즉 포퓰러 음악에 해당한다. 팝은 늘 포퓰러에 대한 반립의 속성이 있어야만 팝일 수 있기 때문이다.

포크송은 그 자체로는 역사의 산물이었다. 그것은 도시 이주민들의 노래였다. 우리가 중학교 음악 시간에 배웠던 가곡들도 대부분이 포크송이다. 「오, 수재너여 Oh, Susanna!」(1848)에 보면, "멀고 먼 앨라배마 나의 고향은 그곳 밴조우를 메고 나는 너를 찾아 왔노라" 라고 노래한다. 악기 밴조우를 메고 마음은 이미 고향에 와 있다. "멀고 먼 앨라배마"가 마음속에 그려지는 것이다. 「매기의 추억 When you and I were young, Maggie」(1820)에서도 "옛날의 금잔디 동산에 매기 같이 앉아서 놀던 곳"이 그립다. 팝음악의 시적 주체는 이 노래를 부르면서 과거에 고향에서 같이 놀던 친구 매기를 추억한다. 포크송이 노래하는 스피릿은 모두 대도시의 현실에서 느끼는 소외감을 반영한다. 보상 심리에서 전원의 평화와 행복을 노래하게 되는 것이다. 포크송은 대부분이 19세기에 창작되었다. 미국 남부에서 애팔래치아 산맥 근처의 대도시로 이주해 살던 도시 실향민들의 노래다. 비록 일자리를 위해 도시로 올 수밖에 없었지만 그들의 마음속에 파랑새는 살아 있다.

포크송은 농촌을 노래하므로 컨트리송 Countrysong이라고 부르기도 하다. 그것의 스피릿은 20세기 내내 컨트리송 속에 생동하고 있었다. 70년대 이후로는 팝음악의 영향하에 모던 컨트리, 얼터너티브 컨트리, 컨템포러리 컨트리, 프로그레시브 컨트리송 등으로 형식적 발전이 이루어졌다. 펑크 음악과 접맥하여 소프트 록 또는 어반 카우보이 등의 파생 장르도 생겨났다. 존 덴버 J. Denver의 「테이크 미 홈, 컨트리로드 Take me home, country roads」(1973)는 컨트리송을 대표한다.

> 하늘에 거의 다 왔네, 웨스트 버지니아
> 새파란 산마루, 셰난도아 강
> 생명은 그곳에서 오래전부터 있었으니, 나무들보다 더 나이가 많네.
> 산맥보다는 어리고, 지금 산들바람처럼 숨 쉬고 있네.
>
> 시골길이여, 나를 고향으로 데려가 주오.
> 내가 속한 곳으로
> 웨스트 버지니아
> 엄마 품속 같은 산, 나를 고향으로 데려가 주오.
> 시골길이여.
>
> Almost heaven, West Virginia
> Blue Ridge Mountain, Shanandoa River

Life is old there, older than the trees
Younger than the mountains, blowing like a breeze

Country roads, take me home
To the place I belong
West Virginia
Mountain mamma, take me home
Country roads

과거의 태고적 시간의 스피릿을 만나고 싶은 마음이 느껴지는 노래다. 생명 즉 스피릿은 뉴욕 서부의 대자연 애팔래치아 산맥에서 탄생했고 그 다음에 거기서 숲의 나무들이 생겨났다. 나는 생명이 있는 그곳으로 가서 살고 싶다. 그러나 생명은 도시에서 주체의 마음속에서 처음 태어난 역사적 스피릿의 산물이다. 나는 스피릿을 노래함으로써 스스로 스피릿으로 가득차게 된다. "시골길이여, 나를 고향으로 데려가주오. 내가 속한 곳으로 Country roads, take me home, to the place I belong"

비틀즈 The Beatles도 음악의 대중화를 통해서 음악의 민주화에 기여했지만 사회정치적 참여 음악이라기보다는 원칙적으로 컨트리송의 경내지 스피릿과 동일시하는 보수주의적 음악이다. 비틀즈의 음악들은 문명에 억압당한 스피릿을 현재의 시간에 마음속에서 되살리고 싶어한다. 「그냥 두자 Let it be」(1970)는 스피릿을 조용히 관조하면서 다독거린다.

내가 어려움에 처해 있으면
어머니 매리가 내게 와서

지혜의 말씀을 해 주시죠, 그냥 내버려 두라고.
그리고 내가 암흑의 시간 속에 있을 때
어머니 마리는 바로 내 앞에 서서
지혜의 말씀을 해 주시죠, 그냥 내버려 둬라.
그냥 내버려 둬라, 그냥 내버려 둬라.

When I find myself in times of trouble
Mother Mary comes to me
Speaking words of wisdom, let it be
And in my hour of darkness
She is standing right in front of me
Speaking words of wisdom, let it be
Let it be, let it be

스피릿이 아무리 요동치더라도 그것은 깊은 바다의 물의 표면에서 일어나는 작은 파도일 뿐이다. 그냥 놓아두면 저절로 가라앉을 것이다. 「노란 잠수함 Yellow Submarine」(1968)도 이와 비슷하게 스피릿의 드넓은 바다와 만날 것을 믿는다. 우리의 주체는 그 바다를 마음껏 여행하는 작은 잠수함이다. 원효의 『대승기신론소』에 나오는 일체 유심의 가르침 내용과 유사하다. 만법(萬法)은 대승이다. 둘이 아닌 하나다. 불이(不二)의 세계다. 인류는 20세기에 편을 둘로 나누어 전쟁을 벌였지만, 그것은 모든 것이 하나의 바다에 속한 것임을 망각한 탓이다. 우리는 하나를 믿어야 한다. 때로는 스피릿이 과도하게 자극받아 격랑을 일으키게 하지만 그것은 하나의 바다에서 일어나는 작은 물결일 뿐이다. 물결은 도리어 바다가 그곳에 있음을 알게 하는 고마운 징표일 뿐이다. 그 모든 우주의 모태 속에서 사회의 모든 불신은 바다의 물결처럼 잠잠해지고 하늘의 별이 그 수면 위에서 빛나게 될 것이다. 긴즈버그의 시에 나타난 비트닉 세대의 생활 감정이다.

비틀즈의 음악에서는 모든 것이 드넓은 바다처럼 하나의 우주라는 것을 믿는다. 거기서는 시간도 하나로 통일되어 있다. 과거는 현재의 바다로, 현재는 미래의 바다로 합류해 모든 것이 하나가 된다. 그래서 「예스터데이 Yesterday」(1965)에서는 과거의 아픔과 상처도 현재의 평화로운 바다로 흘러들어 와 모두 치유되고 있으며 「그냥 두자 Let it be」에서는 현재의 고민이 미래에는 저절로 해결될 것임을 믿는다. 뫼비우스 띠의 여행은 모두 하나의 넓은 바다에서 이루어진다. 그러므로 모험은 하나도 위험하지 않다. 결국 경내지에서의 여행이다. 동일성의 미학인 것이다.

2. 록: 펑크의 대립성 미학

히피의 팝음악이 동일성 미학이라면, 펑크의 록 음악은 거기에 대한 반립으로서 대립성 미학이다. 대립성 미학에서 정신은 사운드의 미에 도취되기를 거부하면서 미네르바의 부엉이처럼 스스로의 모습을 객관적으로 되돌아보기 시작한다. 팝의 운동이 최초로 시작된 것이다. 스피릿은 스스로 히피들의 자연 사랑은 허위이며 잘못된 역사관에 의해 오도된 것이었음을 느껴 스스로 속에서 용솟음치기 시작한다. 현실 정치에서 역사는 실패했고 자연은 모두 파괴되었다. 그런데도 경내지에서 주관적 착각에 빠져 영웅담만 이야기한다면 착각이다. 펑크 음악의 사운드는 역사의 실패에 대한 환멸감이 팝음악의 저항 문화 내부로 유입된 것이다. 독일의 팝음악 비평가 디더릭슨은 펑크들의 음악이 반립이라는 것을 아래와 같이 지적한다.

> 펑크들은 자신들이 원하지 않은 모든 것을 눈에 잘 띄게 강령으로 제시했다. "영웅 거부"(Stranglers), "가치 거부"(Black Flag), "미래 거부"(Sex Pistols)가 그 대표적 예들이다. 그리고 눈에 덜 띄는 곳에서 제시된 것들도 있다. "과거의 행동"(Fehlfarben) 반대, 자연 반대(S.Y.P.H.), 정치적 구호 반대, 소시민 반대(Diederichsen 2009, 160).[45]

펑크들의 강령의 다양함에도 불구하고 한 가지 공통점이 있다. 그것은 반립이라는 점이다. 반립의 타겟 설정은 다양하다. 히피 음악에서도 스피릿이 동일성이 다양하게 펼쳐졌기 때문이다. 영웅, 가치, 미래, 과거의 행동, 자연이 표적이 되지만 그것은 모두 하나의 스피릿의 다양한 측면일 뿐이다. 모두 히피 문화의 파랑새인 것이다. 정치적 구호, 소시민 반대도 그 표적에 포함된다. 정치적 구호는 소시민들이 안방에서 외치는 것이므로 사이비 구호일 뿐이다.

소시민의 자기기만적 허위 의식일 뿐이기 때문이다. 68년도의 사랑과 평화의 노래가 이렇게 사이비 구호로 공격받게 된 데는 이유가 있다. 60년대에 대학을 다니던 선배들은 이제 말로는 사랑과 평화의 가치를 주장하지만 사실은 현실에 연주하는 보수주의 기득권 집단이 되었다. 그들은 좌파임을 자처하면서 선거에서 승리하여 집권하였고 정권의 재창출을 위해 모든 비판들을 체제 내로 흡수하여 제도화하였다. 정권이 사회적 제도 안으로 포용하지 못할 반립은 없었다. 반립이 더 이상 불가능해진 사회에서 역사는 고래처럼 모든 저항 가능성을 집어삼켰다. 역사는 그로써 비대해지고 활력을 잃었다.

펑크들은 역사의 바퀴를 다시 힘차게 굴리고 싶었다. 그래서 히피 문화를 망가뜨리기 시작했다. 이곳저곳 떼 지어 다니면서 영웅 의식, 가치와의 동일시, 미래에 대한 희망, 과거 미화, 자연 사랑에 대해 그것들이 위선이라며 큰소리를 내기 시작했다. 게다가 그 위에다 배설도 하기 시작했다. 그래야만 역사를 다시 굴러갈 수 있게 할 수 있을 것 같았다. 도시의 뒷골목은 어지럽혀졌다. 이곳저곳에 벽마다 낙서된 그래피티가 보였다. 펑크는 어원이 쓰레기라는 뜻이다. 사회가 쓰레기로 여기는 모습을 사회에 들이댐으로써, 현실의 위선에 가려진 실상은 쓰레기같이 더럽혀져 있음을 보게 하려 한 것이다.

펑크는 자신들이 쓰레기였으므로 정반합 운동에서 합을 산출할 능력은 없었다. 정답은 제시하지 못하면서 반립만 하는 그들에 대해서 사회는 눈 하나 꿈쩍하지 않았다. 사회는 도리어 쓰레기를 먹잇감으로 여겨 꿀떡 집어삼킬 뿐이었다. 쓰레기가 재활용되어 펑크 문화 상품으로 재탄생했다. 그래서 펑크의 야생성을 상징하는 레오파드 패션은 구치 패션으로 사람들 사이에서 인기를 끌었다. 펑크의 스피릿도 이로써 역사에서 종언을 고했다.

펑크의 스피릿이 구체적으로 어떤 것인지는 60년대 중반의 록밴드 롤링 스톤 The Rolling Stones의 리드보컬 믹 재거 Mick Jagger의 「나는 아무런 만족도 얻을 수 없어 (I Can't Get No) Satisfaction」(1965)에 잘 나타난다. 이 곡은 펑크 음악의 효시가 되었다.

난 만족할 수 없어, 난 만족할 수 없어

[...]

내가 차를 타고 드라이브를 할 때 그 남자는 라디오에 나와서

내게 아무런 쓸모없는 정보들을 얘기하고 또 얘기하고 있어.

내 상상력 같은 건 전부 불태워 버릴 수 있다고 믿는 거지.

난 만족할 수 없어

헤이, 그게 내가 말하려는 거야

난 만족할 수 없어. 난 만족할 수 없어

난 노력하고, 노력하고, 또 노력해 보지만

난 만족할 수 없어, 난 만족할 수 없어

내가 TV를 볼 때 그 남자는 내게로 와 말하지.

어떻게 내 셔츠를 희게 만들 수 있는지를.

음, 그는 남자가 될 수 없어, 그는 나와 똑같은 담배를 피우지 않거든.

난 만족할 수 없어

I can't get no satisfaction. I can't get no satisfaction

[...]

When I'm drivin' in my car and that man comes on the radio

He's tellin' me more and more about some useless information

Supposed to fire my imagination

I can't get no, oh no no no

Hey hey hey, that's what I say

I can't get no satisfaction. I can't get no satisfaction

'Cause I try, and I try, and I try, and I try

I can't get no, I can't get no.

When I'm watchin' my TV and that man comes on to tell me

how white my shirts can be

Well he can't be a man 'cause he doesn't smoke the same cigarrettes as me.
I can't get no, oh no no no.

주체는 여기서 불만스럽다며 투덜댄다. 그것이 무엇인지는 분명하지 않다. 보컬 재거는 나중에 '불만이 무슨 불만이냐?' 라는 연예부 기자의 질문에 대해서 성충동의 불만이라고 대답하였다. 정력이 너무 센데 충족시킬 대상이 없다는 취지였다. 실제로 그는 정력도 많았는지 수많은 여인과 염문을 뿌리며 수차례의 결혼과 이혼을 반복하게 된다. 그렇지만 그의 노래를 들은 대중은 그의 곡을 그렇게 해석하진 않았다. 나름대로의 사회정치적 스피릿을 따라서 다양하게 반립으로 이해하였을 뿐이다. 사회주의자들은 자신이 취업도 못해 길거리를 헤매고 있는데 '그 무슨 흰 와이셔츠가 필요하겠는가?' 부분이 마음이 들었다. 자본주의에 대한 반립으로 해석했다. 마약 중독자들은 "담배"를 대마초로 해석했다. 현실의 권태를 해소하지 못하는 복지 국가에 대한 반립으로 해석한 것이다. 반립은 77년도의 유행이었다.

재거는 이 노래로 반립이라는 시대 정신에 불을 붙였고 순식간에 인기가 폭발하였다. 그는 반립 불꽃놀이 무대에서 일약 스타덤에 올랐다. 펑크 문화에서 B형 남자의 패러다임이 그를 통해 만들어졌다. 젊은이들을 그를 따라하기 시작했다. 무수히 많은 펑크 밴드들이 그의 밴드를 흉내내어 만들어졌다. 밴드 롤링스톤은 이리하여 팝음악사에 길이 남는 레전드가 되었다. 그것은 반영웅이어야 진정한 영웅이 되는 새 시대가 도래했음을 뜻했다. 펑크 밴드 스트레잉글러스 The Stranglers는 ('목조르는 자들'이라는 뜻) 곡 「더 이상 영웅은 없음 No More Heroes」(1977)도 아래와 같이 영웅의 죽음을 재확인한다.

> 레온 트로츠키에게 무슨 일이 생긴 거지? 그는 얼음 곡괭이로 한 방 맞았지. 귀가 벌겋게 되었지. 오래된 사랑스런 레닌에게는 무슨 일이 생긴 거지? 위대한 엘미라와 산초 판차에게는? 그 영웅들에게 무슨 일이 생긴 거지? 그 영웅들에게 무슨 일이 생겼지? 그 모든 영웅들에게 무슨 일이 생겼냐고요? 셰익스피어의 영웅들은 전부? 그들은 자신들의 로마가 불타는 것을 구경하고만 있었군요. 그들에게는 도대체 무슨 일이 생긴 거지요? 영웅은 더 이상 없습니다. 영웅은 더 이상 없습니다.
>
> Whatever happened to Leon Trotsky? He got an ice pick. That made his ears burn. Whatever happened to dear old Lenny? The great Elmyra, and Sancho Panza? Whatever happened to the heroes? Whatever happened to the heroes? Whatever happened to all the heroes? All the Shakespearoes? They watched their Rome burn. Whatever happened to the heroes? Whatever happened to the heroes? No more heroes any more. No more heroes any more.

펑크 밴드 데드 케네디스 Dead Kennedys의 「캘리포니아가 최고다 California über alles」(1979)도 영웅담이 얼마나 잠꼬대같은 소리인지 풍자한다. 미국은 20세기 현대사에서 파시즘으로부터 자유를 수호한 나라로 평가받는다. 그러나 현실은 달랐다. 미국 사회는 자만심에 빠졌으며 경내지에서 파랑새를 품에 안은 채 곯아 떨어졌다. 자만심은 꿈 속에서 잔뜩 부풀어올라 그들을 통치하는 신흥 독재자가 될 것이다.

나는 행정 책임자 제리 브라운이다.

나의 후광은 미소 지을 것이며 결코 미간을 찌푸리지 않을 것이다.

곧 나는 대통령이 될 것이다.

지미 카터의 권력은 곧 사라질 것이다.

나는 언젠가 영도자가 될 것이다.

너희 모두에게 명령을 내릴 것이다.

너희의 아이들은 학교에서 명상 시간을 가질 것이다.

너희의 아이들은 학교에서 명상 시간을 가질 것이다.

캘리포니아 최고.

캘리포니아 최고.

최고 캘리포니아

최고 캘리포니아

선(禪) 파시스트들이 널 조종하게 될 것이다.

100% 자연산

너는 일등 품종을 위해 뛰게 될 것이다.

그리고 언제나 행복한 미소를 지을 것이다.

I am Governor Jerry Brown

My aura smiles and never frowns

Soon I will be president...

Carter power will soon go 'way

I will be Führer one day

I will command all of you

Your kids will meditate in school
Your kids will meditate in school

California Über Alles
California Über Alles
Über Alles California
Über Alles California

Zen fascists will control you
Hundred percent natural
You will jog for the master race
And always wear the happy face

주체의 자만심과 복지사회는 완전히 일치한다. 그리고 스피릿을 우물 안 개구리처럼 갇히게 한다. 노랫말에서 "영도자 Führer"는 히틀러의 칭호로 쓰였던 상투어이며, "일등 품종 maste race [Herrenrasse]"이라는 단어 역시 독일인들이 아리안 혈통을 홍보할 때 사용하던 말이다. "캘리포니아"는 유명한 헐리웃과 유니버셜 스튜디오가 있는 곳이다. 디즈니랜드도 그 곁에 있다. 자연은 순수한 자연이 아니라 문화다. 자연 허상을 창조하는 문화, 즉 역사적 산물로서 시뮬라시옹의 감옥이다.

펑크 음악은 60년대 미국이 발상지였고 영국에서도 숱한 펑크 밴드들을 조직하게 하였지만 독일에서도 70년대에 큰 인기를 끌었다. 독일 밴드 톤 슈타이네 셰르벤 ton steine scherben는 ('흙, 돌, 파편'이라는 뜻) 「너희를 망가뜨리는 것들을 망가뜨려라 macht kaputt was euch kaputt macht」(1970)에서 아래와 같이 펑크 스피릿을 거두절미하고 요약해 외친다.

망가뜨려라
너희를 망가뜨리는 것을
망가뜨려라
너희를 망가뜨리는 것을

Macht kaputt
Was euch kaputt macht
Macht kaputt
Was euch kaputt macht

펑크 스피릿은 히피 스피릿에 대한 반립이었다. 히피의 경내지의 파랑새는 답답함을 느꼈고 거기서 밖으로 날아가고 싶었기 때문이다. 파랑새는 뻐꾸기 시계처럼 뻐꾹뻐꾹 소리만 내며 바보처럼 살아가기 싫었다. 그래서 포먼 감독의 영화 「뻐꾸기 둥지 위로 날아간 새」(1975)처럼 잠꼬대 소리만 반복하게 하는 정신병원의 담장을 과감히 부수고 뛰어넘어 날아가 바다를 여행한다. 파랑새가 이번에는 도요새가 된 것이다. 그러나 도요새와 파랑새는 다른 것이 아니었다. 하나는 출발해야겠다는 마음이 강한 것이고, 다른 하나는 도착지를 아름답게 상상하는 마음일 뿐이다. 아름다움과 자유 그 둘의 비중 차이인 것이다.

맨해튼의 스타에 비교하자면 세즈윅의 히피 스피릿과 바스키아의 펑크 스피릿의 차이였다. 출발하려는 마음이 강하면 바스키아처럼 경외지로 간다. 그리고 그곳에서 그런쥐 Grunge와 하드록 Hardrock을 거쳐 힙합까지 연결되는 펑크 음악 계보를 형성하게 된다. 그리고 끝에 가서 스피릿이 돌아가야 하겠다고 생각하면 세즈윅처럼 경내지에서 미의 나라를 꿈꾸게 된다. 사이키델릭 록 Psychedelic Rock과 신스 팝 Synth Pop의 계보가 여기에 해당한다. 스피릿은 스스로를 그렇게 역동적으로 만든다. 스피릿이 스스로를 규제하는 것이라 생각되면 벗어나야 하고, 벗어나면 그 자리에서 새로 구성해야 한다. 허물기/짓기의 반복의 역사가 여기서 생겨난다.

제 13 장

팝과 록의 막다른 골목: 스피릿의 전력 질주

히피 음악의 동일성 미학은 경내지에서 그리고 펑크 음악의 대립성 미학은 경외지에서 각자의 갈 길을 10년 넘게 계속 걸어갔다. 비틀즈와 롤링스톤즈 두 밴드로 대표되는 두 종류의 사운드가 동시대에 70년대 말까지 각자의 길을 꿋꿋이 걸어가게 된다. 하나는 조용한 경내지를 지키겠다는 일심을 유지하고 있었으며 다른 하나는 울타리 바깥의 역사적 현실을 위하여 먼 길을 떠나려는 마음이다. 둘의 경쟁은 팝음악의 전성시대를 열었다. 마치 쌍두마차인 것처럼 팝음악 문화를 견인했다. 팝음악사는 이 시대를 일컬어 "영국 침공 Britsch Invasion" 시대라고 부른다. 두 밴드 모두 영국에서 결성된 밴드였기 때문이다. 그뿐만 아니라 숱한 밴드들도 결성되어 그들과 합세했다. 그러나 두 음악의 기세는 70년대 말부터는 차츰 힘을 잃고 뉴웨이브라는 새로운 경향의 반립의 도전도 받게 된다.

팝과 록의 사정이 이렇게 약화된 이유는 여러 가지로 외적인 분석이 가능하겠지만 내부적으로 보면 히피와 펑크의 스피릿이 자체를 오해한 탓이 크다. 자체의 스피릿이 나르시시즘의 우물에 빠진 것이다. 히피 음악은 스피릿을 지키려고 경내지의 바깥으로 나올 생각을 안 했고, 팝음악은 경외지에서 스피릿의 위선을 분쇄하는 일에 재미가 나서 새로운 구성을 하지 못한 것이다. 헤겔의 관점으로 보면, 히피 음악의 스피릿은 스피릿 자체에 너무 다가가 밀착하려는 즉자 정신(卽自情神)이었고, 펑크 음악은 스피릿을 경계하면서 스피릿으로부터 멀리 이탈한 대자 정신(對自情神)이었다. 그로써 전자는 스피릿이 구심력이 너무 강해 스피릿의 중력에서 벗어날 수 없었고, 반면에 후자는 스피릿이 원심력이 강해 공중으로 날아가 흩어져버렸다.

1. 히피 팝: 동일성 자연의 경련

히피 음악이 얼마나 경내지의 텃밭에만 집착했는지는 미국의 히피 가수 루 리드 Lou Reed는 「완벽한 날 Perfect Day」(1972)을 통해서 잘 알 수 있다. 여기서 "완벽한 날"은 아래와 같이 묘사된다.

> 완벽한 날이야/ 공원에서 샹그리아를 마시고/ 어두워지면/ 집에 가니까
> 완벽한 날이야/ 동물원에서 동물들에게 먹이를 주고/ 영화관에도 가니까/ 그리고 집에 오니
> 오, 아주 완벽한 날이야/ 너랑 시간을 보낼 수 있었어/
> 오, 아주 완벽한 날이야/ 너는 나를 계속 네게 매달리게 해/ 너는 나를 계속 네게 매달리게 해/

Just a perfect day
Drink sangria in the park
And then later, when it gets dark
We go home

Just a perfect day
Feed animals in the zoo
Then later a movie, too
And then home

Oh, it's such a perfect day
I'm glad I spent it with you
Oh, such a perfect day
You just keep me hanging on
You just keep me hanging on

보컬은 여기서 "완벽한 날이야"라고 강조한다. 그러나 자세히 보면 그날은 전혀 완벽하지가 않다. 실제로는 아무런 특별한 일도 없었던 평범한 날이다. 이를테면 서독 주민이 서베를린 경내지에 들어가서 그곳의 동물원에 가서 하루를 무료하게 보내고 되돌아온 것뿐이다. 동물들에게 먹이를 주고 알록달록한 냉차를 마신 것이 그날 했던 일의 전부다. 히피 음악의 주체는 그렇게 소박한 삶에서 행복을 찾아야만 한다. 그렇게 살아가는 것이 스피릿의 가장 자연스런 상태라 생각했기 때문이다.

히피들은 컨트리송을 부를 때부터 이미 자연을 좋아했다. 그러나 자연은 실제로는 그들에게 아무런 감흥도 주지 못하는 것이었다. 주체가 거기서 느낀 점은 다시 자연의 바깥으로 더 멀리가고 싶은 마음뿐이었다. 자연은 권태의 늪이나 다름없었다. 그러나 늪은 거기에 한번 발을 들여놓은 스피릿에게 탈출을 허용하지 않았다. 이글스 Eagles의 「호텔 캘리포니아 Hotel California」(1976년)는 탈출 불가능성을 아래와 같이 묘사한다.

어두운 사막의 고속 도로 위에서
나의 머리에 찬바람이 스치고
콜리타스(마약)의 은은한 향기
공기 중에 퍼져가고 있었지

저 멀리 전방에서
희미하게 어른 거리는 빛을 봤어
머리는 무겁고 시야는 흐릿해지고
있었으니

그 밤을 쉬어 가야 했지
출입구 쪽에 그녀가 서 있었어
나는 미션 벨 소리를 들었어
홀로 생각을 좀 해 봤지

이건 아마 천국 아니면 지옥이겠지
그러자 그녀는 촛불을 켜 내게 길을
비쳐 주었어

복도 쪽에서 목소리가 새어 나오더군
그들이 말하는 걸 들은 것 같아

캘리포니아에 오신 것을 환영합니다
정말 아름다운 곳이야(정말 포근한 곳이야)

너무도 사랑스러운 얼굴이야
캘리포니아에는 방이 많이 있습니다
연중 아무때나(언제나 말이죠)
바로 빈방을 찾을 수 있었습니다

그녀는 티파니 보석들을 좋아하여
그녀는 메르세데스 벤츠 머리띠를 하고
그녀는 예쁜 것을 많이 얻었지
그녀가 친구라고 부르는 예쁜 남자들

얼마나 그들은 마당에서 춤을 추는지
달콤한 여름의 땀을
몇 사람은 기억하기 위해 춤을
추지만

몇몇은 잊기 위해 춤을 추었지
그래서 나는 매니저를 불렀어
와인 좀 가져다주시겠어요
그가 말하길

저희는 1969년 이후로 스피릿을
취급하지 않고 있습니다
그리고 여전히 그들의 목소리들이
멀리서 떠들고 있었어

모두 잠든 한밤중에 널 깨우는
바로 그들의 말을 들어보자면
호텔 캘리포니아에 오신 것을 환영합니다
정말 좋은 소식이죠

당신의 알리바이를 가져오세요.
그들은 그들의 강철 나이프로 찔렀지만
결국 짐승을 죽이지는 못했지
마지막으로 내가 기억했던 건

문을 향해 도주했다는 거야
나는 내가 왔던 곳으로 돌아가는 길을
찾아야만 했지
진정하세요! 라고 야간 경비원이 말했어
우리는 손님을 맞을 수만 있게 프로그래밍되어 있어요
당신은 언제나 체크아웃할 수 있지만
하지만 당신은 떠날 수 없을 거예요

On a dark desert highway, cool wind in my hair
Warm smell of colitas, rising up through the air
Up ahead in the distance, I saw a shimmering light
My head grew heavy and my sight grew dim
I had to stop for the night
There she stood in the doorway
I heard the mission bell
And I was thinking to myself
"This could be Heaven or this could be Hell"
Then she lit up a candle and she showed me the way

There were voices down the corridor
I thought I heard them say

Welcome to the Hotel California
Such a lovely place (Such a lovely place)
Such a lovely face
Plenty of room at the Hotel California
Any time of year (Any time of year)
You can find it here

Her mind is Tiffany-twisted, she got the Mercedes bends
She got a lot of pretty, pretty boys she calls friends
How they dance in the courtyard, sweet summer sweat
Some dance to remember, some dance to forget

So I called up the Captain
"Please bring me my wine."
He said, "We haven't had that spirit here since nineteen sixty nine."
And still those voices are calling from far away
Wake you up in the middle of the night
Just to hear them say

Welcome to the Hotel California
Such a lovely place (Such a lovely place)
Such a lovely face
They livin' it up at the Hotel California
What a nice surprise (what a nice surprise)
Bring your alibis

Mirrors on the ceiling
The pink champagne on ice
And she said "We are all just prisoners here, of our own device"
And in the master's chambers
They gathered for the feast
They stab it with their steely knives
But they just can't kill the beast

Last thing I remember
I was running for the door
I had to find the passage back to the place I was before
"Relax," said the night man
"We are programmed to receive
You can check-out any time you like
But you can never leave!"

캘리포니아는 미국 대륙에서 그랜드캐넌이 있는 곳이다. 광활한 자연이 펼쳐져 있다. 그 자연은 히피들이 좋아할 만한 자연이다. 그런데 그곳은 사실은 아무도 빠져나올 수 없는 협곡이었다. 노래의 주인공은 거기에 빠져 음산한 살기를 느끼며 몸서리를 친다. 캘리포니아의 자연이 고급 호텔에 비유되지만 사실은 고스트하우스다. 호텔이라면 편안해야 할 것이다. 다양한 술 종류도 제공되어야 한다. 그런데 이 호텔은 이상하게도 "스피릿"을 제공하지 않는다. 사람을 활기차게 할 수 없다. 우리는 그 이유를 1969년 여름에 열린 우드스탁 축제에 뒤이어 캘리포니아에서 그 해 12월에 개최된 제2회 팝음악 축제[46]와 연관시킬 때 잘 이해할 수 있다.

우드스탁 축제의 성공은 젊은이들의 마음을 들뜨게 했고 여세를 몰아 그해 12월에 캘리포니아로 장소를 옮겨 알타몬트 축제 Altamont Festival를 개최하도록 자극했다. 이 축제에도 약 30만 명이 운집했다. 그러나 이번은 비극으로 축제가 중도에 중단되었다. 수십 명의 '지옥의 천사들 Hells Angels 모터사이클 클럽'에게 비공식적으로 축제의 경호 업무를 위탁했는데, 그들이 만취 상태에서 사고를 쳤기 때문이다. 사고는 사망 사건이었다. 그들은 흑인 소년 한 명이 믹 재거의 공연 순서 때에 무대 위로 기어오르려는 모습을 발견하는 순간 그를 제지하려다가 혼란스런 와중에 그를 칼로 찔러 죽이고 말았다.[47] 소년도 흥분한 상태였고 클럽의 멤버들도 흥분한 상태였다. 스피릿이 모두에게 과도해져 자연에 너무 가까이 다가선 것이다. 선을 넘자 자연은 인간에게 보복을 했다. 자연이 대자 정신의 견제를 받지 못하는 순간 재해가 되는 것이다. 즉자 정신으로서의 스피릿은 대자 정신의 자유 의지의 견제를 받아야 한다. 스피릿이 자연의 규제에만 따르면 본능의 노예인 것이고 불상사를 막지 못한다.

루 리드의 「완벽한 날」도 자연의 규제에 얽매인 날이었다. 그날 그가 동물원에서 구입해 마신 음료는 스피릿이 아니라 사실은 자연이라는 이름의 마약이었다. 샹그리아의 알록달록하고 아름다운 색이 그를 유혹한 것이고 경내지의 우물에 가둔 것이다. 마약이 사람의 혼을 빼놓듯이 경내지에 머물면 사람은 넋이 나간다. 사람이 자신의 내면의 자연과 완전히 일치할 때 나타나는 현상이다.

한국의 가요에도 우드스탁 축제처럼 자연 감정을 주제로 하는 노래들이 많았다. 집시 Gypsy의 마음을 소재로 한 노래들이 대표적이다. 홍경민, 이용복, 정훈희의 「마음은 집시」, 조성원, 이재영, 뱃사공, 최백호의 「집시」, 이치현과 벗님들의 「집시 여인」[48]은 모두 동구권의 유랑 민족 집시처럼 되고 싶은 마음을 담은 곡들이다. 집시의 마음으로 도시를 떠나 목가적인 마음의 고향을 찾아가 그곳에서 살고 싶은 마음이다. 집시 노래가 유행한 시대는 1970년대였다. 미국의 우드스탁 축제의 시대와 일치한다. 사람들은 유신 시대에 정치로 지친 마음을 달래고 싶었고 자연을 그리워했다. 경제는 정치의 부자유 속에서도 성장했다. 사람들의 마음속에는 자연으로 가고 싶은 마음이 굴뚝처럼 커져만 갔다. 그래서 서울 근교의 산들에는 주말마다 행락객이 넘쳐났다. 그들의 몸은 산에 가 있었지만 그들의 마음은 경내지 자연으로 간 것이다. 그리고 지금은 그 마음이 모두 수그러들었다. 노래들과 더불어 경내지 마음이 오늘날 모두 소멸된 것이다. K-Pop 세대는 경내지의 마음이 벌써 낯설다.

같은 시기에 미국에서도 이와 똑같은 일이 벌어진 것이다. 20세기 중엽부터 전쟁특수로 인해 경제 성장이 폭발적으로 이루어졌고 도시도 팽창했다. 그러나 도시는 사람들에게 낯선 곳이었다. 그들은 자연을 찾아 떠나고 싶었다. 빔 벤더스 Wim Wenders의 영화 「파리, 텍사스 Paris, Texas」(1984)[49]는 그들이 집시가 되어 어디론가 떠나고 싶은 마음을 담은 영화다. 그러나 영화 속의 그 어디에도 인간을 반겨 주는 자연은 없다. 주인공은 자연을 만나는 데 번번이 실패한다. 이유는 역시 내면의 경내지 설정 자체에 있다. 스피릿이 경내지 내면에서만 떠돌았기 때문이다. 경내지가 마치 순수 자연인 것처럼 그 황량한 풍경을 그는 자신과 동일시했다. 그러므로 스피릿은 활기를 찾을 수 없었다. 경내지의 풍경은 모든 것이 동일했기 때문이다. 평등해야 한다며 남자도 여자처럼 머리를 길게 길렀고 남녀 모두 옷차림도 청바지 일색이었다. 모두가 똑같다. 그러므로 차이가 없으며 아무것도 보이지 않았다. 이와 더불어 팝음악도 사람들의 눈에 더 이상 띠지 않게 되었다. 주목받지 못한 팝음악은 지루해졌고 스스로 좁혀 놓은 경내지에서 역사 속으로 사라졌다.

2. 펑크 록: 대립성 정신의 증발

펑크들은 히피들의 자연 감정을 바라보며 시대착오적이라고 느꼈다. 그들은 자연 허상에 대해 맹공을 퍼부었다. 그들의 눈으로 볼 때 히피 선배들의 자연 감각은 공동묘지의 푸른색 잔디밭만큼이나 활기가 없어 보였다. 펑크 밴드 섹스피스톨즈는 「감정 없음 No Feelings」에서 그런 현실에 대한 불만을 아래와 같이 터뜨린다.

난 감정을 느낄 수 없어
아무 느낌이 없다구
다른 그 누구에 대해
(나를 빼고는 말야,
내 아름다운 자기-애)

I got no feelings

No feelings
For anybody else
(Except for myself
My beautiful self-ish)

섹스피스톨즈는 히피들의 자연 감정을 속이 아무것도 없이 텅비어 있다며 자신은 그들처럼 살고싶지 않다며 악을 썼다. 히피들의 즉자 스피릿 나르시시즘에 대한 펑크의 대자 스피릿 나르시시즘의 반격이었다. 반격은 우물 속의 고요를 깨뜨리며 파장을 일으켰다. 그 소리는 요란했다. 섹스피스톨즈의 「열일곱 Seventeen」(1977)은 소음이 좋다면서 아래와 같이 히피들에 대한 반감을 표한다.

우린 소음이 좋아, 그게 우리의 선택이지
이게 우리가 하고 싶은 거야
우린 장발 히피들 따위는 신경 안 써
난 나팔바지를 입지 않아

We like noise, it's our choice
It's what we wanna do
We don't care about long hairs
I don't wear flares

펑크 음악은 히피들의 편안한 복장을 가식적 자연 치레로 여긴다. 히피들이 샹그리아에 취해서 "완벽한 날"의 시간을 보내는 것을 경외지에서 관찰하면서 그것이 치레라며 자신들의 대자적 정신으로 거기에 싸움을 거는 것이다. 반립은 펑크들의 패션으로 감각적으로 표현되었다. 귀에는 귀고리 대신에 옷핀을 걸었으며, 손가락에는 보석반지 대신에 해골 조각을 세팅한 반지를 끼었다. 머리는 닭벼슬처럼 세로로 길게 길러 바짝 세웠고 가죽잠바에는 수백 개씩 링을 달았다. 심지어 혓바닥에도 링을 달았다. 그것들은 그들의 반립을 위한 악기였다. 그것들로 절그덕거리는 소리를 내면서 그들은 자신들의 도전적 펑크 스피릿을 과시했다.

그러나 도발은 자주 하다 보면, 누구나 거기에 익숙해진다. 그래서 차이는 차츰 눈에 띠지 않게 되었다. 펑크는 으레 그러려니 하게 되는 것이다. 차이를 통해 정신의 우월성을 강조하려던 펑크 프로젝트는 이리하여 실패로 돌아갈 낌새를 보이기 시작했다. 그리고 금세 역사 속으로 사라졌다. 실패의 낌새가 보이기 시작한 곳은 펑크 팬시샵이었다. 그곳들에 진열된 모든 상품들은 펑크 문화 산업의 아이템이었다. 독일의 펑크 밴드 황금빛 레몬 Die Goldenen Zitronen은 펑크로서 살아가기의 어려움에 대해 「영원히 펑크 Für immer Punk」(2008)에서 아래와 같이 회고한다.

모든 것은 끝났지만 멋있었지
여기 머물고 싶지만 이제 가야만 하네
모든 것은 끝이 있다는 것을 너희도 알지
안녕!

[...]

영원히 펑크, 펑크이길 원하네
영원히 펑크

너는 영원히 히피로 머물겠니

영원히, 영원히?

영원히 펑크, 펑크이길 원하네 영원히 펑크

너희 아이들은 모두가 그루피(디즈니 만화영화의 엄격한 아버지 곰 캐릭터)가 되어야 하니?

영원히, 영원히?

Es ist vorbei und es war doch schön

Wir blieben gern hier, doch wir müssen nun gehen

Alles hat mal ein Ende, weiß doch jeder von Euch

Auf Wiederseh'n!

[...]

Für immer Punk, das möcht ich sein

Für immer Punk

Willst du wirklich immer Hippie bleiben

Für immer, für immer?

Für immer Punk, möchte ich sein. Für immer Punk

Soll'n deine Kinder alle Gruffis werden?

Für immer, für immer?

펑크 스피릿은 자유이다. 자유를 위해서는 스피릿 자신을 끝없이 깨뜨려야 한다. 그런데 이 노래는 그 자유를 위해서 영원히 펑크로 남겠다고 노래한다. 모순이다. '영원한 펑크' 이념은 '영원한'과 '펑크'의 모순이다. 대부분의 펑크 밴드들은 펑크 스피릿에 충실하게 6개월도 못 되어 자진 해체했다. 어디에든지 머무는 것은 펑크 스피릿이 아니기 때문이다. 그러나 펑크에게도 먼 남쪽 나라의 황금빛 오렌지 열매가 주렁주렁 열려 있는 낙원을 그리워하는 마음은 있다. 펑크는 모순 속에서 갈팡질팡한다. 도달해서는 안 되지만 출발은 해야 한다. 그 모순의 번뇌를 끊어내기 위해 펑크 음악은 마지막으로 자멸하기로 결심하고 모두 사라졌다.

섹스피스톨즈의 베이시스트이자 보컬인 비시어스 S. Vicious는 펑크의 끝장판 터미네이터였다. 그는 프랭크 시내트라 F. Sinatra의 「마이 웨이 My Way」(1968)를 커버한 버전 「마이 웨이」(1978)로 자멸쇼를 감행하고 실제로도 곧 역사에서 사라진다. 뮤직비디오를 보면 비시어스는 자신의 펑크 버전으로 마이웨이를 노래한다. 처음에는 시내트라의 어조를 흉내낸다. 그러나 곧 자신의 펑크로서의 자유 스피릿을 노출하기 시작한다. 목소리는 음치 목소리로 바뀌고 얼굴은 일그러지면서 분노의 표정이 역력해진다. 관객은 그의 흉내내기에 대해 차츰 당혹감을 느끼기 시작한다. 예정된 연출일 것이라고 생각한다. 그러나 당혹감은 악몽같은 공포 체험으로 일순간에 변한다. 그가 노래를 마친 후에 양복 주머니에 들어 있던 권총을 꺼내 향해 한 방씩 모두 세 방을 조준 사격하기 때문이다. 객석에서 그를 향해 환호하던 관객들 중에서 세 명이 연거푸 총탄에 맞아 차례대로 피를 흘리며 여기저기서 쓰러진다. 펑크의 스피릿은 시민 사회의 경내지 풍경을 모두 없애기로 마음먹은 것이다. 그로써 펑크 스피릿은 자신들이 살아야 할 시민 사회도 모두 파괴한 것이 되는 결과를 초래해 시민 사회와 더불어 자신도 함께 파괴된다.

좌파 비평가는 이 장면을 이렇게 평가할 것이다. 여기 불쌍한 청년 실직자가 있다. 그는 생존할 방법이 없다. 그래서 너희 부자들을 향해 총알을 발사한다. 그러나 헤겔의 정신 현상학의 관점으로 보면 설명은 조금 달라진다. 스피릿이 스피릿의 자유를 위해 날아오르기 위해 현실의 지루한 자연 감옥의 장벽을 향해 권총을 발사한 것이다. 이 노래를 부른 보컬 비시어스는 이 곡을 발표한 뒤 6개월 만에 실제로 사망했다. 마약 과다 복용 탓으로 추정된다. 그는 이미 환각 상태에서 여자친구도 살해한 혐의로 경찰의 수사를 받았다.

오늘날 펑크의 스피릿은 극단으로 치우쳐 몸까지 파괴하지 않을 수 있다면, 원칙적으로는 얼마든지 계승되어야 할 스피릿이다. 그것은 자유를 위해 출발하는 것이기 때문이다. 그런데 오늘날은 자유의 스피릿이 운신할 수 있는 폭이 아주 협소해졌다. 모든 것이 허용되는 신자유주의 시대가 도래했기 때문이다. 모든 것이 이미 자유인데 더 무슨 자유가 자유로 인정받을 수 있겠는가? 밴드 황금빛 레몬의 싱어송라이터였던 쇼르쉬 카메룬 S. Kamerun은 신자유주의 시대의 자유의 어려움을 아래와 같이 피력한다.

> 오늘날 시끄럽고 현란한 형식은 더 이상 제대로 기능할 수 없어 보인다. 적어도 우리가 사는 곳에서는 그러하다. 우리는 예컨대 저 건너편 북아프리카에 매력을 느낀다. 그곳의 정치적 분위기는 우리가 참고 견디기 힘들기 때문이다. 이곳은 그곳보다는 삶이 - 외견상으로는 - 견디기 쉽다. 여기서는 교수가 학생들에게 손톱의 위생 상태 검사를 하지 않기 때문이다. 그곳처럼 참기 힘든 일은 없다. 그런데도 그곳 즉 북아프리카 못지않게 은근히 견딜 수가 없다. 그리고 바로 그렇기 때문에 뚜렷이 드러낼 만한 반립의 심플한 저항 명제 eine einfache Protestformel를 개발하기도 힘들다.[50]

유럽의 신자유주의는 온갖 스피릿의 표현들을 고래처럼 다 집어삼키고 있는 사회다. 한마디로 없는 것이 없다. 펑크의 저항은 완벽한 자유로 인해 더 이상 자유의 색깔로 존재를 인정받는 것이 불가능해졌다. 색깔은 어떤 것이든지 모두 펑크 문화 산업의 아이템일 뿐이다. 거대한 핍쇼장이다. 핍쇼장이 소화하지 못하는 자유가 있을까? 핍쇼장에서 모든 보이는 것은 다 똑같다. 그래서 지루하다. 사람들은 핍쇼장이라는 지루함의 개미지옥에서 벗어나고 싶지만 아무도 출구를 알지 못한다. 정신의 자유를 원했던 칸트나 헤겔도 이러한 역설적 상황은 미처 예견치 못했을 것이다. 그들이라면 어떤 해법을 내놓을까? 팝음악 문화를 주제로 토론하는 내용의 팩션 희곡 『왕족의 슬픔 Tristesse Royale』(2009)에서 이 책의 저자이기도 한 베씽은 신자유주의 사회의 비애를 아래와 같이 하소연한다.

> 로마의 전설적 황제 Geta의 메뉴들은 알파벳 26개의 첫글자로 시작하는 이름을 딴 풀코스로 구성되어 있었다고 한다. 애피타이저 메뉴는 A, 예컨대 자연 건조시킨 앵무새 혀 Arazungen로 시작했고, 후식 메뉴는 Z로 시작하는 메뉴, 이를테면 얼룩말 발 Zebrafuß이었다는 것이다. 이 논리학의 화려함은 1980년대에 유행한 말 "아바 Abba에서 차파 Zappa까지" 등의 개떡들을 통해서 손질되면서 조악해졌다. [...] 사람들은 이 80년대를 스타일의 시대라느니 또는 풍요의 시대라느니 말하지만 사실 이 시대는 범죄자나 다름없었다. 이 시대는 경악스런 프롤레타리아 문화 혁명의 고안자였기 때문이다. 이 시대는 모든 것을 잡탕으로 만들어 놓았고 오늘날 우리는 그 영향하에서 고통을 받고 있다(Bessing 2009, 33-34).[51]

신자유주의 사회에서 정신의 자유는 팝음악의 생산을 위해 무엇이든지 아이템으로 흡수해 개떡이 되게 했다. 밴드의 이름도 아바에서 차파에 이르기까지 아무렇더라도 전혀 상관이 없다. 아무리 튀는 브랜드도 천 개의 브랜드 중 하나로 파묻힐 뿐이다. 모두가 군계일학이 되고 싶으나 결국 하나같이 닭장 속의 닭 한 마리이어야 한다. 닭은 알을 낳는다. 문화 산업 펑크 팬시샵에 가면 펑크 달걀을 얼마든지 구입할 수 있다. 펑크 문화의 자유는 스스로 그렇게 신자유주의 체제 속에서 소멸했다. 비시어스처럼 자신과 남의 몸을 상할 필요까지는 없었다. 자유는 누구에게나 값싸게 허용되므로써 저절로 소멸될 운명이었기 때문이다.

제 14 장

뉴웨이브: 스윙 시대

히피 팝과 펑크 록의 자연과 자유를 찾기 위한 극단적 모험은 결과적으로 모두 실패했다. 전자의 스피릿은 경내지에서 권태의 답답한 늪에 빠져 익사했고, 후자는 그 답답함에 대해 바깥 경외지에서 훈계를 거듭하다가 자체까지도 훈계의 대상임을 깨닫고 자폭하였다. 둘 다 극단을 벗어나 다시 자유로워지려면, 반립이 필요한 상황이었다. 그런데 반립 가능성은 모든 자유가 허용되는 신자유주의 시대의 서구 좌파 정권의 시대를 맞아 그 어디에서도 발견하기 힘들어졌다. 아무리 반립을 해도 그것은 정·반·합의 운동에서 충격파를 일으킬 수 있는 반립이 아니라 드넓은 신자유주의라는 바다에 조약돌 던지기였다.

아포리아가 된 망망대해에서의 탈출 가능성은 헤겔의 정신현상학의 정·반·합의 관점으로 보면 이론적으로 스피릿이 서로에 의지해야만 가능했다. 즉자 스피릿은 대자 스피릿의 도전을 받아 도야되어야 하고, 대자 스피릿은 즉자 스피릿과 만나 즉자 대자 스피릿으로 도야되어야 한다. 그래야만 정체는 해소되고 태평양의 지구 대순환처럼 다양한 음악의 사조가 이곳저곳으로 이동하며 곳곳에서 만나 풍부한 생태계가 형성될 것이다. 이 테제에 따른 변화를 우리는 70년대 말의 팝음악사의 지형 변화에서 실제로 만날 수 있다.

1. 포스트히피: 록으로부터 대자적 스피릿 수혈

자연으로 돌아가려고 했던 히피 팝은 스피릿이 무기력하게 가라앉자 이제는 심해에서 탈출해야 했다. 자연이라는 경내지에서 사랑과 평화를 누리려고 했지만 결과는 우울했다. 그곳에서는 모든 것이 동일하여 권태로웠기 때문이다. 그곳이 권태라는 것을 팝은 록의 훈계로부터 배웠다. 그래서 다시 모험 여행을 하기로 했다. 영국의 록밴드 수지 앤 더 밴시스 Siouxsie And The Banshees의 「승객 The Passenger」(1977)은 이 여행에 대해서 아래와 같이 말한다.

나는 승객이라네
말 타고 달리고 또 달리네
도시의 뒷골목들을 통과하며
하늘에서 별들이 떨어지는 것을 보네
와우, 밝고 텅빈 하늘에서
오늘밤은 멋지지 않은가
...

그 모든 것은 너의 것이고 내 것이지
그 모든 것은 너의 것이고 내 것이지
자 달리자, 계속 달리자

I am the passenger
And I ride, and I ride
I ride through the city's backsides
I see the stars come out of the sky
Yeah, the bright and hollow sky
You know it looks so good tonight
...
And all of it is yours and mine
And all of it is yours and mine
So let's ride and ride and ride and ride

히피 팝은 스피릿이 자연의 경내지 위로 날아오르기 시작함으로써 포스트히피의 시대를 열었다. 그러자 자연이 텅비어 있었던 것임도 볼 수 있었다. 자연이라는 하늘은 공허했다. 그러나 그들은 날개짓을 하며 그 안에서 자유를 누릴 수는 있었다. 스피릿의 중심은 속이 비어 있는 것이었지만 너와 내가 같이 푸른 하늘을 날 수만 있다면 허망함은 극복될 수 있었다. 허무감의 나눔이 자체적으로 서로에게 의미가 될 수 있었기 때문이다. 허무는 나눔으로써 유가 되었다. 도시의 뒷골목은 경내지이므로 어두컴컴했지만 모두가 함께 여행하자 하늘의 별이 빛을 비추는 곳으로 밝게 변한다.

스윙은 스피릿의 자기 관찰을 통해서만 가능했다. 마치 드론이 하늘로 떠오르듯이 히피 팝은 자신의 즉자 스피릿은 스윙으로 살아나 펑크 록의 대자 스피릿의 하늘에서 자유롭게 비상할 수 있었다. 마치 밴드 그레이트풀 데드의 오-두-다 경마날에 갔다가 돌아온 스피릿이 원기를 회복해서 다시 말발굽 소리를 내며 달리는 듯했다. 말은 도시의 뒷골목이라는 수렁에 빠져 있는 것이 아니라 긴즈버그가 꿈꾸던 천상의 별빛을 보러 비상하는 듯했다. 경내지에 대한 관찰과 더불어 합목적성의 미의 나라가 개방된 것이다. 미의 나라는 히피 팝 주체의 외부에서 주어진 것이 아니었다. 스피릿이 자체 내부에 잠자던 대자 스피릿을 일깨운 순간에 계시처럼 자신의 눈앞에 현시되는 것이었다. 스윙의 포스트히피 시대가 찾아온 것이고 스타들의 여행 이야기가 이제 다시 펼쳐지기 시작했다. 그것은 마법도 같았다. 포스트히피는 이제 「마법 종착역을 향해 Spellbound」(1981) 달리기만 하면 되었다.

요람의 테두리 창살에서
유혹하는 목소리가 들리니
그것이 당신을 빙글빙글 돌게 하네
당신은 다른 선택을 할 수 없어

웃음소리가 와장창
벽을 뚫고 나오는 소리가
당신에게 들리니
그것이 빙글빙글 스윙을 선물해
당신은 다른 선택을 할 수 없어

웃음소리가 와장창

벽을 뚫고 나오는 소리가

당신에게 들리니

그것이 빙글빙글 스윙을 선물해

당신은 다른 선택을 할 수 없어

스텝을 따를 뿐이지

헝겊 인형의 댄스 스텝

홀려서

마법 종착역으로 가는

From the cradle bars

Comes a beckoning voice

It sends you spinning

You have no choice

You hear laughter

Cracking through the walls

It sends you spinning

You have no choice

You hear laughter

Cracking through the walls

It sends you spinning

You have no choice

Following the footsteps

Of a rag doll dance

We are entranced

Spellbound

포스트히피 팝의 주체는 자신의 스피릿이 헝겊 인형이라는 것을 알지만 스윙을 통해서 즉 인식을 통해서 나르시시즘의 거울을 깨뜨리면서 해방감과 자유를 느끼며 깔깔대며 웃게 된다. 그것은 마법과도 같았다. 즉자 스피릿이 자체가 텅 빈 것임을 아는 순간 그 인식이 대자 스피릿이 되어 둘은 함께 반갑게 스윙을 시작했기 때문이다. 스윙은 앞으로도 계속될 것이다. 종착역의 이름도 마법이기 때문이다.

2. 포스트펑크: 팝으로부터 즉자적 스피릿 수혈

경외지의 끝까지 멀리 갔던 펑크의 대자 스피릿에도 변화가 생겼다. 이제는 즉자 스피릿의 꿈을 허상이라며 훈계질하던 습관을 벗어던지고 자신도 꿈을 가지고 싶었다. 대자 스피릿이 잔소리를 할 때 사람들은 거기에 익숙해져 마치 집 바깥에서 개가 짖는 소리처럼 심드렁하게 여겼고 집 안의 풍경이 부러워지기 시작했기 때문이다. 스피릿이 그 전체가 바다라면, 수면에 바람이 불어 일어나는 파도를 가리키며 왜 출삭거리냐고 야단만 치는 자기자신이 파도의 원인이라는 것도 깨닫게 되었다. 그래서 이제는 그 바다의 모든 것을 있는 그대로 받아들여야 하는 때가 왔다는 생각을 품게 된 것이다. 펑크 밴드 클래시 The Clash는 「내가 머물러야 하는지, 떠나야 하는지? Should I Stay or Should I Go」(1982)에서 스스로의 스피릿에게 이렇게 묻는다.

자기님, 내게 알게 해 주오.

머물러야 하는지, 떠나야 하는지?
당신이 나의 것이라면, 나는 머물 것이오.
시간이 끝날 때까지 여기에 있을 것이오.
그러니 알게 해 주오.
머물러야 하는지, 떠나야 하는지?

Darling, you got to let me know
Should I stay or should I go?
If you say that you are mine
I'll be here 'till the end of time
So you got to let me know
Should I stay or should I go?

밴드의 펑크 스피릿은 히피들의 경내지의 의연함이 부러웠다. 그래서 히피에게 물어보고 자신들도 의연해지기로 했다. 자신의 부끄러운 훈계질 습성까지도 탓하지 않고 스스로 안으로 받아들일 수 있는 경지에 이르게 된 것이다. 풍랑도 스피릿이 스스로 평지에 풍파를 일으킨 결과였음을 받아들인 것이다. 그래서 이제는 바다처럼 조용히 머물 수 있기를 원했다. 그러나 히피 스피릿의 즉자 상태로 푹 꺼지고 싶지는 않았다. 한번 펑크는 영원한 펑크이기 때문이다. 펑크 스피릿은 자유가 펑크의 스피릿임을 결코 잊지 않았다. 그래서 꿈과 자유를 함께 가져가는 포스트펑크가 되기로 했다.

포스트 Post-라는 단어에는 '뒤에'라는 뜻 이외에도 '후기(後期)'라는 뜻이 함께 있다. '뒤에'는 펑크의 지적질의 개미지옥을 극복했다는 측면인 반면에, '후기'의 뜻은 여전히 펑크의 자유 정신을 유지한다는 측면이다. 이를테면 펑크 지하철의 10량 편성에서 제일 뒷칸인 10호차라는 것이다. 그로써 펑크로 남아 펑크에 대한 반립의 정신을 계속 이어가기로 했다. 포스트펑크로서 자신의 열차의 제일 뒤에서 앞의 1호부터 9호 칸을 전부 반성하며 관찰하기로 하되 스피릿은 여전히 펑크로 머물기로 한 것이다. 클래쉬 The Clash의 곡 「장엄한 세븐 the Magnificent seven」(1981)에서 우리는 포스트펑크의 그런 자체 반립적 양가성의 스피릿을 느낄 수 있다. 펑크의 대자적 스피릿과 히피의 즉자적 스피릿이 공존하기 때문이다.

장엄한 일곱!

따르릉! 따르릉! 오전 7시!
다시 몸을 움직여 출발해
얼굴에 차가운 물
경이로운 장소로 너를 다시 보내
주먹 쓰는 상인들, 그리고 은행원인 너도
일어나서 규칙을 배워야 해
기상 예보관과 미친 사장님의 말씀
한 명은 "맑음"이라고 하고, 다른 한 명은 "진눈깨비"라 하네
오전은 매뉴얼, 그리고 오후 역시
교반기를 돌려 부갈루 댄스를 억지로 짜내
몸뚱이를 일으켜 밖으로 내보내
하지만 이 일이 얼마나 오래 갈 수 있으려나?
내게 Honda를 줘, Sony를 줘
아주 값싸고 그럴싸한 짝퉁으로
홍콩 달러, 인도 센트

영국 파운드와 에스키모 펜스

The Magnificent Seven!

Ring! Ring! It's 7:00 A.M.!
Move yourself to go again
Cold water in the face
Brings you back to this awful place
Knuckle merchants and you bankers, too
Must get up and learn those rules
Weather man and the crazy chief
One says "Sun" and one says "Sleet"
A.M., the F.M. the P.M. too
Churnin' out that boogaloo
Gets you up and a'gets you out
But how long can you keep it up?
Gimme Honda, gimme Sony
So cheap and real phony
Hong Kong dollar, Indian cents
English pounds and Eskimo pence

대형 마트에서 일하는 말단 직원의 직장생활 모습이다. 그는 아침 7시만 되면 기적처럼 "장엄한" 사건을 경험한다. 그것은 그의 몸에서 발생하는 것이다. 그 자신도 모르게 몸이 벌떡 기상하기 때문이다. 그 다음에 그가 출근하는 직장도 경이로운 장소로 경험된다. 노동력을 버터 제조용 압착기처럼 짜내는 기적이 매일 그곳에서 반복되기 때문이다. 포스트펑크의 스피릿은 일상에 대한 비판 의식을 잃지 않는다. 펑크의 자유 스피릿이 생생히 살아 있는 것이다. 그러나 기존의 펑크와는 차이가 있다. 포스트펑크는 서당의 훈장처럼 하는 지적질을 유쾌한 놀이로 승격시키기 때문이다. 판옵티쿰의 현장을 지적하더라도 지적질 자체에 몰입하여 흥분하는 다혈질 훈장님이 아니라 연예프로그램의 유머러스한 MC처럼 되는 것이다.

펑크의 스피릿은 자체의 스피릿에 사로잡힌 노예 상태가 아니라 스피릿에 대해서 늘 거리를 두고 관찰하는 자유를 누린다. 지적질은 그로써 자유의 놀이가 된다. 칸트가 원한 별이 빛나는 하늘의 윤리의 공동체에 자발적으로 참여할 수 있는 가능성이다. 놀이는 고통스런 노동 현장을 보게 하되 스피릿이 땅에 가라앉지도 멀리 날아가지도 않게 적절한 거리에서 머물면서 스피릿 자신에서 스윙의 자유를 통해서 자유로워진다. 펑크의 지적질의 열띤 쳇바퀴 돌리기의 수고는 이렇게 지양된다. 비록 지하철 열차의 제일 뒤에 매달려 끌려가더라도 앞의 모든 모습을 바라볼 수 있기에 인식을 통한 자유를 누리기 때문이다. 즉 맹목적 자연의 욕망의 노예가 되지 않고 자유의 나라에 들어갈 수 있다.

포스트펑크의 스피릿이 반립이면서도 자유 정신을 히피의 자연에 예속 당하지 않고 계속 이어가는 것임을 우리는 팔러먼트Parliament의 훵크 Funk 록 「훵크 현실태 Funkentelechy」(1977)에서도 잘 알 수 있다.

> 훵크를 어디서 얻느냐고? (오우!)
> [...]
> 나를 가볍게 쪼아대. 두통을 느끼는 딱다구리가 쪼듯이

왜냐면 훵크는 국토 내에서 생산되지 않기 때문이지
너의 기분에만 반응하거든.
너는 어느 날 그 점수를 따게 될 거야.
우리는 훵크니까. 우리는 훵크, 오우!
얼나야, 네가 이 기분에 이름을 붙여봐

네 기분을 통제에서 벗어나게 하기에 대해서
프로그램, 재프로그램 그리고 탈프로그램

훵크 현실태 (너의 훵크 현실태는 어떤 상태지?)
훵크 현실태 (주의 기울여 봐. 언론 자유란 말은 너무 높은 곳에 있어)
훵크 현실태 (우리가 너희의 쪼기를 위해 특별히 프로그래밍되어 있냐고?)
훵크 현실태 (훵크의 불가능성들은 대량 살상 제조자들을 위해서나 도래할 것이야)
훵크 현실태 (너의 훵키 멋진 뼈다귀를 위해서는 아니야)
훵크 현실태 (너는 오늘 브레이크 타임을 가질 자격이 있어, 그렇게 이 느낌에 이름을 붙여)

Where'd you get your funk from? (ho!)
[...]
Peck me lightly, like a woodpecker with a headache
'Cause funk is not domestically produced
It is responsive to your mood
You can score it any day
On WEFUNK, we-funk, HO!

Name that feeling, baby

This is mood de-control

Program, reprogram and deprogram

Funkentelechy (how's your funkentelechy?)

Funkentelechy (you might as well pay attention free speech is too high)

Funkentelechy (we are specially programmed for your p's?)

Funkentelechy (unfunky possibilities arrive for the makers of urge overkill)

Funkentelechy (and not your funky funny bone)

Funkentelechy (you deserve a break today so name that feeling)

여기서 휭크 Funk는 펑크 Punk와는 다른 것이다. 휭크는 훅 훅 하면서 앞으로 나가는 리듬감이 있는 댄스곡 장르다. 그러나 펑크의 자유로운 스피릿이 휭크 댄스 예술 형식으로 표현될 수 있다고 보면 펑크와 휭크는 동일한 펑크 스피릿을 공유한다. 휭크의 특징은 표현이므로 스피릿을 감각적으로 느낄 수 있게 한다는 장점이 있다. 스피릿은 이데아가 아니다. 스피릿은 딱따구리가 자신의 머리를 나무 기둥에 두드리듯이 몸이 스윙을 할 때 생산되는 리듬이다. 몸에서 자유로이 즉석에서 생산되는 것이다.

초기에 히피와 펑크는 스피릿을 자연산이라고 생각했다. 그러나 휭크는 그것이 국내에서 생산되는 것이 아니라고 말한다. 그것은 몸을 국외로 가져갈 때 즉 움직일 때 저절로 생산되는 것이다. 스윙이 스윙을 낳는 것은 맞지만 그것은 스피릿의 충돌지점 즉 경계선상에서만 발생할 수 있는 사건이다. 그러므로 팝음악의 스피릿은 스윙을 해야 한다. 즉자 스피릿 혹은 대자 스피릿 그 어느 쪽 극단으로 가서 가만히 보존되려고만 하면 안 된다.

휑크 현실태 Funkentelechy란 단어도 스윙의 중요성을 말해준다. 현실태는 잠재력의 반대말이다. 잠재력이 겉으로 드러난 것이 현실태다. 펑크 스피릿이 겉으로 드러난 것이 휑크 댄스인 것과 마찬가지다. 현실태 entelechy의 뜻을 풀어 보면, 엔 en은 들어가기, 텔레 tele는 목적, 키 chy는 상태이다. 목적으로 들어가는 과정에 있다는 뜻이다. 아리스토텔레스는 이 단어로 이데아 목적론과 현실의 물질계에 대한 긍정을 통합시켜 표현했었다. 그러나 밴드는 단어를 플라톤의 이데아 목적론과는 다르게 수행성 개념으로 사용한다. "프로그램, 재프로그램 그리고 탈프로그램"이 휑크라는 것이다. 구태여 저 하늘 높이 멀리 있는 이데아로 나아가려고 애쓸 필요가 없다. 경내지와 경외지를 구분하지 말고 스피릿이 스윙을 하면 휑크는 저절로 생산되기 때문이다. 스피릿의 스피릿 내재론이다. 경내지와 경외지는 그 연속의 과정에서 서로를 향해 힘찬 걸음을 내딛는 터닝 포인트를 제공하는 기회다. 터닝이 있어야 자유가 느껴진다. 터닝이 자유를 위해서 반드시 필요한 동작이다. 터닝 동작의 실천이 스피릿에게 리듬감을 부여하고 자유를 살아있게 만든다. 자유는 "언론 자유"라는 추상성도 아니다. 토크빌이 비판했듯이 미국 문화의 언론 자유는 소수 권력자의 이해관계를 위한 것이고 딴 나라의 이야기다. 대중들은 언론자유와 아무 상관없다. 자유는 몸에서 나온다. 이마를 딱따구리처럼 나무 기둥에 따다닥 두드리면 된다. 생각을 깊이 하지 않아도 몸에서 스윙이 저절로 일어나기 때문이다.

제 15 장

노웨이브: 스피릿 포커스

히피 팝의 스피릿과 펑크 록의 스피릿이 경내지와 경외지를 각자의 터닝 포인트 삼아서 서로를 향해 다가가자 중간에서 스다양한 개성이 서로 만나며 불꽃놀이가 다채롭게 펼쳐졌다. 불꽃놀이에서 포스트히피와 포스트펑크가 혜성처럼 모습을 드러내어 그들이 자신들의 이야기를 하기 시작한 것이다. 팝음악의 르네상스가 다시 시작되었다. 정치로 말하자면 초기의 거대 양당 체제에서 다당 체제로의 변화가 생긴 것이다. 시기적으로는 1977년경부터였다. 저항 문화의 재저항 문화의 시대였다. 팝음악사는 이때 새로 출현한 신생 그룹들을 뉴웨이브 New Wave라고 부른다. 히피 팝과 펑크 록이 도중에서 수많은 반립들과 조우한 데서 이룩한 성과였다. 양 극단이 그렇게 서로 맞선을 보고 손을 잡을 때 그렇게 많은 새로운 재기발랄한 그룹들이 탄생할 수 있으리라고는 아무도 예상하지 못했다.

그 모든 성과는 포스트모더니즘 철학과도 맥락을 같이하는 것이었다. 포스트모더니즘은 인간의 자유는 목적론적 완결성이 아니라고 가르쳤다. 우리가 궁극적 목적을 모르더라도 인생을 살아가는 단계마다 과도기적으로 얼마든지 나름대로 합목적성에 이를 수 있다는 것이다. 팝음악에 그 가르침을 적용하자면, 히피 음악이나 펑크 음악처럼 음악이 반드시 즉자적 정신이나 대자적 정신을 유일한 목적으로 삼아야 할 필요가 없다는 뜻이다. 이런 관점으로 보면 포스트 수식어를 붙일 수 있는 각종 팝음악이 숱하게 생산되는 것은 너무나도 당연한 일이었고 또한 환영할 만한 일이었다. 그 중에서도 독일의 크라우트 록 Kraut Rock과 스웨덴의 슐라거 팝 Schlager Pop의 활약은 눈부시고 의미심장했다. 그 이후의 음악사에 영향을 많이 미쳤고 숱한 대중들이 그들을 좋아했기 때문이다.

1. EDM: 정속 주행

독일의 밴드 크라프트베르크 Kraftwerk는 스피릿이 모든 이데올로기로부터 해방된다는 것이 어떤 것인지 잘 알 수 있게 하는 포스트록 음악을 선보였다. 그것은 획기적이었다. 전자 댄스 음악 EDM이라는 장르였다. 밴드의 뜻이 독일어로 '발전소'이듯이 음악은 전기처럼 단순히 흐르는 듯했다. 이념의 색깔은 전혀 묻어 있지 않는 듯했다. 생산 수단도 인간의 몸을 닮은 기타가 아니라 네모난 신세사이저 키보드였다. 대표곡 「고속 도로 Autobahn」(1974)는 내용이 아래와 같다.

우리는 달린다, 달린다, 달린다, 고속 도로에서
우리는 달린다, 달린다, 달린다, 고속 도로에서
우리 눈앞에는 넓은 계곡이 있다.
태양은 눈부시게 빛난다.
우리는 달린다, 달린다, 달린다, 고속 도로에서
우리는 달린다, 달린다, 달린다, 고속 도로에서
도로는 회색 띠다.
하얀 차선, 녹색 가장자리

Wir fahren, fahren, fahren auf der Autobahn
Wir fahren, fahren, fahren auf der Autobahn
Vor uns liegt ein weites Tal
Die Sonne scheint mit Glitzerstrahl
Wir fahren, fahren, fahren auf der Autobahn
Wir fahren, fahren, fahren auf der Autobahn
Fahrbahn ist ein graues Band
Weiße Streifen, grüner Rand

록 음악의 스피릿은 여기서 전혀 목적지를 생각하지 않는다. 그곳이 경내지인지 아니면 경외지인지 자신도 모르는 채 아무 생각없이 그냥 지금 고속 도로 위를 주행하고 있을 뿐이다. 현재의 상태가 좋다거나 나쁘다거나 하는 평가도 내리지 않는다. 그냥 어디론가 가고 있다는 것만이 의식되고 있을 뿐이다. 이것이 과연 음악인가? 헤겔은 정신이 자유를 향해 무한히 도야될 것이라고 믿었다. 그러나 전자 댄스 음악에서 스피릿은 그냥 앞으로만 질주한다. 눈앞에는 계곡도 기다리고 있고 하늘 위에 태양도 빛나고 있다. 땅속으로 추락할 수도 있고 하늘로 날아올 수도 있다. 그러나 그런 장애도 아랑곳하지 않고 맹목적으로 계속 달릴 것처럼 보인다. 크루즈 모드의 주행이다. 그 어딘가에서 제자리에서 공전하는 듯한 인상을 준다.

이 곡은 길이가 9분 가까이 된다. 평론가들은 이런 낯선 모습을 보고 부정적 비판을 쏟아냈다. 좌파 비평가들은 이 곡이 이념을 제시하지 못한다고 생각해서 비판하고 우파 비평가들은 이 곡이 멋이 없다고 생각해서 비판했다. 그런데 이 노래는 뜻밖에도 대중들의 큰 호응을 얻었다. 그 이유는 이 곡이 사람들을 일체의 의미 부여 강박증으로부터 벗어날 수 있게 했기 때문이었다. 냉전 시대 이후에도 좌파와 우파 간의 대립은 계속 이어지고 있었다. 록은 록대로 팝은 팝대로 각각 자유와 평화를 주장했다. 전체주의 사회에 대한 책임론 논쟁도 계속되고 있었다. 해법도 다양했다. 대중들은 그 모든 개념들의 이데올로기로부터 벗어나고 싶었다. 팝의 경쾌한 리듬은 그 모든 것들로부터 벗어나 멀리멀리 아무도 없는 곳으로 간다는 해방감을 가질 수 있게 했다.

우리가 곡을 듣다 보면 자체적으로 작은 리듬감이 휭크 리듬처럼 느껴진다. 뷔어 파흔, 파흔, 파흔 Wir fahren, fahren, fahren 하는 소리를 듣다 보면, 자동차 엔진이 붕붕거리는 소리와도 같이 들린다. 그 리듬이 저절로 몸에서 스윙을 생산한다. 곡의 인기는 치솟았다. 이리하여 테크노 음악이라는 장르가 탄생했다. 거의 변화가 없는 미니멀리즘 곡이었지만 리듬에 맞춰 춤을 추기에는 아주 적합했다. 물론 곡에 의미가 전혀 없지는 않았다. 영어권 사람들의 귀에는 파흔 파흔 파흔 하는 발음이 펀 펀 펀 fun fun fun처럼 들리면서 '재미를 누려라' 라는 의미로 들렸다고 한다(Ganz, 139 참조)[52] 일상의 소소한 행복을 소중히 여기라는 뜻으로 해석된다. 이런 의미론화는 이 곡이 독일어로 쓰인 곡임에도 불구하고 영미권에서도 인기를 얻게 되는 데 한몫했을 것이다. 여하간에 이 곡은 가치 중립성으로 탈정치화 시대의 생활 감정에 부응했다. 포스트모더니즘 시대의 스윙이었다.

크라프트베르크는 이 곡 이후에도 주제를 기계 문명에 포커스를 맞추어 다양하게 히트곡들을 계속 생산했다. 「방사능 Radio-Activity」(1975), 「트랜스유럽 고속열차 Trans-Europe Express」 (1977), 「인간기계 The Man-Machine」(1978), 「컴퓨터 세계 Computer World」(1981), 「전자 카페 Electric Café」(1986), 「믹스 The Mix」(1991), 「프랑스 사운드트랙 투어 Tour de France Soundtracks」(2003) 등의 전자 댄스 음악은 탈정치화 시대에 통과하는 추상적 공간들을 매번 다른 모드의 기계음으로 청각적 현실태가 되게 했다.

오늘날 팝음악의 역사를 돌이켜보면 크라프트베르크의 전자 댄스 음악은 탈이데올로기로 즉자 스피릿과 대자 스피릿에게 공히 각자로부터의 해방과 자유에 기여하기는 했지만 90년대가 경과하면서 스피릿이 즉자화 경향을 보이게 된다. 스피릿이 사회정치사적 측면에 대해서 철저히 가치 중립적 태도를 취했기 때문이다. 가치 중립성은 전자 댄스 음악의 스피릿을 결국 경내지에 갇히게 만들었다. 처음에는 무채색의 스윙으로 과거의 개념들의 이데올로기에 대해 반립의 기능을 하며 팝과 록 사이의 어디에서 정속 주행을 하면서 양자 모두에 대해 거리를 취하게 할 수 있었으나 차츰 무채색의 스윙에만 치중하면서 스피릿이 정말 제자리에서 헛바퀴만 돌리게 된 것이다. 일체의 이념과 상관없이 스윙이 전 세계의 나이트클럽들에서 복제되어 맹물처럼 재생산되는 테크노 팝에 대해 평론가들은 부정적 시선을 보내지 않을 수 없었다. 베를린의 러브퍼레이드 축제는 테크노 팝이 문화 산업의 먹잇감으로 전락하기 쉬운 무방비 상태였다는 것을 입증하는 사례였다. 팝이나 록이 자체의 형식을 혁신하지 않으면 더 이상 팝이 아니라 포퓰러로 전락하게 된다는 사실을 보여 주는 전형적인 사례였다.

크라프트베르크의 영향력은 초기에는 전 세계에 미쳤다. 미국의 뉴웨이브 밴드 블론디 Blondie의 「유리 심장 Heart of Glass」(1978)도 그 영향을 받았다. 이 곡은 초기에는 포스트팝으로서 팝에 대비되며 전 세계적 인기를 끌었다. 포스트팝으로서 전통적 팝의 경내지가 중심이 텅빈 것임을 느끼게 했다. 곡의 리듬은 원래는 발라드풍의 레게 Reggae였으나[53] 크라프트베르크의 영향을 받아 EDM 리듬으로 쿨하게 편곡된 것이다.

나는 언젠가 사랑을 느꼈다네, 가스가 부풀어오른 것이었지
곧 밝혀졌지 그것은 유리로 만든 심장이었음이
실제 있는 것처럼 보였지, 찾으면 만나는
많은 불신, 사랑은 뒤안길로 사라졌고

나는 언젠가 사랑을 느꼈었는데, 신성한 것이었지
곧 발견했지 난 내 마음을 잃었음을
실제 있는 것처럼 보였지, 그러나 나는 눈이 멀었었지
많은 불신, 사랑은 뒤안길로 사라졌고

Once I had a love and it was a gas

Soon turned out had a heart of glass
Seemed like the real thing, only to find
Much o' mistrust, love's gone behind

Once I had a love and it was divine
Soon found out I was losing my mind
It seemed like the real thing but I was so blind
Much o' mistrust, love's gone behind

이 곡에서 나는 자신의 심장이 자연이 아니라 가스로 가득찬 유리통이라고 말한다. 형용 모순을 통해서 이 곡은 기술 문명 시대에 스피릿이 차갑게 식어 있음을 인식하게 한다. 심장은 따뜻하고 피가 흘러야 하는데 그 안에는 아무것도 없이 텅비어 있으며 가스로만 부풀어 있다. 히피 음악이 경내지에서 기대했던 평화와 휴식이 이제 완전히 증발했는지 그 안에 남은 것이 아무것도 없다. 집시들이 찾아간 마음속의 고향인 경내지가 텅비어 허전하게 된 것이다. 히피 팝은 이제 유턴해야 한다. 록 방향으로 유턴해서 자유를 찾든지 아니면 새로운 친구를 맞이하든지 해법을 찾아봐야 한다.

2. 글램 록: 주행 거부

70년대 중엽 뉴웨이브의 바람이 도처에서 거세게 일어나고 있을 때, 의외로 추운 나라 스칸디나비아의 스웨덴에서도 조금 촌스럽지만 뉴웨이브의 바람이 일기 시작했다. 혼성 댄스 그룹 아바 ABBA의 슐라거 Schlager가 그것이었다. 슐라거는 독일어로 Schlager 즉 히트송이다. 우리말로는 유행가다. 유행을 타고 왔다가 유행이 가면 함께 사라지는 노래라는 뜻이다. 그런데 의외로 아바의 곡들은 오늘날 유행가의 고전처럼 살아남았다. 오늘날 영국의 뮤지컬 극장가에서 「맘마미아」(2008)는 인기 있는 상설 레퍼토리 중 하나로 확립되었다. 그 이유는 그것이 포퓰러 속성의 팝이기 때문이다. 아바는 슐라거 팝으로 완벽한 문화 상품을 생산했다. 70년대에 사람들은 정치 이데올로기와 급격한 산업화와 도시화로 인해 피로감을 느꼈고 이리하여 시끄러운 록보다는 듣기 편한 팝을 원했다. 아바는 이 힐링 욕구을 정확히 읽고 거기에 맞춤형 팝을 생산해 공급한 것이다.

사람들은 아무리 기술 문명 시대일지라도 자신이 가스로 가득한 심장을 갖고 싶지는 않을 것이다. 아바는 따뜻한 심장 즉 경내지를 원하는 사람들의 마음을 읽어 오로지 경내지의 진솔한 생활 감정을 표현하는 슐라거 팝을 완성시켰다. 헤겔의 정신˙현상학이 주장하는 이데아라든가 대자 스피릿은 거기서 전혀 필요가 없었다. 아바는 오직 즉자 스피릿 하나에만 승부를 걸었다. 따뜻한 심장, 그것이면 충분하다. 누구든지 상대방으로부터 따뜻한 사랑을 받기를 원하기 때문이다. 경내지에서 편안히 보호받고 싶은 마음이다. 상대방이 나를 사랑해 주면 나의 심장도 혈액 순환이 잘되고 온몸은 따뜻해질 수 있다. 그렇지 못하면 나는 불행하고 절망에서 헤어 나올 수 없다. 철저히 멜로드라마의 공식이다.

아바의 곡에는 그 공식에 대한 비판적 반어 감정이 전혀 없다. 단 하나의 멜로디만이 변주되며 사랑을 싣고 파도처럼 밀려온다. 사운드 엔지니어 트레토우 M. Tretow의 믹싱 기법이 만들어 낸 문화 상품이다. 하나의 기타 소리 연주라도 투 트랙의 믹싱 기법으로 약간의 시차를 두고 뒤따라오게 하면 마치 두 개의 기타 소리 연주처럼 들린다. 그러면 소리의 촘촘한 벽이 만들어진다.[54] 사람들이 서핑을 하듯이 올라타고 미끄러질 수 있는 파도의 벽이 만들어지는 것이다.

아바의 화려한 복장도 경내지에서 따뜻함을 원하는 대중의 욕구에 부응했다. 기계 문명의 추상성 시대는 사람들에게 감각적으로 보고 만질 수 있는 물질성을 그리워하게 만들었다. 아바는 이 캠프미 페티시즘 욕구를 반짝이는 총천연색 칼라 패션으로 부응했다. 오늘날 그들의 사진을 보면 촌스러워 보이지만, 당시에는 그 촌스러움이 시각적 즐거움을 느끼게 해 주었다.

경내지에서 쓸쓸하고 외로운 사람들은 아바의 사운드와 패션으로 즉자적 감각 충동을 충족시킬 수 있었다. 과거에 히피들이 옷을 입을 때 자연을 오해해서 퇴색한 블루진 한 가지 색깔로 통일해 입었던 방식과는 확연히 차이가 나는 것이었다.

아바의 음악은 즉자 스피릿으로 팝의 경내지에만 머문다. 이 휴식에 대해서 그 사운드는 전혀 이의를 제기하지 않으며 방구석을 벗어날 생각을 하지 않는다. 쉬운 멜로디, 쉬운 가사, 구체적인 패션으로 관객들의 경내지 요구를 성실히 반영할 뿐이다. 경내지의 풍경이 어떤 것인지는 그들의 데뷔곡 「때르릉 때르릉 Ring Ring」(1973)에서 잘 드러난다.

나는 전화기 곁에 있었지
오직 혼자 기다리며
자기야, 나 홀로 앉아서 기다리며 너에 대해 놀라지

어둡고 처량한 밤
아무것도 제대로 된 것이 없는 듯
자기야, 내가 너 없이 어떻게 지낼 수 있는지 말해 보렴

I was sitting by the phone
I was waiting all alone
Baby by myself I sit and wait and wonder about you
It's a dark and dreary night
Seems like nothing's going right
Won't you tell me honey how can I go on here without you?

팝 스피릿은 집에서 전화를 기다린다. 스스로 집 바깥으로 걸어나갈 생각을 하지 않는다. 스피릿은 철저히 수동성이다. 경내지에서 날개를 펴고 경외지로 날아갈 생각은 하지 않은 채 오직 수동적으로 사랑이 다가오기만을 기다린다.

아바는 활동 기간 동안 단 한 번도 경내지를 떠날 생각을 한 적이 없다. 경내지를 떠나는 것은 존재의 기반을 송두리째 뽑아가는 것이기 때문이다. 실제로도 멤버 중에서 베니 Benny와 프리다 Frida 그리고 아네타 Agnetha와 비요른 Bjorn는 피치 못해 이혼하여 각자의 길을 걸어가야 하자 경내지의 위기를 경험한다. 아바 사진에서 턱수염을 기른 남자가 베니 Benny이고 검은 머리색의 여자가 프리다 Frida다. 이혼의 위기에 직면해서 그들은 경내지가 와해될 것을 예감하며 몹시 불안해진다. 이런 불안감은 「네가 나를 알고 내가 너를 알게 되니까 Knowing Me, Knowing You」(1977)에 잘 표현되어 있다.

이젠 더 이상 마음 편히 웃을 수 없어
이곳에는 정적만이 남았어
텅빈 집을 걷다 보니 눈물이 흐르네
이게 우리의 이야기의 끝이고 이번은 정말 마지막이네
너가 나를 알고 내가 너를 알게 되니까 (아하)
우리가 할 수 있는 게 없다는 것도 알게 되었어
너가 나를 알고 내가 너를 알게 되니까 (아하)
우린 이젠 이 사실을 마주할 수밖에 없어
(이번엔 이번엔) 진짜 감당해야 해 (진짜 감당해야 해)
헤어지는 건 쉬운 일이 아니지 나도 알아 근데 난 (떠나야 해) 떠나야 해
(이젠 떠나야 해, 이젠 난 알아) 너가 나를 알고 내가 너를 알게 되니까

No more carefree laughter
Silence ever after
Walking through an empty house, tears in my eyes
Here is where the story ends, this is goodbye
Knowing me, knowing you (ah-ha)
There is nothing we can do
Knowing me, knowing you (ah-ha)
We just have to face it, this time
(This time, this time) we're through (we're through)
This time we're through, we're really through
Breaking up is never easy, I know, but I have (I have to go) to go
(This time I have to go, this time I know) knowing me, knowing you

억지로 경내지 바깥으로 쫓겨나가야 하는 사태는 가슴이 찢어지는 듯 아프다. 경내지는 멤버들의 모든 것이기 때문이다.

「승자가 모든 것을 가진다 Winner takes it all」(1980)는 경내지를 잃은 패배자의 상실감을 노래한다. 그리고 마침내 둘이 실제로 이혼에 이르게 되자 경내지에서 주체는 의지할 것을 찾지 못해 마구 흔들린다. 베니 Benny와 프리다 Frida는 결혼한 지 2년도 못 되어 1980년 별거에 들어갔고 1981년 이혼했다. 이때의 경험을 담은 「방문객들 The Visitors」(1981)의 내용은 아래와 같다.

나는 초인종 소리를 듣자 갑자기 패닉 상태에 빠지네
그 소리는 불길하게 고요를 찢어 놓네
나는 움직일 수 없어, 서 있네
몸이 굳어지고 얼어붙네
내가 사랑하는 것들 사이에서
책, 그림 그리고 가구
도와주세요...

I hear the door-bell ring and suddenly the panic takes me
The sound so ominously tearing through the silence
I cannot move, I'm standing
Numb and frozen
Among the things I love so dearly
The books, the paintings and the furniture
Help me...

이 곡을 마지막으로 아바는 활동까지도 모두 중단한다. 이 곡이 그들의 은퇴곡이 된 것이다. 아바의 곡들은 경외지로 나갈 생각을 전혀 하지 않는다. 오직 경내지의 감정에만 충실하다. 철저히 소시민이 되어 즉물적 스피릿에만 매달린다. 좌파 성향의 평론가들은 아마도 아바를 속물적이라고 비판할 것이다. 그러나 다른 관점으로 보면 아바의 노래는 좌파 정권의 시대에 좌파의 주류문화와의 철저한 차별화 전략으로 승부를 걸었고 관객들의 지지를 이끌어 내어 승리했다. 아바의 노래들은 좌파의 영웅주의에 대한 패러디로 읽혔기 때문이다. 이러한 평가의 가능성은 다음 장의 서술을 배경으로 더 잘 이해될 것이다.

제 16 장

하이웨이브: 스피릿 극장

80년대는 미국 로스엔젤레스 헐리웃과 디즈니랜드의 문화 산업이 날개를 달고 하늘을 펄펄 날기 시작한 시대였다. 1981년 미국에서 음악 전문 케이블 방송 MTV가 개국하였기 때문이다. 팝음악은 이제 전 세계의 안방으로 홍수처럼 밀려들었다. 새로운 영상 매체는 이제 팝음악을 귀로만 듣는 것이 아니라 눈으로도 보는 시대가 도래했음을 의미했다. 오디오 시대가 가고 비디오 시대가 열린 것이다. 사람들은 마이클 잭슨 M. Jackson의 음악을 들을 뿐만 아니라 능숙한 문워크를 이제 눈으로 볼 수 있었다. 팝의 여왕 마돈나 루이스 베로니카 키코네 Madonna Louise Veronica Ciccone의 요염한 댄스도 볼 수 있었다. 그 모습에 매료되지 않고 자신의 비판적 거리를 유지하기란 매우 어려웠다.

정치적으로도 영상 문화를 위한 유리한 분위기가 조성되었다. 신자유주의라는 명분하에서 온갖 영상들의 제작과 유포가 다 허용되었기 때문이다. 문화 산업은 영상물들을 값싸게 대량으로 생산해서 공급할 수 있었다. 영상은 쉽게 생산되고 소비되었다. 홀로그램이나 다름없었다. 문화 산업은 사운드뿐만 아니라 영상까지도 조합한 초유의 기획 상품들을 출시했다. 그리고 고객의 취향도 상품들의 종류가 많아짐에 따라 거기에 비례해 다양해졌다. 그리고 정치적 취향은 더욱 심화되었다. 우파는 더 우파가 되었고, 좌파는 더 좌파가 되었다. 아바의 팝을 좋아하는 사람들은 아바의 팝만 좋아했고, 록을 좋아하는 사람은 헤비메탈만 좋아했다.

취향의 양극화 시대에 아바의 팝이 인기를 끌었던 것처럼, 좌파의 록도 나름대로 문화 산업의 기획력을 바탕으로 많은 인기를 끌 수 있는 경외지 상품을 내놓았다. 좌파 록의 상품들도 다양해졌다. 그것들은 비유컨대 두더지 잡기 오락기와 같은 모습이었다. 오락기에서 쏙쏙 올라오는 두더지들의 머리를 때리면서 사회를 비판한다고 생각한 공격적 성격의 사람, 그리고 매맞는 두더지들이 불쌍하다고 생각한 방어적 취향의 사람을 모두 좌파 손님으로서 감성팔이 상품의 고객으로 유치하려는 전략이었다.

1. 쇼크 록: 영웅 쇼

쇼크 록은 좌파의 경외지 취향에 부응하는 이색적인 문화 상품이었다. 쇼크 록의 원조로 통하는 로커 쿠퍼 Alice Cooper는 자신의 공연 무대에서 좌파의 취향에 맞는 문화 상품을 최초로 개발하여 공급하기 시작하였다. 그의 「10억 달러 베이비 Billion Dollar Babies」(1973)는 내용이 아래와 같다.

10억 달러 베이비

작은 고무 아가씨, 족제비보다 매끄럽지

뒷골목처럼 더럽지

그 어느 연인보다 너는 나를 가장 많이 사랑하지

10억 달러 베이비

작은 고무 괴물, 베이비, 나는 너를 숭배하네

살아있는 사람이라면 남녀 모두가 너를 사랑하지

나를 사랑하는 것보다 더 많이 너를, 베이비.

[...]

100만 달러 베이비

10억 달러 베이비

1조 달러 베이비

1000조 달러 베이비

Billion dollar baby

Rubber little lady, slicker than a weasel

Grimy as an alley

Loves me like no other lover

Billion dollar baby

Rubber little monster, baby, I adore you

Man or woman living couldn't love me like you, baby

[...]

Million dollar baby
Billion dollar baby
Trillion dollar baby
Zillion dollar baby

노랫말은 어찌 보면 사랑스럽다. 관객이 쿠퍼보다 돈 범벅이 된 고무 인형 아가씨를 더 사랑하므로 자신은 아가씨에게 질투심이 생긴다는 것뿐이다. 쿠퍼는 시장에서 가장 잘 팔리는 인형 아가씨를 하나 구입해서 손에 들고 애증의 감정을 노래로 표시한다. 아가씨는 두더지처럼 매끄럽다. 그런데 실제의 그의 공연 모습을 보면 쇼킹하다. 쿠퍼는 얼굴을 해골처럼 분장했다. 눈가는 시커멓게 칠하고 눈 아래는 눈물이 흘러내려 마스카라가 지워져 흘러내린 것처럼 보인다. 하의는 빨간색 가죽 바지를 입었다. 그의 행동은 더 엽기적이다. 긴 칼을 집어 든다. 거기에는 달러 지폐가 여러 장 일렬로 꽂아 있다. 마치 닭꼬치처럼 생겼다. 그리고 거기서 지폐를 한 장씩 꺼내더니 그것으로 자신의 하체의 앞과 뒤를 닦는 시늉을 한다. 그리고 관객에게 그것들을 뿌린다. 객석에서는 그의 엽기적인 행동에 대해 으악 하는 비명소리가 여기저기서 들려온다.

아가씨는 신자유주의 시대의 자본을 뜻한다는 것을 "10억 달러 베이비"라는 이름을 통해서 우리는 쉽게 알 수 있다. 그런데 그것은 아무리 잡으려 해도 잡히지 않는다. 그것은 족제비처럼 미끄럽기 때문이다. 관객이 돈을 사랑하신다면 자신은 그 사랑스런 돈을 기꺼이 선물로 뿌리겠다는 제스처를 취한다. 그의 엽기적인 좌파 연출은 공연을 거듭할수록 더욱 쇼킹해진다. 무대 위에 사형장의 전기 의자, 단두대가 설치되기도 하고, 가짜 피가 뿌려지기도 한다. 거대한 보아 뱀도 등장한다. 공연 무대는 이리하여 점차 버라이어티 좌파 쇼 극장이 되었다. MTV시대를 맞아 팝음악 공연에서 이렇게 연극처럼 비주얼 요소가 공연의 중요한 요소가 되고 시각적 효과를 위한 기술과 시설 투자는 계속된다.

쿠퍼는 그 시장에서 좌파의 자본 두더지 잡기 액션 컨셉으로 큰돈을 벌었다. 그는 자신이 문화 산업의 연출자라는 사실을 숨기지 않는다. 그는 기자와의 인터뷰에서 예술과 삶은 별개라며 딱 잘라 말한다. 그는 평상시에는 모범 시민으로 사는 모습만을 보였다. 예술과 현실의 분리는 공연 수익을 100만 달러에서 1000조 달러로 불릴 수 있는 현명한 길이다. 공연은 퍼포먼스 즉 무대 위에서의 문화 산업적 연출일 뿐이며 현실과 아무런 상관도 없다. 자본주의 파괴는 진정으로 의도되지 않는다. 자본주의 사회에서 쿠퍼처럼 돈을 벌고 고급 문화 상품을 소비하는 것이 목적이다.

80년대에 팝음악은 자유의 극대화를 위해 온갖 문화 상품을 제공했다. 팝음악은 오직 문화 산업을 위해, 문화 산업에 위해, 문화 산업의 먹잇감으로 살아가는 것만이 중요했다. 두더지 잡기를 연출하기만 하면 되었다. "스타일 전쟁 Style War" (Diederichsen 2014, 393.)의 시대였던 것이다. 수많은 패션 잡지들이 이때부터 발간되기 시작했다. 영국의 「The Face」[55], 「i-D」[56], 「Blitz」, 오스트리아의 「Wiener」[57] 그리고 지금은 폐간되었지만 1986년부터 간행된 독일의 「Tempo」가 대표적이었다. 히피의 시대와 펑크의 시대는 갔고 이제 여피 Yuppies의 시대가 왔다. '젊은 도시 전문직 young urban professional'을 가진 사람들이라는 뜻이다. 요즘 말로 하면 욜로족의 시대가 이미 시작된 것이다. 좌파는 욜로와 구분이 되지 않았다. 문화 산업 시대에 서로 눈에 띠어 패션 스타로 인정받는 것이 모두에게 중요했다. 쿠퍼도 눈에 튀는 쇼크 문화상품으로 이색적 스타가 될 수 있었다.

신자유주의 시대의 패션 경쟁에서 도태되지 않으려면 패션이 사람들의 눈길을 끌 만큼 충분히 이색적이어야 했다. 그래서 사람들은 "스타일 독서 Style-Lektüre"에 나섰다. 패션 경쟁에서의 승리가 곧 부와 권력으로 이어졌다. 인더스트리얼 록커 마릴린 맨슨 M. Manson은 쿠퍼의 스타일을 벤치마킹해서 자신의 독자적 패션을 개발하는 데 성공했다. 그는 두더지 잡기 놀이에서 두더지에게 사람들이 연민을 품는다는 데 착안해서 자신을 두더지로 연출하기로 했다. 그래서 그는 줄기차게 자신을 두더지 잡기 놀이의 피해자 역할을 맡았다. 그의 곡 「나는 마약들을 싫어하네(그런데 마약들이 나를 좋아하네) I Don't Like The Drugs (But The Drugs Like Me)」(1999)를 보면 그의 피해자 코스프레가 어떤 것인지 잘 알 수 있다. 뮤직 비디오를 보면, 마약은 등장하지 않지만 대신 미디어가 등장해서 그의 몸에서 떨어지려 하지 않는다. 그는 미디어 권력의 피해자라는 것이다.

그는 자신을 미디어 권력의 피해자로 연출한다. 그는 백남준의 비디오 아트처럼 TV 수상기를 이어 붙인 거대한 십자가를 등에 지고 등장해서 고통스러워한다. 그와 함께 등장하는 모든 주변사람들의 모습은 자신의 두 눈을 모두 잃어버리고 그 대신 그들의 눈에는 로봇처럼 거대한 의안이 부착되어 있다. 그 눈은 움직이지 않으므로 생동감이 없다. 인간의 눈이 망원경 눈알처럼 보인다. 그를 잡으려고 뒤따라오는 경찰관들은 이번에는 몸에 머리통이 없다. 자신들의 정체성이 무엇인지도 모르는 채로 그를 잡으려고 맹목적으로 따라붙는다. 좀비들처럼 보인다. 미디어 시대의 악몽이다. 그는 마지막에 거대한 유조통의 지붕으로 뛰어올라 간다. 그리고 거기서 스스로 저 아래로 몸을 던져 추락한다. 구경거리 제공을 위한 맨슨의 쇼크 록 연출은 나날이 강도가 세진다. 그의 또 다른 곡 「아무것도 아닌 몸 The Nobodies」(2001)을 보면 내용이 아래와 같다.

우리는 아무것도 아닌 몸이니 약간의 몸이 되길 원하네
우리는 죽었으며 그들은 우리가 누구인지 알고 싶어하네
우리는 아무것도 아닌 몸이니 약간의 몸이 되길 원하네
우리는 죽었으며 그들은 우리가 누구인지 알고 싶어하네

We're the nobodies, wanna be somebodies
We're dead, they'll know just who we are
We're the nobodies, wanna be somebodies
We're dead, they'll know just who we are

이처럼 곡의 가사는 주인공이 가상 세계에 살면서 몸을 되찾고 싶어하는 내용이다. 그러나 뮤직 비디오를 보면 연출 차원에서 그러한 문제로 인한 철학적 고민의 흔적은 전혀 찾아볼 수 없다. 주인공은 맨슨이 그 역할을 맡아서 오직 자신을 불쌍한 두더지로 연기하는 데에만 골몰한다. 그는 몸이 사라진 좀비처럼 보이기 위해서 온갖 쇼킹한 소도구를 총동원한다.

그의 「도핑 쇼 The Dope Show」(1998)에서도 맨슨은 자신을 피해자 두더지인 듯이 연출해 내는 데만 전력을 다한다. 치과 병원에서 사용하는 각종 장비들을 동원해서 그는 자신의 얼굴을 온통 섬뜩하게 이리저리 일그러뜨려 놓았다. 자신의 몸통은 어금니의 모습처럼 희고 매끄럽다. 현대의 의료 기술 문명에 의해 뽑혀나가는 치아처럼 자신은 억울하다는 것이다. 그의 턱에는 어금니 뿌리처럼 생긴 매끈하고도 거대한 새까만 턱수염이 두 가닥으로 벌어져 혹처럼 매달려 있다. 그를 구경하는 사람들은 그의 모습을 보고 비웃는다. 그를 닮은 마네킹들이 그를 빙 둘러 서 있다. 그는 그것들 중 하나를 집어서 휘둘러 나머지 마네킹들을 모두 부순다. 마네킹의 목이 날아간다. 날아가는 마네킹은 모두 그와 완전히 똑같이 생겼다. 마지막에 그는 혼자서 달나라같이 황량한 벌판에 우두커니 서 있다. 셀프디스 쇼가 완성된 것이다.

맨슨의 뮤직 비디오는 우리에게 많은 우려를 낳는다. 자본주의 비판이라는 좌파 이념에 사로잡혀 돈벌이를 위해 쇼킹한 장면만 쉴 새없이 연출한다. 비디오는 더 이상 예술로 보이지도 않는다. 인간의 모습이 완전히 사라졌기 때문이다. 경내지의 평화에 대한 갈망도 없고 경외지로 자유를 찾아 나가려는 동경도 없다. 오직 경외지에 서서 원격으로 경내지를 타격해서 아무도 살지 못하게 초토화시키는 데만 집중한다. 경내지와 경외지의 변증법적 운동이 확인되지 않기에 전혀 긴장감도 주지 못한다. 경외지로 나간 목적이 오로지 경내지를 모조리 파괴하는 데만 있다면, 무엇을 위해 그렇게 하려는 것인지 고민이 전혀 없는 것이다. 인간은 본능에 의해 제약되지만 그럼에도 불구하고 자유를 위해 미를 구성하는 능력으로 인해서 공동체에 도달할 수 있다는 칸트의 판단력이 그에게서는 전혀 확인되지 않는다.

그의 이름도 의미심장하다. 그것은 영화배우 마릴린 먼로

Marilyn Monroe와 살인마 찰스 맨슨 Charles Manson에서 단어를 하나씩 떼어 조합해 만든 것이다. 먼로는 헐리웃의 영화배우이자 가수였고, 찰스 맨슨은 사이비 종교 교주였다. 교주로서 맨슨은 인간을 증오하는 파괴주의자였다. 두 사람의 이름의 결합은 예술과 파괴를 결합하겠다는 것으로 해석된다. 이 이름에 부합하게도 마릴린 맨슨은 경외지에서 예술 대포로 경내지를 모조리 파괴하는 뮤직 비디오만 계속 제작한다. 팝음악의 스피릿은 언제나 경외지와 경내지 사이의 순환 운동임을 우리는 잊지 말아야 한다. 스피릿이 추운 경외지로 나가는 이유는 따뜻한 아랫목이 싫어서라기보다는 냉대를 받아 차가운 윗목으로 밀려나 소외되었다고 느꼈기 때문이다. 스피릿이 괜히 추위에 얼어 죽자고 가출하는 것은 결코 아니다.

2. 점프 록: 반영웅 다큐멘터리

쿠퍼와 맨슨은 경외지로 나가고 싶어하는 좌파 취향의 사람들을 위한 문화 상품을 생산했다. 그들은 철저히 좌파임을 과시했다. 자본주의와 문화 산업 비판이라는 분명한 목적이 그들을 좌파 슈퍼맨, 마징가 Z가 되게 했다. 마징가 Z는 스스로 기이하게도 자신에게 채찍질을 가하고 자해를 하는 모습을 연출했다. 마치 경외지에 나가서 끼익끼익 소리를 내면서 자해 행위를 하는 고장난 자동 기계처럼 보였다. 그들은 좌파쇼의 대가였으나 관객들에게서 긴장감을 끌어내는 데는 실패했다. 좌파 개념 하나만을 정답으로 가지고 있음을 관객이 이미 간파했기 때문이다.

경외지에서 앵무새처럼 하나의 말만을 반복하는 좌파 개념 연출쇼는 금세 진부해졌다.

반면에 좌파 점프 록은 관객들에게 긴장감을 줄 수 있었다. 스피릿이 살아서 경내지와 경외지 사이를 오가면서 현실의 뫼비우스 띠를 되돌아보게 했기 때문이다. 문제가 생긴 것은 분명한데 띠의 어디에서 문제가 생긴 것인지 명확하지 않았다. 관객은 이 문제를 풀어야 했으므로 깊이 생각하는 즐거움을 얻을 수 있었다. 주인공은 이번에는 슈퍼맨, 마징가 Z가 아니라 반(反)영웅 즉 소시민이었다. 그래서 관객들에게 현실감이 있었다. 뉴웨이브 록 밴드 토킹 헤즈 Talking Heads의 곡 「사이코 킬러 Psycho Killer」(1977)에서 소시민 주인공은 처음부터 다짜고짜 아래와 같이 혼잣말을 시작한다.

> 난 사태의 진실을 마주볼 수 없을 것 같아.
> 긴장되고 불안하고 편히 쉴 수가 없어
> 잠도 잘 수 없어. 왜냐면 침대가 타고 있거든
> 날 건들지 마, 난 정말 열 받았거든.
>
> 사이코 킬러
> 이건 또 뭐야?
> 멀리, 멀리, 멀리, 멀수록 좋아
> 뛰어, 뛰어, 훌쩍 멀리
>
> 사이코 킬러
> 이건 또 뭐야?
> 멀리, 멀리, 멀리, 멀수록 좋아

뛰어, 뛰어, 훌쩍 멀리,
이예, 이예, 이예!

I can't seem to face up to the facts
I'm tense and nervous and I can't relax
I can't sleep 'cause my bed's on fire
Don't touch me I'm a real live wire

Psycho Killer
Qu'est-ce que c'est
Fa-fa-fa-fa-fa-fa-fa-fa-fa-far better
Run, run, run, run, run, run, run away oh, oh, oh

Psycho Killer
Qu'est-ce que c'est
Fa-fa-fa-fa-fa-fa-fa-fa-fa-far better
Run, run, run, run, run, run, run away oh, oh, oh, oh
Yeah, yeah, yeah, yeah!

주인공은 누구한테 크게 한 방 얻어맞은 듯했다. 마음속에서 열불이 나는 모습이다. 그래서 그런 일이 결코 다시 반복되어서는 안 된다는 듯이 현재의 위치로부터 멀리 도망치고 싶어한다. 관객들로 하여금 각자가 서 있는 사회적 위치를 되돌아보게 하는 곡이다. 뮤직 비디오를 보면 기타리스트이자 리드 보컬인 데이비드 번 D. Byrne은 공연장에서 이 노래를 부를 때 무대 위에서 정말로 열심히 뛴다. 땀을 뻘뻘 흘린다. "멀리, 멀리, 멀리," "뛰어 뛰어 뛰어" 하면서 기타를 미친 듯이 연주하면서 쉰 목소리로 노래한다. 노래를 잘 부르는 것도 아니다. 음치에 가깝다. 주인공은 무엇에 열받았으며 어디로 뛰어가고 있는 것인가? 방향은 "침대"가 놓인 안방으로부터 집 바깥으로 나가는 것만은 분명하다.

관객이 보컬의 노래를 따라 부르다 보면 신이 난다. 댄스곡이기 때문이다. 보컬처럼 열심히 뛰다 보면 현실에서 순간이라도 벗어나 해방되는 느낌이 든다. 보컬은 더 멀리 도망갈수록 더 좋다는 듯이 "더 좋아"라고 말하며 도주를 권장한다. 그러나 무조건 경외지로 가는 것만이 능사는 아닌 것 같다는 생각이 들게 한다. 보컬은 중간에 중얼거리듯 "사이코 킬러"라고 말하기도 한다. 이 대목에서 그는 갑자기 순간적으로 침착해진다. 이 말을 들은 관객도 자신들이 사이코 킬러가 아닌지 되돌아보게 된다.

사이코 킬러라면 무조건 뛰는 것도 문제가 있을 것이다. 사이코 킬러는 정신병자이므로 자신도 본능의 규제를 받게 되며 자유가 없는 자다. 그렇다면 뛰어서는 안 된다. 차분히 치료받아야 한다. 곡은 경내지와 경외지 그 어느 곳도 절대적으로 옳은 선택지가 아닐 것이라는 생각을 들게 한다. 그 사이에서 스피릿의 긴장감이 살아나게 되는 것이다. 크라프트베르크의 「고속 도로」처럼 우리가 어디에서 뛰고 있는지 또 어디로 뛰고 있으며 현재 어디에 있는지 아무도 모른다. 정답은 관객이 각자가 찾아야 한다.

주인공은 더 이상 목적지를 알지 못하는 반영웅이다. 쇼크록의 좌파 영웅과는 정반대다. 반영웅의 모습은 토킹 헤즈의 또 다른 곡 「버닝 다운 더 하우스 Burning Down The House」(1982)에도 이어진다.

그것들을 끌어내

아

조심하라구, 네가 원하는 것을 나중에 챙길 수 있을지도 모르니까

멋지지! 얘들아! 생경하게 보이겠지만 내가 그리 이상한 놈은 아니야

보통 사람이야

집을 태우고 있을 뿐

꽉 잡아, 파티가 끝날 때까지

우리는 날씨가 축축해지는 날을 위해 오늘 열일 중이야.

그러니 뭔가 방법이 있겠지

집을 태우고 있어

표가 있으니깐 네 짐을 챙겨

뛰어내릴 타이밍이니

환승 장소가 여기는 아니야

그리 멀지 않은 가까운 곳에 있어

너 있는 현재 위치는 알겠지?

불을 끄려면 맞불을 놓아야 해, 아하!

벌써 모두 다 젖었네, 여기, 우비가 필요해 보이는군

털어내, 몽유병자처럼 한낮에 돌아다니는 꿈을

기온은 365도

집을 불태우고 있다구!

한때는 말이야, 가끔은 내 속의 자아가 내게 하는 말에 귀를 기울였었지.

남보다 먼저 뛰어가 앞자리를 차지하겠다고

옆에서 사람들이 출근하며 그러더군, “이봐, 뭘 기대한 거야?
불구덩이 속으로 뛰어들게 될 거야,
그러니 서둘러!”

Get them out
Ah
Watch out, you might get what you're after
Cool babies, strange but not a stranger
I'm an ordinary guy
Burning down the house

Hold tight, wait 'til the party's over
Hold tight, we're in for nasty weather
There has, got to be a way
Burning down the house

Here's your ticket pack your bags
Time for jumpin' overboard
Transportation isn't here
Close enough but not too far,
Maybe you know where you are
Fightin' fire with fire, huah

All wet, hey you might need a raincoat
Shakedown, dreams walking in broad daylight
Three hundred, sixty five degrees
Burning down the house

It was once upon a place sometimes, I listen to myself

Gonna come in first place

People on their way to work say baby what did you expect

Gonna burst into flame

Go ahead

방화범 이야기같지만 그렇지는 않다. 사회도 이미 현재 불이 난 화재 현장처럼 뜨겁게 달아올라 있기 때문이다. 365°로 펄펄 끓는다. 365일 불은 계속 타오를 것이라는 생각이 들게 한다. 주인공은 사회에 맞불을 놓고 있는 것처럼 보인다. 경쟁 사회에 대한 은유다. 사회인들은 사회 초년생인 주인공에게 "이봐, 뭘 기대한 거야? 불구덩이 속으로 뛰어들게 될 거야, 그러니 서둘러!" 라고 말한다. 앞의 곡에서는 개인의 경내지가 뜨겁게 불타고 있다면, 이 곡은 사회 전체가 불타고 있는 것이다. 사회가 활활 불타오르고 있다는 것을 스피릿은 분명히 의식하고 있다. 그러나 그것을 끄는 방법까지 알지는 못한다. 사회의 불을 끌 수 있다고 자신하는 영웅은 이 곡에 없다. 주인공이 할 수 있는 일이라고는 자신도 불을 지르는 일이다. 사회의 불에 기름을 붓는 꼴이다. 그리고 그가 다음에 할 수 있는 일은 줄행랑쳐서 환승하기 즉 물속으로 뛰어들기다.

더 이상 헤겔처럼 경외지의 대자 스피릿도 경내지의 즉자 스피릿도 정답으로 제시될 수 없다. 사회와 개인이 모두 격하게 흥분한 상태이기 때문이다. 이성 능력으로 통제할 수 없는 비상 사태다. 신자유주의 시대에 사방에서 높은 파도가 일고 있는 것이다. 뮤직 비디오를 보면, 마지막에 기타리스트 번의 어깨 위로 나이 어린 꼬마가 올라탄다. 그리고 그의 연주하는 손을 조종한다. 뒤의 연주자들도 마찬가지다. 제2의 연주자들이 그들의 연주하는 손을 등뒤에서 조종하여 연주하게 된다. 사람들 사이에 지배 관계가 형성되어 있는 모습이다. 아무도 지배 관계로부터 자유롭지 못하다. 마릴린 맨슨과 유사한 상황이다. 그러나 차이가 있다. 토킹 헤즈의 번에게는 경내지의 관점이 살아 있다. 스피릿이 경내지의 평화를 지키려고 애쓰는 것이다. 불을 지르는 것도, 불을 맞불 놓기로 진압해서 "축축해지는 날"이 올 수 있도록 하기 위한 것이다. 경내지와 경외지의 긴장이 아직 살아 있는 것이다. 불을 끄려면 어떻게 해야 하는가? 개인의 혼자의 힘으로는 안 되고 사회가 다 같이 협력해야 한다.

밴드 이름 토킹 헤즈는 '말하는 사람의 얼굴이 텔레비전 가득히 잡히는 1인 샷'을 지칭하는 영상 용어에서 따왔다. 뮤직 비디오의 마지막 장면에도 토킹 헤즈가 보인다. 그러나 그것은 영웅의 얼굴이 아니라 입을 헤벌린 넋나간 표정을 짓는 기타리스트 본인의 얼굴이다. 그의 얼굴이 도로 주행 시 스쳐지나가는 바닥의 차선 위로 질질 끌려가면서 도로 위에 오버랩 된다. 영웅이 아니라 사회의 화마에 지친 반영웅의 모습이다.

사회의 현실은 신자유주의 시대에 경쟁이 격화되었다. 그래서 이글스의 캘리포니아 호텔처럼 모든 사람을 경쟁의 감옥으로 몰아넣었다. 주인공은 거기서 도망치고 싶은 것이다. 토킹 헤즈의 곡들은 80년대에 미국의 대학생들 사이에서 큰 인기를 끌었다고 한다. 그들도 신자유주의 시대의 경쟁으로부터 벗어나고 싶었을 것이기 때문이다. 그러나 그들의 현실에 퇴각로는 없다. 학교 캠퍼스를 벗어나도 주인공을 기다리는 것은 히피의 평화로운 경내지 자연이 아니라 뜨겁게 펄펄 끓는 침대뿐이다. 그곳에서도 마음은 불편하다. 뫼비우스 띠는 그 굴레에서 아무도 벗어날 수 없으며 경쟁이 격화되어 펄펄 끓는다.

사회의 변화는 디즈니랜드의 만화 영화에도 반영된다. 주인공은 도널드 덕 Donald Duck이다. 성격은 매우 복합적이다. 어리석은 구석과 똑똑한 구석이 함께 있다. 부지런하고 성실하며 착한 편이지만 남을 골탕 먹이기도 좋아하기도 한다. 착한 구석과 못된 구석이 함께 있는 것이다. 그의 고양이 친구 피트 Pete와 키 크고 힘센 쥐 삼촌 모티머 마우스 Mortimer Mouse도 있다. 둘은 못된 구석이 더 많아 늘 도널드 덕을 괴롭힌다. 도널드 덕은 허영심이 많지만 착한 구석이 더 많다. 그는 자신의 권리를 지키고 싶어하지만 번번이 그들에게 당해 속이 무척 상하다. 영웅은 더 이상 없다. 반영웅들 간에 서로 골목대장이 되기 위한 다툼이 투닥투닥 계속 벌어진다. 만화 영화에서는 작은 다툼이지만, 미국 대륙 전체에서는 그 다툼이 대화재인 것이다. 모두가 가해자이면서 피해자다. 어디로 가야 하는가? 어디의 불부터 꺼야 하는가? 경내지인가? 경외지인가?

제 17 장

성좌(星座): 스피릿 외심

고대 로마의 시인 오비드 Ovid의 시집 『변신 Metamorphoses』(A.D.8)에 보면, 인간이 하늘의 별로 변한 이야기가 나온다. 시저가 죽어서 하늘의 별이 되었다는 것이다. 수많은 변신 이야기들 중에서 마지막에 일어나는 변신이 그 사건이다. 처음에는 신들이 천지를 변신시켜 창조하는 이야기가 온다. 그리고 인간들의 수많은 변신 스토리가 이어지고 마지막에는 시저가 현실에서 공화제 체제를 제국으로 바꾸려 시도하나 꿈을 이루지 못하고 죽는 순간 하늘의 별이 되는 사건이 있게 되는 것이다. 비너스가 그를 하늘로 데려가 별이 되게 했다는 신화다. 그가 별이 되었다는 것은 비너스처럼 영원히 아름답게 빛나게 되었다는 의미할 것이다. 그렇다면 팝음악 예술에서도 인간이 쳇바퀴처럼 헛도는 현실에서 벗어나 저 높은 하늘의 별로 변신하는 것이 가능할까?

1. 비움: 숭고미의 빛남

인간이 하늘의 별이 되지는 못해도 도널드 덕처럼 못난이로 변하는 경우는 왕왕 있다. 자신이 잘난 줄 알았는데 한갓 도널드 덕이었음을 깨닫는 순간이다. 미국의 미남 가수로서 평생 동안 최고의 인기를 누렸던 가수 존 캐시 John Cash는 말년에 그렇게 변신한다. 그는 그동안의 화려했던 모든 삶을 되돌아보며 곡 「허트 Hurt('상처준/상처받은'이라는 뜻)」(1995)에서 자신의 화려함이 사실은 아픈 상처투성이였다고 고백한다. 후회와 절망감이 가득하다.

오늘 나한테 상처를 내 봤지
아직 감각이 남아있는지 알고 싶어서
그 아픔에 집중했어
고통은 존재의 유일한 실재이기에
주삿바늘이 찔러 만든 구멍
오래된 익숙한 따끔함이
그 모든 고통을 없애려 애쓰네
하지만 난 모든 일을 기억해

나는 뭐가 되어버린 걸까?
나의 절친한 친구
내가 알고 지낸 모두는
결국 다 작별하고 있네
그리고 아마도 넌 모든 걸 가질 수 있을 거야
나의 먼지의의 제국을

난 널 실망시킬 것이야
난 널 다치게 할 게야

난 가시투성이 왕관을 쓰고
내 거짓말쟁이의 의자에 앉아서
부서진 생각으로 가득차서
난 고칠 수가 없어
세월의 얼룩들에 덮여
감정들은 사라지고
그대 역시 낯선 이가 되고
난 여전히 이곳에 남아 있는데

나는 뭐가 되어버린 걸까?
나의 친한 친구여
내가 알고 지낸 모두는
결국 다 작별하고 있는데
그리고 아마도 넌 모든 걸 가질 수 있을 거야
나의 먼지의 제국을
난 널 실망시킬 것이야
난 널 다치게 할 게야

만약 내가 다시 시작할 수 있다면
수 백 만 마일 떨어진 곳에서도
나 자신을 지키리
길을 찾아 나서리

I hurt myself today

To see if I still feel

I focus on the pain

The only thing that's real

The needle tears a hole

The old familiar sting

Try to kill it all away

But I remember everything

What have I become

My sweetest friend

Everyone I know goes away

In the end

And you could have it all

My empire of dirt

I will let you down

I will make you hurt

I wear this crown of thorns

Upon my liar's chair

Full of broken thoughts

I cannot repair

Beneath the stains of time

The feelings disappear

You are someone else

I am still right here

What have I become

My sweetest friend
Everyone I know goes away
In the end
And you could have it all
My empire of dirt
I will let you down
I will make you hurt

If I could start again
A million miles away
I would keep myself
I would find a way

여기서 캐시는 1인칭 시점으로 고백한다. 몸에 "주삿바늘"을 찌르는 중이다. 마취제의 기운으로 고통을 없애기 위함이다. 따끔한 느낌은 익숙하다. 이미 오래전부터 마취제 없이는 살아갈 수 없을 만큼 삶이 힘들었기 때문이다. 캐시는 여기서 모든 과거의 영광을 "먼지의 제국"이었다고 말한다. 시저는 죽어서 하늘의 별이 되었지만 그는 먼지로만 남은 것이다. 그의 제국은 "가시투성이인 왕관"이었으며 "거짓말쟁이의 의자"였다. 그는 "부서진 생각"으로 가득차 있으며 지금 후회한다. 그러나 그 모든 망가진 것들을 고칠 수는 없다. 이미 흘러간 과거의 시간이기 때문이다. 그는 화려한 사회생활이 사실은 먼지에 불과한 것임을 고백함으로써 경외지에서 조용히 내면의 경내지로 돌아온다. 그러나 경내지도 텅빈 구멍일 뿐이다.

인간의 연약함이 드러나는 순간이다. 그런데 경외지와 경내지가 모두 비어 있음을 깨닫는 이 순간의 인간적인 그의 모습은 현대적 의미에서 이데아의 감각적 빛남처럼 느껴진다. 하늘처럼 숭고한 이데아가 순간적으로 내 피부의 감각과 모든 상념 안으로 들어와 나의 것이 되는 듯한 느낌이 든다. 하이데거라면 더 이상 신이 함께하지 않는 시대에 연약한 존재자의 숨은 존재가 탈은폐된다고 말할 법한 순간이다. 하이데거는 그리스어 "알레테이아"로 그런 순간을 설명한다. 다시 말해서 "존재자의 비은폐성"(하이데거 2010, 69)이 진리로서 환히 빛나는 순간이다.[58] 디더릭슨도 이런 순간에 대해 "캠프가 아름다움이라면, 글램은 숭고다. Wenn Camp das Schöne ist, ist Glamour das Erhabene."(Diederichsen 2009, 144)[59]라고 말한다. 글램은 올이 헤어져 그 속의 맨살이 드러나는 낡은 천처럼 그 안에서 연약한 존재가 드러날 때, 가장 화려하다는 뜻이다. 단순히 외양의 화려함이 아니라 연약한 인간의 화려함이다. 연약함의 드러남의 순간은 칸트가 말한 숭고한 순간이기도 하다. 인간은 가장 연약할 때 자유를 갈망하게 되기 때문이다. 가장 나약하고 헐벗은 존재임이 탈은폐될 때 이 순간에 인간은 스타가 된다. 비너스는 그를 하늘의 별이 되게 한다.

스타는 삶을 자신을 비우는 과정으로 이해하는 순간에 스타가 된다. 아이슬란드의 팝가수 그뷔드뮌즈도티르 뷔요크 G. Björk는 「하이퍼 발라드 Hyperballad」(1996)를 부를 때 31세였다. 그녀는 매일같이 하늘 바로 아래 높은 곳에서 자신을 비우는 삶을 실천한다.

우리는 산의 맨 꼭대기에서 살아
거기서 저 아래를 내려다보면
아름다운 광경이 보이지
나는 아침마다 벼랑 끝으로 걸어가서
저 아래로 작은 물건들을 던져
자동차 부품들, 물병 그리고 식기 같은 것들 말이야
또는 바닥에 떨어져 있는 물건이라면 무엇이든지 갖다 던지곤 해

하루를 시작하는
습관이 되었어

당신이 깨어나기 전에
이 일과를 거쳐
그러면 나는 더 행복을 느낄 수 있어
당신과 안전하게 있을 수 있으니까
[...]

정말 이른 아침이야
모두가 잠든 시간에
나는 벼랑으로 돌아가
물건을 던지는 일상을 반복해
내가 던진 물건들이 떨어지며
내는 소리가 들려와
그것들이 바닥에서 와장창 깨질 때까지 두 눈으로 따라가며
내 몸이 저 아래의 바위들에 충돌한다면
어떤 소리가 날지 상상하지

바닥에 부딪힐 때
내 눈은
감겨 있을까, 떠있을까?

We live on a mountain
Right at the top
There's a beautiful view
From the top of the mountain
Every morning I walk towards the edge
And throw little things off
Like car parts, bottles and cutlery
Or whatever I find lying around

It's become a habit
A way
To start the day

I go through all this
Before you wake up
So I can feel happier
To be safe up here with you
[...]

It's early morning
No-one is awake
I'm back at my cliff
Still throwing things off

I listen to the sounds they make

On their way down

I follow with my eyes till they crash

I imagine what my body would sound like

Slamming against those rocks

And when it lands

Will my eyes

Be closed or open?

주인공은 자신의 물건들을 매일 아침마다 버린다. 먹고 살기 위해 필요한 주방용품들과 현대인의 필수품인 "자동자 부품들"도 버린다. 이와 함께 자신의 몸도 추락해 산산조각 나는 상상을 한다. 정신 분석학의 관점으로 보면, 그녀는 자살 충동을 느끼는 것으로도 볼 수 있을 것이다. 그러나 헤겔의 관점으로 보면 그녀의 행동은 자유를 위해 즉자 스피릿을 대자화하기 위함이다. 그녀는 자유를 위해 매일 자신의 소유를 버리는 것이다. 아침마다 새벽 기도를 올리는 마음으로 자신을 성찰한다. 목적은 "당신"과의 관계를 유지하기 위해서다. 관계의 유지는 언제나 스피릿을 경내지에서 경외지로 이동시킴으로써만 가능해질 수 있다. 영어로 주체는 서브젝트 Subject라고 하고 객체는 오브젝트 Object라고 한다. 여기서 Sub-은 '아래'란 뜻이고 Ob-은 '위'라는 뜻이다. 주체가 주체이기 위해서는 오브젝트 아래에 가서 서야 한다. 위는 경내지이고 아래는 경외지다.

2. 환대: 인터스텔라 여행

아우구스투스가 하늘의 별이 된 이야기는 거짓임에 분명하다. 그 이야기는 인간이 별이 되고 싶은 욕망이 있기 때문에 만들어진 허구일 것이다. 그렇지만 허구일지라도 우리는 그 이야기를 듣기를 좋아한다. 우리도 별이 되고 싶기 때문이다. 뉴욕 맨해튼의 스타들은 15분만 유명해짐으로써 스타가 되었다. 팝음악은 스타가 된 사람들의 이야기로 넘쳐난다. 뷔요크와 캐시는 그 방법까지도 보여 주었다. 매일같이 자신을 비우면 된다는 것을 보여주었다. 우리도 스타가 되고 싶다. 마음을 비우는 사람들을 더 많이 만나고 싶다.

과학은 스타들이 사는 하늘을 르네상스 인문주의 시대에 모조리 파괴했다. 별이 있어야 할 마음속 성좌(星座)도 이와 더불어 모조리 와해되었으며 별이 되고 싶다는 마음조차 없어지게 만들었다. 우울증의 시대가 시작된 것이다. 역사 철학자들은 우울증에서 벗어날 수 없었다(문성원 2019, 15-39).[60] 바로크 시대의 비애극에는 우울증이 예술에 불을 지폈다. 슬픔의 리비도가 예술로 옮겨붙은 것이다. 슬픔이 격정을 참지 못해 활활 타올라 무아지경에 이른다.

> 르네상스의 화가가 하늘을 높게 유지할 수 있었다면 바로크 시대의 회화들 속에서는 구름이 어둡게 또는 빛을 받으며 땅 쪽으로 움직인다. [...] 반종교 개혁의 역사 철학적 이상은 절정, 즉 모든 묵시론적인 특징들을 낯설게 여기는 평화와 예술의 황금 시대다. [...] 오피츠의 「트로이의 여인들」은 르네상스 드라마의 조절된 쾌활함과 도덕주의적인 단순함을 포기하고 있다 (발터 벤야민 2018, 115-117).[61]

유물론자 벤야민의 눈으로 보면, 바로크의 화려한 예술은 슬픔의 표현이다. 오피츠의 비극 『트로이 여인들』에는 경내지이던 화려한 성(城)이 모두 폐허더미로 변해 갈 곳이 없어진 여인들의 이야기가 펼쳐진다. 그들은 갈 곳이 없다. 어두운 들판을 헤매며 텅빈 하늘을 쳐다보며 울부짖을 뿐이다. 이것도 글램이라면 글램일 것이다. 대화재의 불빛이 연약한 몸의 표면에서 반사되어 빛을 내기 때문이다. 그러나 우리는 절망할 필요는 없다. 스타를 만날 가능성은 아직 있다.

18세기 계몽주의 시대에 칸트는 트로이가 아직 확실히 멸망하지 않았다고 주장함으로써 우리가 스타를 만나고 스타가 될 가능성을 열어 놓았다. 트로이의 하늘이 멸망했는지 안 했는지 우리가 본 적이 없어 알 수 없기 때문이다. 미리 좌절할 필요는 없다는 뜻이다. 그리고 그는 우리가 지상에 있지만 하늘을 향해 우러러볼 수 있는 지상의 권리를 가지고 있음에 주목하자고 그는 말한다.

> 비록 자유 개념 (그리고 자유 개념이 확보한 실천적 규칙)의 결과로 볼 만한 인과성 규정 근거들이 자연 안에 있지 않고, 감성적인 것은 주관 안의 초감성적인 것을 규정할 수 없다고 해도, 이 규정은 반대 방향에서는 (물론 자연의 인식에 관련해서가 아니라, 자연에 대한 자유 개념으로부터 온 결과들과 관련해서이기는 하지만) 가능하고, 그것은 이미 자유에 의한 인과성의 개념에 함유되어 있다. 즉 자유에 의한 인과성의 결과가 이 자유의 형식적 법칙들에 따라서 세계 안에서 일어나야만 할 것이다(Kant 1968, 195).

칸트는 자연은 본능의 맹목적 충동에 얽매여 자유롭지 못하지만, 인간의 자유 개념은 자유로울 수 있다고 말한다. 우리가 자유롭다고 믿으면, 우리는 하늘의 별을 닮을 수 있다고도 믿을 수 있다. 이 믿음이 우리를 하늘의 별처럼 빛나는 초월성 세계를 우리에게 가까이 데려올 수 있다. 자유에 대한 믿음으로 자유를 가져오는 것은 인간의 미적 판단력이다. 한 미학자는 그것을 멋진 "구름다리"(이순예 2015, 266)[62]라고 말한다.

칸트의 이해력, 판단력, 양심에 대한 믿음은 벤야민이 바로크 예술에서 슬픈 얼굴만 보았던 것과는 상반된 결과를 가져올 수 있는 가능성이다. 역사 철학자들은 인간의 능력이 구름다리를 건설하는데 실패했다고 생각한다. "바로크는 무한을 유한에 구겨 넣으려 하지만, 이 세속화의 주름잡기는 그 외양만큼 성공적이지 않다. 바깥과의 연관을 잃어버린 영혼은 초라한 '자아'가 되며, 이 자아가 관계하는 온갖 사물들은 그 공허함을 드러낸다."(문성원 2019, 38). 반면에 칸트는 무한을 인간의 유한 안에 주름잡아 넣을 수 있을 것으로 기대한다. 여러분은 누구의 말이 옳다고 생각하는가? 벤야민인가? 칸트인가? 벤야민의 비극적 세계관은 현실의 추운 경외지에서 화재 현장의 불빛만으로 몸을 녹여야 한다. 칸트의 낙관적 세계관은 조용히 내면의 경내지에서 믿음으로 마음속의 별빛을 통해 높은 하늘의 별을 쳐다볼 수 있게 한다. 칸트의 마음에 공감하는 경우, 그 마음이 어떤 것인지 한번 느껴 보려면, 로시니 G. Rossini의 현악 소나타 2번을 잠시 들어보면 된다.

우리는 곧 바이올린 선율을 따라 어느새 하늘의 은하수의 한 복판을 헤엄치고 있음을 느낄 수 있게 된다. 작은 별들이 우리 뒤를 춤을 추며 따라오는 것을 온몸으로 느끼게 될 것이다. 악장이

1악장에서 2악장으로 바뀌면 이번에는 베이스 파트의 선율이 시작되면서 큰 별들이 우리의 뒤를 경호원들처럼 듬직하게 뒤따라온다. 사운드는 자유이면서도 인과 법칙에 의한 필연성이다. 별들은 반드시 그 길에서 선율을 따라 춤을 추며 따라와야만 하는 법칙을 따른다. 현악기들은 현악기대로 관악기들은 관악기대로 반드시 자기가 소리를 내며 따라가야 하는 궤적을 따라가며 자기들이 소리를 내야 하는 그 순간에 반박자도 틀림없이 정확히 소리를 낸다.

예술은 자유이면서도 무절제하지 않다. 이로써 우리는 자연의 몸을 가져 죽음을 면치 못하는 존재들이지만 하늘의 별처럼 될 수 있다는 희망이 생겼다. 희망을 가져도 된다. 이것이 칸트의 제3비판서 『판단력 비판』의 핵심이다. 우리는 로시니의 아름다움을 경탄하는 판단력을 믿어야 한다. 진짜 별이 되지는 못하더라도 별을 닮을 수 있음을 믿어야 한다. 그러면 더 이상 경외지에서 고장난 인공위성처럼 제자리에서 끼익거리지 않아도 된다. 별이 그런 신음소리를 낼 리가 없는 것이다. 뷔요크는 신스팝 「인간의 행동 방식 Human Behaviour」(1993)에서 그 경이로운 초월성의 세계를 준비하자고 말한다.

당신이 인간에게 가까이 다가가서 보면
인간의 행동 방식
준비하라, 혼란스러워질 준비를 하라
그리고 나 그리고 나의 장래
정말로 정말로 정말로 논리는 없다
인간의 행동 방식에는

지금까지는 지금까지는 정말로 정말로 불가항력적이다
그리고 나 그리고 나의 두려움이 할 수 있는 것은..
지도는 없다.

그들은 끔찍스럽게도 끔찍스럽게도 끔찍스럽게도 인간의 행동은 변덕스럽다.
갑작스럽게 행복한 방향으로 돌아가고 그리고 그들 그리고 나의 장래는..
하지만 오 인간의 정서의 교환에 참여하게 되는 것은
정말로 정말로 만족스럽고 그리고 그들은 그리고 나의 현위치는, 오-
그리고 지도는 없다.

If you ever get close to a human
And human behavior
Be ready, be ready to get confused
And me and my hereafter
There's definitely, definitely, definitely no logic
To human behavior
But yet so, yet so irresistible
And me and my fear can
And there's no map

They're terribly, terribly, terribly moody of human behavior
Then all of a sudden, turn happy and they and my here after
But, oh, to get involved in the exchange of human emotions
Is ever so ever so satisfying and they and my here, oh
And there's no map

그 동안의 인간의 역사를 돌이켜볼 때 인간들은 어처구니없는 행동 방식을 보였다. 그것은 하늘의 자유로운 별들의 자유 의지에 의한 인과성 개념과는 전혀 상관없다. 인간들은 무슨 변덕이 그렇게 많은지 20세기에 무모하게도 세계대전을 두 차례나 저질렀다. 정말 변덕스럽다. 앞으로 무슨 변덕이 나서 3차 대전을 벌일지 모른다.

2절에서 보면 그 변덕 곁에 제2의 변덕이 있다. 이것은 미적 판단력이 보는 세계다. 판단력이 미를 자율적으로 규제하면서 구성하는 세계다. 이 세계에서는 언어의 논리가 불필요하다. 문장들은 시작되지만 완성되지 못하고 첫머리만 시작되었다가 금세 파편이 되어 사방으로 흩어진다. 랑그의 로고스라는 견고한 울타리가 이로써 해체되는 것이다. 그 자리에 별의 하늘이 펼쳐진다. 뮤직 비디오의 영상을 보면, 인간은 대자연에서 모든 사물과 생명체들과 더불어 무한히 변신한다. 한 마리의 나방이 날아들면 뷔요크는 우주에서 전해 오는 전파를 수신하는 우주인이 되어 함께 춤추며, 헝겊 인형 곰의 뱃속으로도 여행한다. 곰은 아마도 하늘의 큰곰자리에 있다가 인간 세계로 내려온 듯하다. 마지막으로 인간을 사냥해 데려간다. 사운드의 법칙은 초월의 신성함이며 인간의 로기카와는 다르게 자유로운 변신의 나라로 우리를 데려간다. 현실의 질서가 역전되어 있지만 혼란스럽지 않다. 미의 고유의 법칙이 미를 자체적으로 규제하고 통일성 있게 구성하기 때문이다. 경내지에서 좁은 자아에 갇힌 언어적 사고로는 이해되지 않지만 미적 판단력은 우리를 별이 빛나는 하늘로 데려간다.

존 캐시 J. Cash는 「노상강도 Highwayman」(1977)로 우리를 별이 빛나는 하늘로 데려간다. 방법은 역사 속에서 경외지로 가서 살던 사람들의 스피릿을 우리 곁에 데려옴으로써 하늘을 예감하게 하는 방법을 통해서다. 노상강도는 요즘말로 하면 오토바이 치기범을 뜻한다. 미국의 서부 개척 시대에 아무렇지도 않은 듯 말을 타고 가다가 행인이나 마차를 만나면 강도로 돌변해서 약탈을 하는 자들을 뜻하는 말이었다. 그런데 노상강도는 영화 「쾌걸 조로」 또는 「로빈후드」에서 보듯이 정의를 실현하는 낭만적 기사의 뜻으로 사용되기도 하는 말이다. 신출귀몰하며 꿈의 세계를 눈앞에 펼쳐 놓는 역할을 한다. 단어의 이러한 중의적 의미로 캐시는 이 노래에서 스스로 노상강도가 되기로 한다. 노래는 4절로 구성되어 있다. 각 절마다 서로 다른 직업을 가진 인물들이 1인칭 화자로 등장한다. 노상강도, 선원, 건설 노동자 그리고 우주선 선장이 그들이다. 그들은 각자 땅, 바다, 강 그리고 우주 공간을 여행하고 방금 도착했다.

나는 노상강도였다네
마차길을 따라서 말을 타고 달렸지
옆구리에는 장검과 권총을 차고서
많은 젊은 여성들이 나의 사업을 위해 잡동사니들을 잃었지
많은 병사들이 내 칼날에 심장의 피를 흘렸지
개자식들이 나를 25세의 봄날에 교수형에 처했지
그러나 나는 아직 살아 있다네

나는 선원이었다네
만조 시간에 밀려드는 바닷물 위에서 태어났으며
그리고 바닷물과 함께 뒤에 남았지
그리고 범선을 타고 호른 Horn을 지나 멕시코로 갔고

그리고 가장 높은 돛대에 올라가 한 방에 돛을 둥글게 휘감았지.

그리고 집들이 무너졌을 때 내가 압사당했다고 사람들은 말했지

그러나 나는 아직 살아 있다네

나는 댐 건설 노동자였다네

깊고 넓은 강을 가로지르는

그곳에서 쇠와 물이 충돌했지

그곳의 이름은 황야의 콜로라도에 있는 불더 Boulder

나는 아차 발을 헛디뎠고 저 아래 콘크리트 바닥으로 추락했지

그리고 사운드에 대해서는 감각조차 없는 사람들이 나를 그곳의 거대한 무덤에 매장했지

그러나 나는 아직 살아 있다네

나는 앞으로도 계속 살아 있을 것이라네 떠돌며 떠돌며 떠돌며 떠돌며

나는 우주선을 조종할 것이다.

나누어진 우주를 가로질러

그곳의 반대편에 도달하면

나는 내 스피릿이 쉴 장소를 발견할 것이다 그럴 수 있다면

그리고 아마도 나는 다시 노상강도가 될 것이다

아니면 단순히 한 방울의 빗방울이 될지도 모르겠지만

그러나 나는 남아 있을 것이다.

그리고 다시 돌아올 것이다 다시 다시 다시 다시

I was a highwayman

Along the coach roads I did ride

With sword and pistol by my side

Many a young maid lost her baubles to my trade

Many a soldier shed his lifeblood on my blade
The bastards hung me in the spring of twenty-five
But I am still alive

I was a sailor
I was born upon the tide
And with the sea I did abide
I sailed a schooner round the Horn to Mexico
I went aloft and furled the mainsail in a blow
And when the yards broke off they said that I got killed
But I am living stil

I was a dam builder
Across the river deep and wide
Where steel and water did collide
A place called Boulder on the wild Colorado
I slipped and fell into the wet concrete below
They buried me in that great tomb that knows no sound
But I am still around
I'll always be around, and around and around and around and around...

I'll fly a starship
Across the Universe divide
And when I reach the other side
I'll find a place to rest my spirit if I can
Perhaps I may become a highwayman again
Or I may simply be a single drop of rain

But I will remain

And I'll be back again, and again and again and again and again...

캐시의 이 노래는 경외지로 흩어졌던 사람들을 현재의 시간으로 귀환시킨다. 우리는 이 노래처럼 경내지의 닫힌 문을 열어 놓고 경외지에서 오는 사람들을 받아들일 수 있어야 한다. 노래는 그 모든 사람들의 스피릿을 데려온다. 노상강도에서 시작해서 우주선 선장까지 그 모두를 받아들인다. 이러한 개방성은 캐시의 평생 동안의 가수 경력에도 그대로 확인된다. 그는 로커빌리 재즈, 록큰롤, 블루스, 포크, 가스펠 등 수 다양한 장르의 노래를 자기 것으로 소화해 부르는 가수였다. 개방성으로 경내지를 풍요롭게 했던 것이다.

노래의 1절의 멜로디는 미국 작곡가 지미 레인 웹 J. L. Webb이 영국의 극시에서 영감을 받은 것이다. 그는 어느 날 밤에 잠을 자다가 꿈결에 악상이 떠올라 두어 시간만에 이 곡을 완성했다. 극시의 내용은 지역의 영주의 딸과 무명의 노상강도의 사랑에 관한 것이다. 내용은 시인 알프레드 노이스 A. Noyes가 20세기 초반에 역시 영감을 받아 창작한 것이다. 장소는 런던 근교의 서레이 Surrey였다. 시인은 이곳에서 여관에 묵었는데 창문 바깥으로 달밤이 비치는 들녘이 너무나도 아름다워 영감을 받아 이 시를 지었다. 극시는 제법 길이가 길다. 어느 날 여관에 돌연 달밤에 하이웨이맨이 찾아온다. 여관집 딸은 그를 사랑하게 된다. 그런데 마부가 배신하여 지역 영주에게 하이웨이맨의 정체를 밀고한다. 하이웨이맨은 죽을 위험에 처한다. 딸은 그녀에게 사실을 알려주어 피하게 한다. 그러나 본인은 발각되어 죽임을 당한다. 이 사실을 알게 된 하이웨이맨은 크게 분노하여 영주의 병사들과 싸우다가 죽게 된다.[63] 노래는 하이웨이맨처럼 억울하게 죽은 사람들의 스피릿을 노래한다. 노래는 개인의 경내지에 머무는 것이 아니라 역사 속의 숱한 사람들의 스피릿을 받아들여 환대한다. 환대는 스스로 그들을 만나기 위해 경외지를 향해 출발하겠다는 각오가 되어 있음을 뜻한다.

영화 중에 크리스토퍼 놀런 C. Nolan 감독의 「인터스텔라 Interstellar」(2014)는 주인공 쿠퍼가 실제로 우주 끝까지 갔다가 지구로 귀환하는 이야기를 담고 있다. 그는 지구를 극심한 가뭄으로부터 구할 수 있는 행성을 찾기 위해서 목숨을 걸고 우주 비행을 한다. 그는 우주의 데이터를 수집해서 귀환한다. 그러나 그의 몸은 안타깝게도 귀환하지 못한다. 그의 몸은 도착 장소인 서재의 서가 뒤를 빠져나오지 못한다. 그러나 스피릿은 귀환한다. 그는 마음으로 온 힘을 다해 자신이 일하던 서재의 서가 뒤에 조그맣게 두둥실 떠돌면서 그곳에 꽂힌 책들을 하나씩 조금씩 밀어낸다. 여러 권의 책들을 밀어내어 바코드 꼴을 만들어 자신의 귀환을 딸에게 알리기 위함이다. 그의 귀환을 애타게 기다리던 딸 머프는 그 수상한 움직임이 부친의 귀환 표시임을 알아챈다. 평생 동안 물리학자로서 우주의 열쇠를 풀려고 노력하던 그녀는 그 코드를 해독한다.

칸트는 인간의 판단력을 믿는다. 판단력은 자유의 공동체를 구성할 수 있게 한다. 영화는 자유의 공동체를 꿈꾼다. 인터스텔라호의 탑승자들은 우주 공간의 끝까지 가서 그곳에 먼저 가 있던 외로운 사람을 만나고 돌아온다. 스피릿의 힘이다. 지구상의 시간은 그동안 수십 년의 시간이 흘렀지만 인터스텔라호 내부에서의 시간은 수년도 안 걸렸다. 게다가 영화의 처음에 보았던 바코드는 영화의 마지막에 주인공이 만든 바코드를 미리 보았던 것과 일치하게 되는 순간, 우리는 시간이 주인공 머피에게는 전혀 흐르지 않았다는 것을 알 수 있다. 시간이 무한의 끝에서 처음과 서로 만난 것이다. 뫼비우스의 띠처럼 시간은 스피릿의 시간으로 보면 원환을 그리며 한순간일 뿐이다.

캐시의 노래는 환대하는 마음으로 하늘의 별 사이를 여행하는 것이다. 1절에서 노상강도의 사랑과 슬픔, 2절에서 거친 바다를 항해해야 하는 선원의 향수와 고향집의 무너짐, 3절에서 건설현장의 노동자로서 고되게 살아가다가 추락사하는 사람의 고단한 생활에 대한 환대가 이어진다. 노래의 4절을 4인이 파트로 나누어 불러도 그 모든 것이 환대의 스피릿이라는 점에는 변함이 없다. 우리가 환대를 위해 경내지를 누구에게나 개방해야 하는 이유를 4절은 압축적으로 표현한다. 캐시는 미래에 자신이 귀환할 때 "한 방울의 빗방울"로서 귀환할 수도 있으리라고 말하기 때문이다. 언제 경외지가 우리의 눈앞에 기적처럼 펼쳐질지 아무도 모른다. 원작의 발라드에서는 그것은 달빛이다. 거기서 노상강도는 창문 바깥에 달빛이 거리에 비쳐 보랏빛 리본처럼 보일 때, 자신이 말을 타고 오고 있는 시그널임을 알아차리라고 말한다. 그래서 영국인들은 보랏빛 달빛을 볼 때마다 그의 말발굽 소리를 마음속으로 듣게 된다. 18세기 독일의 시인 프리드리히 클롭슈톡 F. G. Klopstock은 자신의 송가 『봄의 제전 Die Frühlingsfeier』(1759)에서 "물방울"의 의미를 아래와 같이 보고한다.

나는 모든 세계의 대양으로
뛰어들지 않겠다!
떠돌지 않겠다. 최초의 피조물들이
빛의 아들들의 환호하는 합창 소리가
경배하는, 머리를 조아려 경배하며
전율하다 사그라지는 곳에서

단지 물통의 물방울 주위를 맴돌 것이다.
지구를 맴돌며 떠돌 것이다.
그리고 경배하리라!

할렐루야! 할렐루야!
물통의 물방울도
전능하신 자의 손에서 뛰어온 것이었다.

Nicht in den Ocean
Der Welten alle
Will ich mich stürzen!
Nicht schweben, wo die ersten Erschafnen,
Wo die Jubelchöre der Söhne des Lichts
Anbeten, tief anbeten,
Und in Entzückung vergehn!

Nur um den Tropfen am Eimer,
Um die Erde nur, will ich schweben,
Und anbeten!

Halleluja! Halleluja!
Auch der Tropfen am Eimer
Rann aus der Hand des Allmächtigen

클롭슈톡은 이 장시에서 물방울을 보면서 우주의 창조주 신의 위대함을 느끼고 감격한다. 비오는 날 퐁당퐁당 하늘에서 떨어져 물통의 가장자리에 맺힌 물방울에서 그는 거대한 우주의 둥근 모습을 판단력이 유비(類比)를 통해 보고 그 통일성을 환대하는 것이다. 둘 다 동그랗기 때문이다. 비록 물방울은 작으나 그것은 바로 우주의 모습이다. 그는 하늘에서 내린 비를 보며, 창조주의 무한한 신비를 보며 환대한다. 우리는 그 모습이 매번 어떻게 다르게 나타날지 예측할 수 없다. 그래서 우리의 삶은 긴장감이 넘쳐난다. 곡 「하이웨이」에서 인물들이 귀환하는 길은 육로, 강, 바닷길, 하늘길이어서 매번 다르다. 사운드도 거기에 상응하여 달라진다. 도요새는 모두 같지만 그들이 겪은 고통의 시간들은 저마다 서로 다른 것이다. 뮤직 비디오의 하단에 달린 댓글난을 보면 어느 한 여성은 사운드의 차이를 아래와 같이 지적한다.

1절은 마치 마차 바퀴가 구르는 소리같으며, 2절은 선원이 휘슬을 불어 출발을 알리는 소리같고, 3절은 드럼 소리가 마치 건설 노동자가 햄머로 돌을 두드리는 것 같으며 4절은 신세사이저가 공상 과학 영화의 우주선처럼 전자음 속에 비행을 하며 마지막으로 우주의 침묵을 재현하는 것 같다.

그러나 인문학의 연구 대상은 물리적 현상이 아니다. 인문학이 연구하는 것은 스피릿이다. 그 소리를 받아들이는 스피릿 즉 마음을 연구한다. 그래서 독일의 철학자 빌헬름 딜타이 W. Diltyey는 인문학을 가르켜 영혼으로 영혼을 이해하는 학문이라고 말한다. "자연을 우리는 설명한다, 영혼의 생활을 우리는 이해한다 Die Natur erklären wir, das Seelenleben verstehen wir."(Dilthey 1894, 144).[64] 우리 바깥의 영혼을 이해할 수 있는 영혼이 우리의 내면에 있기 때문에 이해가 가능할 것이다. 라캉은 그 이해력을 외심 extrimité이라고 부른다. "내장(內藏)된 외부를, 외부로 난 구멍을 지닌 영혼은 바깥을 응시한다."(문성원 2019, 38) 팝음악은 외심으로 하늘의 빛나는 별을 보면서 그곳을 통해 오는 별빛들을 환대할 수 있게 한다. 그로써 우리를 스타가 되게 한다. 15분 동안만. 환대하는 동안만.

영혼은 지상에서도 환대를 통해 모든 사람들과의 연대를 꿈꾼다. 칸트는 인간의 미약함이야말로 숭고한 것이라고 말한다. 우주의 광대함 앞에서 인간이라는 작은 물방울들이 서로를 반영하는 창문이 된다. 비트닉의 케루악도 '길 위에서' 만난 모든 사람들과의 연대를 예감했다. 히피 밴드 그레이트풀 데드 The Grateful Dead도 15분 동안만의 스타가 영원한 스타가 될 수 있기를 희망한다. 밴드 명칭의 뜻이 글자 그대로 '감사하는 혼령들'이기 때문이다. 죽어서도 팬들의 환대를 감사하는 마음으로 살고 싶다는 것이다. 팝 음악에서 환대의 15분은 산 자와 죽은 자를 연결하는 시간으로 개방된다. 이 순간 인간은 스타가 된다. 비너스가 아니더라도 예술이 스타를 하늘에서 영원히 빛나게 할 것이기 때문이다.

7부

팝음악 주관성의 완료형과 현재진행형

우리는 그동안 팝음악사의 지맥들을 찾아가며 꿈결처럼 여행했다. 지맥이 갈라지는 곳마다 매번 새로운 음악이 모습을 나타냈다. 스피릿이 자체를 혁신하는 순간들이었다. 팝음악은 자체의 반립을 통해 아직 우리가 가보지 못한 지맥을 앞으로도 계속 형성할 것이다. 우리는 그 모습에 매혹되어 계속 여행을 할 작정이다. 여행을 한 번만 하고 끝내는 것으로 오해해서는 안 된다. '팝'의 스피릿이 살아 있기 때문이다. 여행은 현재 완료형이 아니라 항상 현재 진행형이다. 여행은 늘 출발 라인에 다시 가서 새로 서는 것이다. 삼세번이라는 말이 있다. 실패했더라도 다시 하는 것이다. 골백번이라도 우리는 다시 할 것이다. 스피릿의 자유를 위해서다.

그러므로 우리가 여행할 때 주의할 점이 있다. 그것은 하나의 지점에 오래 머물지 않는다는 원칙이다. 한곳에 오래 머물러 있다가는 그곳이 경내지이든 또는 경외지이든 영원히 그곳에서 벗어나지 못할 수도 있다. 그런 사태는 팝음악의 자유 원칙에 위배된다. 우리의 목적은 연못가에서 자신의 모습에 반해 물에 빠져 죽는 나르시소처럼 되는 데 있는 것이 아니다. 우리의 목적은 하늘의 빛나는 별처럼 자유로이 여행하는 데 있다.

제 18 장

블랙리스트 국가: 여행 자제하기

오디세우스는 '팝'의 원칙에 충실했던 인물이었다. 그는 나르시시즘의 제물이 될 위험이 있을 때마다 열심히 다시 출항했다. "칼립소의 동굴"(호머 2018, 131), "퀴클롭스"(213)의 나라, "키르케"(237)의 나라, "저승"(263) "세이렌"(295)의 협곡이 그런 곳이었다. 그곳의 공통점은 자유와 반대되는 속성을 지닌다는 것이었다. 동굴이어서 폐쇄되어 있거나, 너무 아름다워서 사람이 그곳을 떠나지 못하게 한다거나 또는 영생을 약속하여 사람을 꼼짝 못하게 수동적으로 만든다는 것이었다. 그는 그런 곳을 만날 때 모든 미련을 버리고 자유를 위해서 즉시 출발했다. 자유를 대가로 치를 만큼 가치 있는 곳은 세상에 없다고 생각했기 때문이다. 만약에 부자유로 우리를 유혹하는 나라가 있다면, 그런 나라는 어떤 나라일까? 우리가 경험한 바로는 미가 자체 목적을 위해 유미주의로 절대화되는 나라들이었다. 구체적으로 말하자면 다음의 세 나라다. 이런 나라는 여행할 때 특히 주의해야 한다.

첫째, 여성을 신비화하는 나라

둘째, 음악을 신비화하는 나라

셋째, 종족을 신비화하는 나라

1. 여성을 신비화하는 나라

팝음악의 역사를 보면, 여성을 숭배하는 어처구니없는 일이 자주 발생한다. 남성들이 현실에서의 사회적 소외를 여성들의 이상화를 통해서 심리적으로 위로받고 싶어하기 때문에 벌어지는 일이다. 특히 사이키델릭 팝계열의 음악이 여성을 신비화하여 숭배하는 일이 많았다. 이때의 여성은 현실의 살아 있는 인간이 아니라 자크 라캉 J. Lacan의 정신 분석학적 의미에서 욕망의 '대상 a'일 뿐이다. 이미지에 불과하지만 심리 속에서는 자리잡고 있으므로 실재라고 볼 수도 있다. 팝음악사의 전성기였던 60, 70년대에의 히피 팝의 쇠퇴기에 우리는 여성의 이상화 사례를 자주 목격하게 된다. 록 밴드 도어스 The Doors의 보컬 짐 모리슨 Jim Morrison은 「위스키, 신비 그리고 남자 Whiskey, Mystics And Men」(1970)에서 아래와 같이 노래한다.

음, 위스키와 신비주의와 남자의 이야기를 해 줄게 (따라라)
그리고 믿는 자와 모든 것이 어떻게 시작되었는지에 대해서 (따라라)

태초에 여자들이 있었고 아이들이 있었지 달에게 복종하면서 (따라라)
그러자 한낮의 빛이 지혜와 열병과 병을 가져왔지 (따라라)

Well I'll tell you a story of whiskey and mystics and men (Da-da-dah)
And about the believers and how the whole thing began (Da-da-dah)

First there were women and children obeying the moon (Da-da-dah)
Then daylight brought wisdom and fever and sickness too soon (Da-da-dah)

여자들의 이미지는 여기서 달빛처럼 신비한 모습이다. 그들은 나이 어린 아이들과 함께 있다. 태초의 근원이므로 영원히 근원에 머물러 있어야 한다는 것이다. 여성의 이미지는 거기서 '팝'의 자유와는 상관없이 근원의 자격을 유지하기 위해서 과거의 순간에 정지해 있어야 한다. 숭배의 대상으로서 여성의 이미지는 보컬이 따라라 하면서 반복하는 후렴구를 통해 영원한 진리처럼 고착화된다. 여성은 따라라 소리의 진원지이며 여운을 계속 생산하게 하는 곳으로 오해되는 것이다. 우리가 이런 식으로 여성을 미학적 숭배의 대상으로 객체화시키면 우리는 팝음악의 위험한 환상 세계 '대상 a'에서도 빠져나오지 못하게 된다. E.T.A. 호프만의 소설 『모래남자』 주인공은 이에 대한 좋은 예다. 그는 '대상 a'에 자신의 시적 환상을 투여한다. 달빛에 비쳐진 자동 인형을 여성인지 알고 착각하는 것이다 그것이 파괴되는 순간 자신도 함께 파괴된다. 우리는 미를 이렇게 낭만적으로 미화하게 되면 결국 목숨을 대가로 치룰지도 모른다.

포스트펑크 밴드 건 클럽 The Gun Club도 모리슨처럼 여성 숭배 미학을 계승하였다. 밴드는 여성을 신비화하여 「그녀는 내게 마약 같은 존재야 She's like heroin to men」(1981)라며 노래한다.

나는 내 마음이 왜 이러는지 모르겠어.

그래서 나는 이 마음과 협의하면서 활활 태우고 있어

그녀가 계단 꼭대기에서 내려오는 것이 보여

냉정을 찾아야 하지만 내 혈관 속에서 간지러운 것이 느껴져

나는 진짜 좋은 비석이었는데 지금은 바람에 흩날리고 있어

[...]

그녀는 내게 마약 같은 존재야.

그녀는 내게 마약 같은 존재야.

I cannot get a look at it

So I'm burning them on the deal anyway

I see her come down from the top of the stairs

I guess that I'd be cool but there's a tickle in my veins

I've been a real good tombstone but now I'm blowing away

[...]

She's like heroin to me

She's like heroin to me

여성은 하늘의 계단에서 내려오는 은총이라는 것이다. 무미건조한 현실에서 남성을 구하려고 메시아처럼 출현하는 여성의 이미지는 현실의 여성과 거리가 멀어도 너무나 먼 허구다. 20세기의 역사가 시작되기 전까지만 해도 여성은 동양이나 서양을 막론하고 사회의 하위타자로서 늘 피해자 집단이었다. 우리는 여성을 미의 화신으로 신비화하기보다는 현실에서 여성의 사회정치적 해방을 위해 노력해야 할 것이다.

물론 여성들 스스로도 남성들의 욕망의 대상이라는 수동적 위치에서 주체적으로 벗어나고 있는 중에 있다. 예컨대 트리니다

드 토바고 출신의 래퍼 니키 미나즈 Nicki Minaj는 그 대표적 사례다. 그녀는 그동안 남성들의 전유물이었던 경외지 의식을 적극적으로 전유한다. 그로써 '대상 a'가 남성들의 경내지 환상임을 인식할 수 있게 한다. 그녀는 흑인 여성으로서 비욘세만큼이나 자신의 노래와 춤 실력에 대한 자부심과 성공 욕망으로 똘똘 뭉쳐져 있다. 다양한 음역을 소화할 수 있어서 곡마다 늘 새로운 장르를 향해 전진하는 모습을 보인다. 그녀가 남성 래퍼 식스나인 6ix9ine과 공동으로 제작한 「트롤 TROLLZ」(2020)에서 보면 그녀의 자신감이 잘 느껴진다.

> 돈 그물망, 난 가졌지, 메리야, 난 팡 터트렸지
> 그들은 날 미워하지만 쳐다만 보고 있지
> 빌보드 확인해 봐, 내가 여전히 탑 쳤지
> 값비싼 보석 줄줄이 박힌 시계 또는 평범한 제인, 난 원하는 거 선택할 수 있지
>
> Racks, I got 'em, Mary, I'm poppin'
> They keep hatin', but still watchin'
> Check the boards, I'm still toppin'
> Bustdown or plain jane, I got options

2. 음악을 신비화하는 나라

팝음악은 예술이며 그 자체가 목적이 결코 아니다. 예술은 자유를 위한 합목적성으로서의 형식일 뿐이다. 그런데 이 매체로서

의 성격을 간과하고 예술의 미를 자체 목적으로 신비화하여 숭배하는 경우가 팝음악의 역사에서 자주 발생한다. 이럴 경우 예술은 듣는 사람을 예술의 영향권에서 벗어나지 못하게 하며 결국 사이렌의 암초가 있는 곳으로 데려가 파멸하게 한다.

영국의 소프트 록밴드 비 지스 Bee Gees의 곡 「토요일 밤의 열기(熱氣) Saturday Night Fever」는 그러한 어둠의 나라로 들어오라고 초대한다.

땅에 귀를 대고 들어라
사방에서 움직임이 감지된다.
내려가는 무엇이 있다.
그리고 나는 그것을 느낄 수 있다.
[...]
이제 나는 밤의 뜨거운 기운을 느낀다. 밤의 열기
어떻게 그렇게 되는지 우리는 방법을 안다.
밤의 열기를 이리 줘, 밤의 열기를.
그것을 어떻게 보여줄 수 있는지 우리는 안다.

Listen to the ground:
There is movement all around.
There is something goin' down
And I can feel it.
[...]
Then I get night fever, night fever.
We know how to do it.
Gimme that night fever, night fever.
We know how to show it.

비 지스는 모든 대낮의 경외지에서 언어적으로 부여된 의미의 규정성을 벗어던지고 밤의 경내지로 들어와서 스피릿을 몸으로 느껴 보라고 초대한다. 우리는 이런 초대를 받을 때 그것을 영원히 경내지에 머물러 수선화처럼 살라는 의미로 오해해서는 안 된다. 그런 곳은 없다. 그곳은 우리의 스피릿이 역동할 때 몸에서 느껴지는 감각의 나라일 뿐이다. 스피릿은 자유를 위해 항상 출발해야 한다. 스피릿은 어느 한 곳에 머물러서는 자유를 누릴 수 없다.

그런데도 영국의 록밴드 오아시스는 스피릿의 역동성을 포기하고 음악 내에 갇히기를 원했다. 「샴페인 초신성 Champagne Supernova」(1996)을 보면 가사가 아래와 같다.

얼마나 많은 특별한 사람들이 변하고 있는지
얼마나 많은 인생들이 낯선 나라에서처럼 사는지
우리가 높이 올라가고 있던 시간에 넌 어디 있었니?
[...]
언젠가 넌 나를 발견하게 될 거야
산사태에 깔린 채
하늘 위에 떠 있는 샴페인 초신성 안에서

How many special people change
How many lives are living strange
Where were you while we were getting high?
[...]
Some day you will find me
Caught beneath the landslide
In a champagne supernova in the sky

밴드 오아시스는 여기서 변신의 기적을 이야기한다. 그러나 변신은 우리가 말하는 자유를 위한 자체적 반립이 아니다. 도리어 그 반대다. 밴드는 변신을 철저한 경내지에서의 수동성으로 오해한다. 수동성은 죽음을 미화한다. 밴드는 자유롭기 위해 하늘의 별처럼 되려고 하는 것처럼 제스처를 취하지만 사실은 샴페인에 도취되어 있다가 산사태를 만나면 그 밑에 깔려 죽는 것이다.

오아시스의 음악은 매우 아름다워서 듣는 사람을 사이렌의 노래처럼 거기서 벗어날 수 없게 한다. 그것은 신자유주의 시대의 문화 상품이었다. 무한 경쟁 시대에 현실로부터 도피하고 싶은 사람들의 욕망을 위한 마약이었다. 이 음악으로 90년대 중반부터 밴드 오아시스는 진짜 오아시스인 것처럼 큰 인기를 끌었었다. 그러나 그 사운드는 이 책의 의미에서는 팝이 아니었다. 그것은 비틀즈의 아류였다.

이 밴드는 비틀즈를 충실히 오마주하는 것으로 만족했다. 오아시스의 수많은 곡들은 비틀즈의 곡과 멜로디가 유사하다. 오아시스는 세계의 치열한 경제 경쟁에서 밀려난 영국 국민들에게 마치 비틀즈의 "영국 침공" 시대의 영광을 되찾아 준 느낌을 주었다. 그래서 그 속에 안주하고 싶게 만들었다. 그러나 우리는 음악 자체에 매료되게 하는 그런 나르시시즘적 음악에 대해서는 경계해야 한다. 우리는 자유를 위해서 그런 곳을 얼른 벗어나야 한다.

3. 종족을 신비화하는 나라

음악의 미의 신비화가 그 음악을 향유하는 집단 전체의 미화로 이어지는 현상이 최근의 팝음악에서 목격된다. 독일의 밴드 람슈타인 Rammstein이 그 대표적인 예다. 밴드는 「나는 원한다 Ich Will」(2001)에서 아래와 같이 주체의 의지를 강조한다.

나는 원한다
나는 원한다
나는 원한다

(나는 원한다) 나는 너희가 내 말을 믿기를 원한다
(나는 원한다) 나는 너희가 내 마음을 믿기를 원한다
(나는 원한다) 나는 너희의 눈빛을 감지하길 원한다
(나는 원한다) 모든 심장의 맥박을 통제하기를 원한다

Ich will
Ich will
Ich will

(Ich Will) Ich will dass ihr mir vertraut
(Ich Will) Ich will dass ihr mir glaubt
(Ich Will) Ich will eure Blicke spüren
(Ich Will) jeden Herzschlag kontrollieren

여기서 밴드는 밴드와 청중 간에 우리라는 강한 나르시시즘적 친밀감을 유도한다. 공연장에서 이 곡을 쉽게 따라 부르게 되는 청중은 자신들을 "나 Ich"와 동일시하게 되고 "너희 ihr"는 자신들이 아닌 공연장 바깥의 모든 사람들을 지칭하는 말로 이해하게 만든다. 이리하여 이분법이 생겨나고 나의 편과 그렇지 못한 적(敵)을 생산하게 된다. 이분법에 의한 배제의 논리는 위험한 것이다. 집단과 집단의 편가르기가 자칫하면 독일 민족과 그렇지 못한 이민족을 나누고 쇼비니즘으로 이어질 수 있다. 우리는 이러한 종족주의를 극히 경계해야 한다. 이 곡은 그동안 학교에서 좌파 정부하에서 좌파 교육에 염증을 느낀 젊은이들에게서 폭발적 인기를 얻었다. 독일의 반이민 정서와 테러리즘을 조장하는데 악용되지 않으리라는 보장이 없다.

물론 밴드 멤버들은 곡 내용이 그런 것이 아니라고 해명을 한다. 여기서"나 Ich"는 대형 언론사이며 "너희 ihr"는 대형 언론사들의 먹잇감으로 희생되는 국민들이라는 것이다.[65] 그러나 스타디움의 대형 공연장에서 공연 현장을 목격한 사람은 아무도 그들의 설명을 쉽게 믿을 수 없다. 공연 현장을 담은 뮤직 비디오에서도 보면, 수천 명의 청소년 관객은 흥분한 상태에서 노래에 온몸을 맡길 뿐이지 그러한 패러디 의식으로 열광하는 것으로 보이지 않는다. 예컨대 이 곡은 그들의 멕시코 순회 투어에서도 공연되었었는데 그곳의 멕시코 청소년들이 이 곡에 열광하는 것은 어떻게 설명할 수 있는가? 그들이 과연 독일의 대형 방송사들이 독일의 특정 개인의 인권을 희생시킨 사태를 염두에 두고 비판한다는 의식을 가지고 열광하였을까? 지극히 의문스럽다. 우리는 음악을 들을 때 스피릿이 종족주의의 연못에 빠지지 않도록 주의해야 한다. 판단력이 필요하다. 종족주의는 위험한 나르시시즘이다. 오디세우스는 여행하다가 퀴클롭스의 어두운 동굴에 갇혔을 때 자신을 "아무도 아니"(천병희 2018, 228)라고 말함으로써 벗어날 수 있었다. 우리는 나 자신이 '아무도 아니'라는 것을 알아야 자유를 향해 가볍게 여행할 수 있다.

제 19 장

드레스 코드: 위크엔드 패션

오디세우스는 천신만고 끝에 고향으로 귀환하는 데 성공했다. 그런데 그는 겨우 하룻밤만 묵고 그 다음날 새벽에 다시 출발한다. 이유는 단순하다. 그가 다시 출발해야 하기 때문이다. 목적지가 어디인지는 그 자신도 모른다. 모험이 그의 운명일 뿐이다. 운명은 신이 정해준 것이므로 그는 운명에 따라야 한다. 그는 운명이 신의 명령이라고 아내에게 말한다.

> 왜냐하면 테이레시아스는 나더러 손에 맞는 노 하나를 들고 바다를 전혀 모를 뿐더러 소금 든 음식을 먹지 않는 사람들에게 이를 때까지 인간들의 수많은 도시로 가라고 명령했기 때문이오.(호머 2018, 544)

무슨 뜻일까? 무작정 여행을 계속하라는 뜻이다. 소금을 먹지 않는 사람은 이 세상에 없을 것이다. 결국 세상 모든 사람을 만나는 여행을 하라는 것이다. 그렇다면 손에 맞는 노는 무엇을 뜻할까? 그것은 배를 전진시키는 동력이다. 팝음악에서는 음악 자체일 것이다. 음악의 힘은 스피릿을 자유를 향해 나아가게 한다. 미나즈처럼 음악이 스피릿을 신나게 춤추게 할 수 있기 때문이다.

팝음악은 노를 젓는 것이다. 현실이 우리의 마음에 들지 않는다고 느껴지는 순간에 우리는 노를 젓기 시작한다. 영국 록밴드 갱 오브 포 Gang of Four는 「손상된 상품 Damaged Goods」(1979)에서 아래와 같이 노를 저어 어디론가 떠나고 싶은 욕망을 노래한다.

변화가 너에게는 좋을 거야
그러리라고 늘 알고 있었지
가끔은 널 사랑한다고 생각하지만
그건 욕망일 뿐인 걸 알아

너의 키스는 아주 달콤해
너의 땀은 시큼해
너의 키스는 아주 달콤해
너의 땀은 시큼해

[...]

변화가 너에게는 좋을 거란 거 너도 알잖아
변화가 너에게는 좋을 거란 거 너도 알잖아
손상된 상품
다시 돌려보내

The change will do you good
I always knew it would

Sometimes I'm thinking that I love you
But I know it's only lust

Your kiss so sweet
Your sweat so sour
Your kiss so sweet
Your sweat so sour

[...]

You know the change will do you good
You know the change will do you good
Damaged goods
Send them back

우리는 현실에서 학교나 직장에서 일상생활을 하다가 마음에 안 드는 순간이 있다. 그럴 때 우리는 생활을 손상된 택배 상품처럼 반품하고 싶어진다. 밴드는 그 마음을 노래한다. 그리고 그 어딘가에 결함없이 온전한 삶의 가능성이 현실 이면에 어딘가에 숨어 있을 것이라고 생각한다.

햇빛에 달아오른 커플
(그건 거짓된 걸까?)
밤에는 더 차가워지는 커플
(네 몸을 보지 못했어)

Heated couplings in the sun

(Or is that untrue?)

Colder couplings in the night

(Never saw your body)

팝음악은 현실의 낮과 밤이 놓친 몸을 은폐된 진리인 것처럼 예감하게 한다. 그것은 지금은 흐릿한 거울을 통해 보는 것처럼 희미하나 거기에 비친 몸은 어딘가에 주인이 있을 것이다. 그러나 우리는 여기서 주인이 있을 것이라고 착각하면 안 된다. 거울 속 이미지의 원본은 현실에는 없다. 소금을 먹는 모든 사람들이 그러하듯이 몸은 도널드 덕의 뒤뚱거리는 몸일 뿐이기 때문이다. 우리가 골백번도 더 만나게 될 사람들은 하나같이 소금을 먹고 살아가는 평범한 시민일 뿐이다.

시민의 몸은 의상을 필요로 한다. 팝음악은 사실은 몸의 노래가 아니라 의상의 노래다. 의상은 시대마다 변화한다. 인문학은 그것을 문화라고 말한다. 문화는 우리가 반드시 필요로 하는 것이다. 그것마저 없다면, 우리는 벌거벗은 몸일 뿐이기 때문이다. 패션의 변화가 키스와 땀, 달콤함과 시큼함, 열기와 냉기, 거짓과 몸을 낳는다. 그 반대가 아니다. 비욘세는 자신의 「형성 Formation」(2016)에서 문화가 자신의 몸을 형성했음을 아래와 같이 노래한다.

뉴올리언스에 무슨 일이 생겼어?

워매, 난 대중이 원하니 돌아온 것뿐인데

너희 비방자들은 계몽주의 타령의 무게에 짓눌려 있구먼

파파라치, 내가 하늘을 날며 자만심으로 신선해진 모습이나 포착하던지

나는 거침없이 행동해, 지방시 드레스를 입고 록을 하면서 (스타일링)
난 소유욕이 너무 강해 그래서 난 그에게 목걸이를 채우니까
내 아버지는 알라바마, 엄마는 루이지애나
너희가 흑인과 크레올을 믹스해서 텍사스 바마를 만들지만
나는 내 아기의 머리카락과 아프리카계가 좋은 걸
나는 내 흑인 코가 좋아 잭슨 5형제 콧구멍
이 돈 전부 벌었어. 하지만 그들은 나의 나라를 내게서 앗아갈 수 없을 거야.
나는 내 가방에 핫소스를 챙겼거든, 약탈했지

What happened at the New Wil'ins?
Bitch, I'm back by popular demand

Y'all haters corny with that Illuminati mess
Paparazzi, catch my fly and my cocky fresh
I'm so reckless when I rock my Givenchy dress (Stylin')
I'm so possessive so I rock his Roc necklaces
My daddy Alabama, momma Louisiana
You mix that Negro with that Creole, make a Texas bama
I like my baby heir with baby hair and afros
I like my Negro nose with Jackson Five nostrils
Earned all this money, but they never take the country out me
I got hot sauce in my bag, swag

비욘세는 자신의 정체성이 미국의 현대 팝음악의 본고장 올리언스의 문화에서 형성된 것이라고 여기서 말한다. 그녀는 마지막 행에서 모든 사람들이 필요로 하는 문화로서의 소금을 핫소스로

살짝 치환했을 뿐이다. 그리고 그것을 약탈했다고 말한다. 백인 사회에서 흑인 가수인 그녀는 핫소스가 있어야만 살 수 있다. 그것은 문화이기 때문이다. 그것을 약탈하다시피 했다는 것이다.

그녀는 문화로 성공했다는 자부심을 여기서 노래한다. 문화를 몸으로 오해하는 사람들에게 그녀는 분명히 말한다. "너희가 흑인과 크레올을 믹스해서 텍사스 바마를 만들지." 라고 말한다. 인간의 몸은 그 자체로는 아무것도 아니다. 몸은 편견이다. 마이클 잭슨도 5형제로서 차별의 시선을 받아가며 문화를 통해서 성공했듯이 그녀도 문화를 통해서 성공했다는 것이다.

그러므로 관건은 몸이 아니라 문화다. 우리는 팝음악의 여행에서도 몸이 문화라는 사실을 잊어서는 안 된다. 팝음악 여행은 몸 여행이 아니라 문화 여행이다. 그리고 문화 여행을 위해서 조건이 있다. 그것은 문화가 요구하는 조건이다. 우리도 문화인으로서 격식을 차려야 하는 것이다. 격식을 우리는 드레스 코드에 비유할 수 있다. 사람을 만나러 갈 때 옷을 차려입듯이, 우리는 드레스 코드에 따라 옷을 입어야 한다. 그렇다면 팝음악의 문화 여행을 위한 드레스 코드는 무엇인가? 우리는 아래의 세 가지 원칙을 상정해볼 수 있다.

첫째, 에스테타의 나라로 입국 초대장 받고 마음 설레기
둘째, 에스테타의 나라에서 사람들에게 아름답게 보이기
셋째, 에스테타의 나라에서도 에티카의 품위를 유지하기

이 세 가지를 이제부터는 1. 호명되기, 2. 갤러리 의식, 3. 리듬 감각이라는 표제어하에 구체적으로 살펴볼 것이다.

1. 호명되기: 초청장 받기

팝음악 여행의 노젓기는 언제 시작되는가? 그것은 노를 저으라는 명령이 마음속에서 떨어질 때다. 마음속의 명령을 받겠다는 개방된 자세가 가장 중요하다. 자세만 준비되면 몸은 즉각적으로 반응한다. 마돈나 Madonna는 이 순간을 「처녀처럼 Like A Virgin」(1984) 맞이한다.

처음인 것처럼
처음 살결에 닿는 것처럼
처음인 것처럼
당신 심장이 내 곁에서 뛸 때

[...]

처음인 것처럼
처음인 것처럼
기분이 좋아요
당신은 날 안아주고 당신 심장은 뛰고, 당신 사랑이 내 것일 때
내 사랑
내 심장이 정말 처음으로 이렇게 크게 뛰는 게 들리지 않나요?

Like a virgin
Touched for the very first time
Like a virgin
When your heart beats next to mine

[...]

Like a virgin
Like a virgin
Feels so good inside
When you hold me, and your heart beats, and you love me
Ooh, baby yeah
Can't you hear my heart beat for the very first time?

우리는 사랑하는 사람을 만날 때 저절로 마음을 준비하게 된다. 늘 만나는 사람일지라도 '마치 처음인 것처럼' 가슴이 마구 설렌다. 팝음악 여행의 첫째 드레스 코드는 설렘을 준비하는 것이다. 설렘은 우리를 매일 노를 처음인 것처럼 젓는 힘이 된다. 고(故)정주영 현대 회장은 매일 저녁 잠자리에 들 때, 다음날 아침이 소풍 가는 날처럼 기다려졌다고 한다. 우리도 팝음악 여행의 초대를 받으려면, 가슴을 두근거리게 하는 설레는 마음이 있어야 한다. 설레는 마음은 그것이 이미 초대장이다.

프랑스의 마르크시즘 철학자 알튀세 L. Althusser는 현대 사회에서 인간의 주체를 호명 Interpellation과 함께 시작되는 것이라고 말했다. 그는 그 말을 유감스럽게도 안 좋은 뜻으로 사용했다. 호명이 우리의 몸에서 국가의 통제 시스템이라는 이데올로기를 문화로 형성하는 계기가 된다고 보았기 때문이다. 예를 들어 우리가 이탈리아로 여행을 가서 국경 근처의 고속 도로에서 차를 몰고 있는데 뒤에서 경찰차가 갑자기 사이렌 소리를 울리면서 따라온다고 치자. 경찰차는 내 차를 추월해 앞서가고 그 안의 경찰은 내게 따라오라며 손짓한다. 그러면 나는 겁이 덜컥 난다.

여행의 설렘은 일시에 사라지고 두려움이 나를 사로잡는다. 나는 지금 독일 공항으로 입국해서 차를 렌트해 오스트리아 잘츠부르크를 경유해 이탈리아 땅으로 왔는데, 이 경로에서 무엇인가 잘못된 불법이 있었는가? 독일, 오스트리아, 이탈리아, 한국 그 모든 국가의 이미지가 순식간에 마음속에서 탄생한다. 온갖 상상을 다하게 된다. 내가 속도위반이라도 했는가? 혹은 마약 밀수꾼으로 오해받은 것인가? 경찰이 단순히 사이렌을 울렸을 뿐인데, 단순한 호명이 이처럼 순식간에 온갖 이데올로기를 탄생시킨다. 하지만 팝음악의 호명은 알튀세의 호명과는 종류가 다르다. 그것은 두려움이 아니라 설렘의 나라로의 초대장이기 때문이다. 알튀세의 호명 개념은 권력의 감옥을 탄생시키지만, 팝음악은 우리를 설레게 하며 자유의 나라로 초대한다(Diederichsen 2009, 241f.).

2. 갤러리 의식: 무대 워킹

우리는 새 옷을 사면 지인들에게 자랑하고 싶은 마음이 생긴다. 내가 얼마나 예쁜지 사람들의 입을 통해서 확인받고 싶다. 그런데 만약 회사나 직장에서 아무도 옷에 대해 반응을 보이지 않으면 그날은 정말 우울해지고 짜증이 난다. 엄밀히 말하면 패션은 아무것도 아니다. 그냥 직물로 된 물건일 뿐이다. 그런데도 마음은 그렇지 않다. 몹시 서운하다. 패션과 우리의 몸은 사실상 하나이며 나의 몸이나 마찬가지기 때문이다. 몸은 그것 자체만으로는 아무런 존재감도 없다. 우리의 벌거벗은 몸은 무엇인가? 그 속을 알아보기 위해 소화기 내과의 어두운 영상 촬영실 침대 위에 누워 검사를 시켜 보아도 전혀 알 수가 없다. 위 내시경 영상 사진이 모니터 화면에 벌겋게 보이지만 그것에서 나를 발견할 수 없다. 그것들이 내 것인지 아니면 내 앞의 어떤 다른 사람의 것인지조차 알 수 없다. 우리의 몸은 모두 비슷비슷하여 구분이 가지 않는다. 우리의 사회생활에서 중요한 것은 몸이 아니라 문화다.

우리의 몸뿐만 아니라 스피릿도 문화가 없으면 아무런 존재감이 없다. 스피릿은 메아리가 있어야 한다. 메아리가 없으면 스피릿은 감지되지 않는다. 오직 타자의 반향으로만 스피릿은 생명력을 얻는다. 어두운 밤에 혼자서 태종대 절벽 끝에 서서 외쳐본 사람은 그 말의 뜻을 알 수 있다. 공허한 파도 소리만 들린다. 어두운 밤에 서 있는 내가 누구인지 도대체 알 수가 없다. 스피릿도 문화다.

스피릿은 메아리를 먹고 산다. 메아리를 들었다는 것은 사회로부터 반응이 왔고 호명을 받았다는 증거다. 우리는 메아리를 더 잘 듣기 위해서 패션을 준비해야 한다. 그것이 둘째 드레스 코드다. 패션을 그냥 아무것이나 준비하는 것이 아니라 멋지게 준비해야 하는 것이다. 준비된 미의식이 필요한 것이다. 팝음악에서 호명된다는 것은 미의 축제에 초대되는 것이다. 미를 빛나게 해야 하는 것이다. 비유컨대 그것은 베를린 패션 위크 Berlin Fashion Week에 초대되는 것이다. 나는 그곳의 쇼 무대 위에서 나의 패션을 자랑하게 될 것이다. 우리는 반향을 불러일으키도록 최선을 다해야 한다. 미국의 흑인 가수 척 베리는 반향의 중요성을 잘 알고 있던 가수였다. 그의 대표곡 「쟈니 B. 굿 Johnny B. Goode」(1958)에서 그는 아래와 같이 노래한다.

루이지애나의 뉴올리언스 근처에 위치한 어느 깊숙한 곳
상록수 사이의 숲으로 돌아가는 길가에
흙과 나무로 지은 어느 오두막집이 있었어
그 곳에는 조니 B. 굿이라는 시골 소년이 살았지
글을 읽고 쓰는 법은 배우지 못했지만
벨을 울리듯 기타를 칠 줄은 알았지

[...]

그는 기타를 마대 자루에 넣어 들고 다니곤 했어
철길 옆의 나무 아래에 앉곤 했지
엔지니어들이 그늘에 앉은 그를 보곤 했어
운전수들이 만들어 내는 리듬에 맞춰 손가락을 튕길 때면
지나가는 사람들이 발걸음을 멈추고 말하곤 했지
"이야, 저 촌놈 연주 좀 하는데!"

Deep down in Louisiana close to New Orleans
Way back up in the woods among the evergreens
There stood a log cabin made of earth and wood
Where lived a country boy named Johnny B. Goode
Who never ever learned to read or write so well
But he could play a guitar just like a-ringing a bell

[...]

He used to carry his guitar in a gunny sack
Go sit beneath the tree by the railroad track
Oh, the engineer would see him sittin' in the shade

Strummin' with the rhythm that the drivers made
The people passing by, they would stop and say
"Oh my, but that little country boy could play"

시골 소년은 어느 외진 숲속에 살고 있다. 그곳은 흙과 나무로 지어진 오두막집이 있다. 집은 그의 현재의 몸과 동일시되는 것으로 해석될 수 있다. 그런데 그곳에는 도시로 이어지는 철길이 있었다. 이 철길은 그의 몸을 대도시의 주류 사회로 이어줄 수 있는 희망의 길이다. 소년은 대도시로 가기 위해 초대장을 받고 싶었다. 그래서 허름한 마대 자루에 기타를 담아 철길 옆으로 갔다. 그리고 그곳에서 기타 사운드로 자신의 패션을 알렸다. 기타소리는 "벨을 울리듯" 그의 존재를 알렸다. 나 여기 있습니다. 그러자 사람들은 갤러리에서 그를 알아보았다. "이야, 저 촌놈 연주 좀 하는데!"

척 베리는 사실은 중산층 출신이었다. 그의 노래는 그의 몸도 아니고 스피릿도 아니라 패션이었다. 패션을 위해서 그는 단어 선정에서도 세심하게 신경을 썼다. 가사의 단어 "촌놈 country boy"은 원곡에서는 "유색 소년 colored boy"이었지만 나중에 바꾸었다. 패션을 살짝 바꾼 것이다. 그는 백인 사회에서 라디오 방송에 자신의 음악이 방송되려면 그렇게 바꾸는 것이 유리하다고 판단했다.[66] 그의 갤러리 의식은 주효했다. 후렴구의 표현을 보면 잘 알 수 있다.

가자
가자 쟈니 가자!
가자
쟈니 비 굿!

Go

Go Johnny go!

Go

Johnny B. Goode!

소년의 이름 "져니 비 굿! Johnny B. Goode!"은 읽으면 발음이 "Johny be good"과 같다. 져니 슈드 비 굿 Johnny should be good으로 들린다. 해석하면 "져니는 착한 사람이어야 한다 Be Johny good!"이다. 척 베리에게 팝음악은 사회의 객관적 질서에 통합되는 과정이었다. 팝음악은 사회를 떠나서는 존재할 수 없다. 팝음악은 젊은이들의 저항 문화인 것은 맞지만 사회를 떠나서 단독으로는 존재할 수 없는 것이다. 우리는 팝음악을 통해서 사회의 일원으로 되는 법을 배운다. 갤러리 의식은 우리가 성공적으로 사회의 일원으로 통합되도록 도와준다. 갤러리 의식은 사교 능력을 키워 준다. 또 그래야만 할 것이다. 우리는 그 누구도 나르시소가 되어서는 안 된다. 모두가 서로의 메아리가 되어야만 된다. 그래야 서로 만나 소통할 수 있게 되기 때문이다.

3. 리듬 감각: 현실과 예술의 균형

그러나 우리는 나르시소가 되고 싶은 마음이 남의 메아리가 되고 싶은 마음보다 언제나 앞선다. 팝음악은 무대 워킹을 할 때 잠시 스타 의식을 가져도 된다고 허용한다. 패션 위크 기간 동안에는 365일 입어야 하는 칙칙한 근무복 패션을 벗어던져도 좋다. 힙합 래퍼 에미넴 Eminem은 「너 자신을 잃어버려 Lose Yourself」(2002)에서 무대의 워킹을 위해 나르시소가 되라고 노래한다. 그의 노래를 듣다 보면 우리는 어느 순간 갑자기 아름다움에 도취될 수밖에 없는 순간을 만나 나르시소의 환상에 빠져든다. 곡이 갑자기 알레그로의 빠른 템포로 가속화되면서 기타 반주가 우리를 흥분의 절정으로 몰고 간다. 마치 항해하다가 폭포수의 급물살을 타고 낯선 세계로 빨려 들어가는 듯하다. 그의 긴 랩에서 그 대목은 바로 아래의 부분이다.

> 지금 당장 이 음악에 몸을 던져
> 그걸 지배하는 순간을 절대 놓치지 말아야 해
> 단 한 번뿐이야, 이 기회를 날리지 마
> 이런 기회는 일생에 단 한 번만 찾아온다고
>
> You better lose yourself in the music
> The moment you own it you better never let it go
> You only get one shot, do not miss your chance to blow
> This opportunity comes once in a lifetime

이 순간은 벤야민이 말했던 하늘의 낮은 먹구름이 걷히면서 내가 하늘의 스타가 되어 은하수를 자유롭게 유영하는 시간이다. 몸과 스피릿의 천창(天窓)이 열렸기 때문이다. 그러나 우리가 잊지 말아야 할 것은 이 시간은 주중의 삭막하고 따분한 근무 시간이 있었기 때문에 허용된 시간이라는 사실이다. 지상에서의 고단한 삶이 주는 축복인 것이다. 우리는 다시 그 여행을 시작하기 위해서는 은하수 여행을 언젠가는 끝내야 한다. 당장 돌아가면 우리를 기다리고 있는 현실의 삶은 우울하다. 에미넴은 은하수 여행을 하는 동안에도 이 점을 분명히 의식하고 있다.

> 평범한 인생은 재미없고, 슈퍼 스타의 삶은 사후 경직이랑 가까워
> 삶은 점점 피곤해질 거야, 너희 깐부는 점점 핫해질 거야
> 한방에 훅 갈 거야, 끝이야, 세상 창녀들이 다 달려들 거야
> 태평양에서 대서양까지 순회공연도 하고, 세계적 스타야
> 쓸쓸한 길이야, 오직 신만이 이해할 수 있어
> 집에서 점점 멀어지고 이젠 아빠 자격도 없다는 걸
> 집에 돌아가면 자기 딸 얼굴도 거의 못 알아봐

> A normal life is borin', but superstardom's close to postmortem
> It only grows harder homie grows hotter
> He blows, it's all over, these hoes is all on him
> Coast to coast shows, he's known as the globetrotter
> Lonely roads, God only knows
> He's grown farther from home, he's no father
> He goes home and barely knows his own daughter

에미넴은 갤러리로부터 반향을 받아 스타로 인정받는 데 성공했지만 나르시소로서의 아름다움에 도취되지 못하고 현실을 본다. 팝음악은 언제나 현실을 의식하는 음악이다. 오디세우스도 한 조각 작은 배에 의지해 지중해를 항해하면서 만나게 되는 험난한 풍랑을 헤쳐 나가야만 했듯이 현실은 냉혹하다. 팝음악에서 현실과 예술은 그렇게 긴장 관계에 있다. 둘은 서로를 배경으로 존재할 수 있기에 서로를 보라고 서로를 가리키는 지표일 뿐이

다. 화살표는 안으로 향하는 것이 아니라 늘 바깥으로 향하는 것이다. 그래야 자유가 가능하기 때문이다. 도널드 덕의 몸은 그래서 팝음악을 통해서 자유의 몸이 될 가능성이 있다. 아직은 아닐지라도 희망해도 된다.

에미넴의 뮤직 비디오를 보면 마지막 장면은 그의 고향 디트로이트의 야경이다.[67] 그곳에서 멀리서 어렴풋이 다리가 희미하게 보인다. 「토요일 밤의 열기 The Saterday Night Fever」의 주인공 역을 맡은 존 트라볼타가 주말마다 친구들과 건넜던 브루클린 다리와 유사하게 생겼다. 그러나 그것과 동일한 다리는 아니다. 미국 미시간주 디트로이트와 캐나다 온타리오주 윈저를 연결하는 앰베서더 다리, 즉 과거의 산업 시대의 영광을 뒤로 한 채 낙후된 공업 도시 디트로이트의 랜드마크다. 여기서 우리는 화살표를 본다. 팝음악은 현실의 주중 근무 시간에 셀렘으로 아름다운 위크엔드 시간을 가리켰듯이 이제는 그 반대로 현실을 가리키고 있는 것이다.

도로 위에서 어둠 속에 빛나는 102번 도로의 교통 표지판에 쓰여진 '출구 Exit'는 그런 의미다. 이것이 드레스 코드 3번이다. 출구는 예술의 환상의 나라를 신비하게 미화하는 것이 아니라 항상 현실을 배경으로 서로를 가리키는 리듬감이라는 사실을 잊지 말고 잘 보라는 뜻이다. 그래서 에미넴은 딸을 만나러 집으로 간다. 그런데 일부 매니어 팬들 중에는 에미넴의 예술 세계를 향한 발언을 깊은 생각없이 잘못 예단해서 현실을 파괴하라는 뜻으로 착각한 적이 있었다. 에미넴은 「이 순간을 위해 노래하라 Sing For The Moment」(2003)에서 아래와 같이 말했기 때문이다.

사람들은 음악이 마음을 변화시키고 네게 말을 건다고 하지
그럼 음악이 총을 장전하고 방아쇠를 당길 수도 있나?
그렇게 할 수 있다면, 그래서 네가 살인을 저지를 수 있다면
판사한테는 그냥 내 잘못이라 해, 내가 고소당할 테니

They say music can alter moods and talk to you
Well can it load a gun up for you and cock it too?
Well if it can, and the next time you assault a dude
Just tell the judge it was my fault, and I'll get sued

예술은 현실을 파괴하라는 것이 아니라 꿈을 꾸고 건설하라는 것이다. 몸이 아니라 문화를 주말에는 주말 패션으로 갈아입히자는 것이다. 팝음악은 주말 패션을 반드시 필요로 한다. 그래야만 경내지의 내심은 경외지의 외심을 만날 수 있고 반향을 들을 수 있다. 그리고 그 다음에는 다시 주중의 근무복으로 갈아입어야 한다. 그래야만 설렘의 초대장을 또 다시 받아 설레는 마음으로 위크엔드 패션 무대를 위해 패션을 준비할 수 있기 때문이다.

여행을 마치며

이제 팝음악 여행을 마칠 시간이다. 여행은 길었지만 많은 것들을 구경할 수 있었다. 어떻게 팝음악이 처음 시작되었으며 주인공은 누구였는지 배웠고 또 팝음악은 무엇을 목적으로 하는 것이며 그 목적에 도달하기 위해 어떤 경로를 거쳐 가는 것인지도 어렴풋이나마 예감할 수 있었다. 모험은 무궁무진하며 앞으로도 계속될 것이다. 매번 경로는 달라질 수도 있겠지만 한 가지 분명한 점은 모험은 자신에게 돌아오는 길이며 그 길을 혼자만 가는 것이 아니라 모든 사람이 같이 떠나는 것이라는 사실이다. 그로써 우리가 어디론가 떠나고 싶은 마음이나 또는 집으로 되돌아오고 싶은 마음이 드는 것도 나 혼자 개인만의 마음이 아니라 우리 모두가 공유하는 마음이라는 것도 알 수 있었다. 즉 서로가 서로를 부르는 메아리의 작용인 것이다.

저술을 하면서 개인적으로는 음악의 바다에서 헤엄치는 물고기처럼 행복했던 시간이었다. 팝음악의 세계는 경이로웠다. 팝음악의 역사는 곳곳에 새로운 음악으로 신기한 지형을 형성하는 조륙 운동과도 같았다. 신기했다. 독어독문학자로서는 영미 문화권의 예술 쪽으로 잠시 외도 여행을 떠난 시간이기도 했다. 저술의 계기는 독일 현대 문학을 연구하다가 얻게 되었다. 『솔로앨범 Soloalbum』, 『왕족의 슬픔 Tristesse Royale』, 『5월, 6월, 7월

Mai, Juni, Juli』, 『눕기 배우기 liegen lernen』 등의 작품마다 주인공들은 팝음악을 많이 듣는다는 것을 알고, 팝음악에 대해서도 공부를 해야겠다는 생각이 들었다.

일반인들을 위한 교양서를 내야겠다는 가벼운 마음으로 집필을 시작했지만 총서의 성격상 학술서가 요구하는 형식도 아울러 갖추어야 했기에 체계를 잡으려다 보니 분량이 많아졌다. 체계를 잡기는 쉽지 않았지만 나름대로 우선 인문학의 담론들로부터 다각도로 관점을 끌어들였다. 사회문화사와 문학예술사의 역사학적 관점과 미학과 문학 이론의 체계론적 관점을 결합하여 역사철학적 이론을 구성해서 토대 공사부터 했다. 토대 공사는 그 위에 팝음악의 역사를 체계적으로 서술할 수 있게 했다.

제1부에서는 팝음악에 대해 사회문화사적 관점을 도입했다. 팝음악의 주체는 어떤 성격의 주체인지, 그리고 팝음악이라는 문화는 현대 사회의 여러 제도들 중에서 어떤 성격을 지니고 있는지 좌표와 기능을 전반적으로 제시하기 위해서였다. 이리하여 주관성과 사회성의 인터페이스라는 관점을 확보하였다. 파슨스의 사회기능론의 지식이 여기서 도움이 되었다.

제2부에서는 팝음악 자체의 역사를 소개하고 거기서 주관성이 얼마나 중요한 역할을 하고 있는지 부각시켰고, 제3부에서는 팝음악이 미국 역사에서 20세기 중엽에 어떤 사회문화적 배경하에서 형성되었는지를 소개하였다. 배경에 대한 설명을 위해서는 미국의 대중민주주의를 비판한 토크빌의 역사철학적 인식이 도움이 되었다.

제4부에서는 현대 사회의 문제에 대한 인문학의 일반적 진단을 소개하고 그 문제 해결을 위해 예술이 근래에 주목을 받게 된

배경을 설명하였다. 이에 대해 설명하기 위해 독일의 사회철학과 프랑스의 포스트구조주의 철학 그리고 독일과 미국의 현대미학 이론들을 요약적으로 소개하였고 이때 미학의 사회교육론적 측면을 강조하였다.

제5부에서는 현대 사회에 대한 역사철학적 관점으로 문학과 영화의 고유한 순환 구조에 대해 설명하였다. 예술의 순환 구조는 현대인의 소외된 삶을 반영하는 것이기도 하지만 다른 한편으로는 팝음악에게 예술로서 무한한 발전 가능성을 제공할 수 있는 것임도 아울러 강조하였다. 폐쇄성이지만 사실은 그 주변에 불꽃놀이처럼 미의 세계를 펼쳐 놓을 수 있는 가능성이 늘 열려 있기 때문이다. 이 부분은 "출발" 모티브를 통해 강조했다.

제6부는 이 책의 본론에 해당한다. 각 장마다 팝음악의 역사에서 시대의 단계마다 커다란 획을 그으며 혜성처럼 출현한 대표적인 팝음악 장르들을 대표곡들의 예시를 통해 설명했다. 설명은 역사철학적 문제 해결을 위해 팝음악이 어떻게 자체 내에서 고유의 정신의 해방과 자유의 운동을 펼치는지를 밝히는 데 초점을 맞추었다. 헤겔의 정신 현상학적 관점이 이때 많이 유익했다. 정신 현상학의 용어인 정신을 알기 쉽게 스피릿 Spirit으로 대체하였고 그것이 어떤 양상으로 팝음악사에서 즉자 an sich와 대자 für sich 사이를 진동하는지를 시대별로 특징을 잡아가며 설명하였다.

여기서 즉자와 대자는 경내지와 경외지 개념으로 풀어서 설명하였으며 이 역시 추상적 대립성을 이해하기 쉽게 구체적으로 가시화시키기 위한 것이었다. 경내지/경외지의 대립성은 팝/록, 구성/규제, 내향성/외향성, 에스테타/에티카, 주관성/사회성 등의 유사한 커플 개념으로 대체해서 생각해도 무방하다. 다만 여기서 그것들을 절대적 동일성으로서 이해하는 것이 아니라 사회문화사적 맥락에 따라서 서로의 관계가 위치 바꿈을 할 수 있는 것임에 유의하는 것이 중요하다. 팝음악은 정신의 자유를 목적을 하는 예술이기 때문이다. 팝음악의 스피릿은 어디에 얽매여 있는 것이 아니라 사회문화사적 맥락 속에서 스스로를 단계마다 직전 단계들에 대한 차이를 통해 새롭게 정의하는 역동성임을 잊지 말아야 한다.

마지막으로 7부에서는 우리가 팝음악을 예술로서뿐만 아니라 현대 사회의 중요한 주축을 담당하는 사회 제도로서도 이해해야 함을 재차 강조하였다. 예술은 사회에 대해 비판적으로 대립함으로써 사회 변혁의 계기를 이끌지만, 그 결과 무정부주의의 미화로 이어져서는 안 되기 때문이다. 예술은 사회의 부분으로서 언제나 담당할 책무가 있다는 것이 소신이다.

1년도 안되는 짧은 기일 내에 집필해야 했기에 몸에 무리도 생겼다. 출판문화원 장윤서 실장님의 재촉을 받아가며 1년 내내 저술에 매달렸다. 피곤해진 눈에서는 핏줄이 터져 토끼눈처럼 되기도 하고 이제는 비문증도 생겼다. 이제 원고를 넘기게 되어 홀가분하다. 그동안 곁에서 도와주신 분들께도 감사드리고 싶다. 곁에서 내조를 아끼지 않고 비올라 연주자로서 음악에 관해 조언도 많이 해 준 아내에게 가장 먼저 감사하며, 독일 팝문학 이론가이신 허영재 교수님, 집필 방향과 관련해 자세히 코멘트해 주신 두 분의 심사위원 분들께도 감사드린다.

팝음악의 세계는 아직도 무궁무진하다. 그 전체를 다 구경하려면 아직도 가야 할 길이 멀다. 우리가 지금까지 본 것만도 거대한 제국과도 같이 방대한 것이었다. 눈앞에 수많은 도시들이 출현했고 그 안에 수많은 건물들과 뒷골목을 본 듯한 느낌이었다. 그 도시들은 앞으로도 계속 재개발되면서 확장될 것이다. 그 전체는 현대인이 창조한 21세기의 지적 세계 문화유산처럼 느껴진다. 우리를 현대 사회에서 교양인으로서 존재하게 하는 든든한 큰 집처럼 느껴지기도 한다. 앞으로 그 제국이 어떤 모습으로 변화하게 될지 크게 기대된다.

팝음악은앞으로도 항해를 계속하며 "바다를 전혀 모를 뿐더러 소금 든 음식을 먹지 않는 사람들에게 이를 때까지" 모든 사람들을 만나고 그 이야기를 우리에게 들려줄 것이기 때문이다.

2022년 1월

부산에서

인 성 기

미주

1) https://www.smithsonianmag.com/arts-culture/the-glorious-history-of-handels-messiah-148168540/
2) 뵐플린(1994): 미술사의 기본개념. 박지형 옮김. 시공사.
3) 푸코(2015): 말과 사물. 이규현 옮김. 민음사.
4) 존 듀이(2020): 경험으로서의 예술. 이재언 옮김. 책세상.
5) Novalis(1978): Vorarbeiten zu verschiedenen Fragmentensammlungen, in: Novalis: Werke, Tagebücher und Briefe Friedrich von Hardenbergs. Hrsg. von Hans-Joachim Mähl und Richard Samuel. Band 2: Das philosophisch-theoretische Werk. München: Hanser.
6) 최영희(1992): 후설의 생활세계에 관한 연구. 학위논문(박사). 부산대학교 대학원. 철학과.
7) Schulze, Gerhard(2005): Die Erlebnisgesellschaft. Kultursoziologie der Gegenwart. Frankfurt/New York: Campus.
8) https://www.dietotenhosen.de/diskographie/musik
9) https://program.kbs.co.kr/1tv/local/joseonpop/pc/index.html
10) Büsse, Martin(2002): Popmusik. Wissen 3000. Hamburg: Europäische Verlaganstalt/Sabine Groenewold Verlage.
11) https://blog.naver.com/nleefamily/222569825183
12) Fisher, Mark. Ghosts of My Life: Writings on Depression. Hauntology and Lost Futures. Zero Books. 30 May 2014.
13) 알렉시스 드 토크빌(1997): 미국의 민주주의 I, II. 임효선, 박지동 옮김. 한길사.
14) Ginsberg, Allen(1984): Allen Ginsberg. Collected Poems 1947-1980. New York: Harper & Row.
15) Danto, Arthur Coleman (1998): After the end of art: contemporary art

and the pale of history. Princeton University Press.

16) 질 들뢰즈(2004): 차이와 반복 김상환 옮김. 민음사.

17) 질 들뢰즈(2001): 천 개의 고원. 펠릭스 가타리. 새물결.

18) Chi Chi Valenti(1990): Take Back the Night. http://www.mothernyc.com/verbal/takeback.html 1993-1995년 동안 계간지 형식으로 발행된 에세이집 『말의 남용 VERBAL ABUSE』에 클럽인들의 정서가 잘 나타난다. 이 잡지는 나이트 클럽 JACKIE 60에서 발행했으며 클럽의 밤문화를 짐작해볼 수 있게 한다.

19) https://en.wikipedia.org/wiki/Jackie_60

20) Miller, Bobby(1993): My Life As I Remember It, in: Verbal Abuse. Issue#1.(http://www.mothernyc.com/verbal/mylife.html)

21) https://en.wikipedia.org/wiki/Leopard-Skin_Pill-Box_Hat

22) 하버마스(1994): 현대성의 철학적 담론. 이진우 옮김. 문예출판사.

23) 한나 아렌트(2006), 예루살렘의 아이히만. 악의 평범성에 대한 보고서. 김선욱 옮김. 한길사.

24) 자크 데리다(2015): 그라마톨로지. 김성도 옮김. 민음사.

25) 자크 데리다(2013): 문학의 행위. 데릭 애트리지 엮음. 정승훈, 진주영 옮김. 문학과 지성사.

26) 보드리야르(2002): 토탈 스크린. 배영달 옮김. 동문선.

27) 쟝 보드리야르 (1994): 아메리카. 주은우 옮김. 문예마당.

28) Diederichsen, Diedrich(2014): Über Popmusik. Köln: Kiepenheuer&Witsch, XXII.

29) 박민수(2015): 바움가르텐의 미학 읽기. 세창미디어.

30) Kant, Immanuel(1968): Beantwortung der Frage: Was ist Aufklärung? Kants Werke. Akademische Textausgabe Bd. VIII. Abhandlungen nach 1781. Berlin·New York: Walter de Gruyter, 33-42.

31) Kant, Immanuel(1968): Kritik der prakatischen Vernunft. Kritik der Urtheilskraft. Kants Werke. Akademische Textausgabe. Bd. 5. Berlin·New York: Walter de Gruyter,

32) 줄리아 보이드(2021): 히틀러 시대의 여행자들. 이종인 옮김. 페이퍼로드.

33) Adorno, Theodor W.(1975): Negative Dialektik. Frankfurt a. M.: Suhrkamp.34.

35) Adorno. Theodor W.(1973): Ästhetische Theorie. Frankfurt a. M.: Suhrkamp.

36) Wittgenstein, Ludwig(1984): Tractatus logico-philiosophicus. Tagebucher 1914-1946. Philosophische Untersuchungen. Werkausgabe.1. Frankfurt am Main: Suhrkamp, 11-85.

37) 호메로스(2011): 일리아스. 천병희 옮김. 숲.

38) 루카치(1985): 소설의 이론. 반성완 옮김. 심설당.

39) 안삼환(2006): 한국 교양인을 위한 새 독일문학사. 세창출판사.

40) 권정임(2001): 특집, 헤겔과 근대 예술: 베를린 미학 강의에서 "상징적 예술 형식"의 체계. 헤겔연구 10(0), 103-131.

41) Diedrich Diederichsen(2001): Die Gegengegenkultur. 68 war Revolte, 77 war Punk – warum nur 86 zum Mythos wurde, in: Süddeutschen Zeitung, 24.02.2001.

42) https://www.tagesspiegel.de/berlin/stadt-der-verweigerer/732578.html

43) 오-두-다 Oh do da는 미국에서 남북전쟁 후에 유행한 유랑극단 민스트럴 쇼 Minstrel Stage의 노래에 등장하는 의성어다. 말발굽의 따각 따각하는 소리이며 관객의 흥을 돋구는 역할을 한다.

44) https://www.bbc.com/korean/news-42363520

45) Diederichsen, Diedrich(2009): Eigenblutdoping. Selbstverwertung, Künstlerromantik, Partizipation. Köln: Kiepenheuer & Witsch.

46) https://en.wikipedia.org/wiki/Woodstock

47) https://www.history.com/this-day-in-history/the-altamont-festival-brings-the-1960s-to-a-violent-end

48) http://gasazip.com/473381

49) Cooder's exceptionally melancholic slide-guitar

50) Matzko, Carolin/ Kamerun, Schorsch(2011): Punk bleibe, ohne Punk zu bleiben. Interview, in: Lyrix. Lies mein Lied. 33 1/3 Wahrheiten über deuschsprachige Songtexte, 174-190.

51) Bessing, Joachim(2009): Tristesse Royale. Das popkulturelle Quintett mit Joachim Bessing, Christian Kracht, Eckhart Nickel, Alexander v. Schönburg. Berlin: Ullstein.

52) Ganz, Markus(2011): Das Rollen der Mensch-Maschine, 136-140, in: Lyrix. Leis Mein Lied. 33 1/3 Wahrheiten übder deutschsprachige

Songtexte. Freiburg:Orange press.

53) https://1001-songs.blogspot.com/2019/01/mucho-mistrust.html

54) https://www.bbc.com/culture/article/20140415-why-are-abba-so-popular

55) https://theface.com/style

56) https://i-d.vice.com/en_uk

57) https://wiener-online.at/

58) 하이데거(2010): 예술작품의 근원. 실린곳: 하이데거(2010): 숲길. 나남, 15-127.

59) Diederichsen, Diedrich (2009): Eigenblutdoping.

60) 문성원(2019): 철학의 슬픔. 자기중심성에서 벗어나기. 그린비.

61) 발터 벤야민(2018): 독일비애극의 원천. 최성만·김유동 옮김. 한길사.

62) 이순예(2015): 아도르노. 현실이 이론보다 더 엄정하다. 한길사.

63) https://www.youtube.com/watch?v=eLbfPsdlymg

64) Dilthey, Wilhelm (1894): Ideen über eine beschreibende und zergliedernde Psychologie, in: W. D.: Die geistige Welt, Einleitung in die Philosophie des Lebens. Gesammelte Schriften, Bd. V. 139-240.

65) https://www.youtube.com/watch?v=ofBrBeYVCAA

66) https://en.wikipedia.org/wiki/Johnny_B._Goode

67) https://www.youtube.com/watch?v=xFYQQPAOz7Y

참고문헌

권정임(2001): 특집, 헤겔과 근대 예술: 베를린 미학 강의에서 “상징적 예술 형식”의 체계. 헤겔연구 10(0), 103-131.

루카치(1985): 소설의 이론. 반성완 옮김. 심설당.

문성원(2019): 철학의 슬픔. 자기중심성에서 벗어나기. 그린비.

박민수(2015): 바움가르텐의 미학 읽기. 세창미디어.

발터 벤야민(2018): 독일비애극의 원천. 최성만·김유동 옮김. 한길사.

보드리야르(2002): 토탈 스크린. 배영달 옮김. 동문선.

뵐플린(1994): 미술사의 기본개념. 박지형 옮김. 시공사.

안삼환(2006): 한국 교양인을 위한 새 독일문학사. 세창출판사.

알렉시스 드 토크빌(1997): 미국의 민주주의 I, II. 임효선, 박지동 옮김. 한길사.

이순예(2015): 아도르노. 현실이 이론보다 더 엄정하다. 한길사.

자크 데리다(2013): 문학의 행위. 데릭 애트리지 엮음. 정승훈, 진주영 옮김. 문학과 지성사.

자크 데리다(2015): 그라마톨로지. 김성도 옮김. 민음사.

쟝 보드리야르(1994): 아메리카. 주은우 옮김. 문예마당.

존 듀이(2020): 경험으로서의 예술. 이재언 옮김. 책세상.

줄리아 보이드(2021): 히틀러 시대의 여행자들. 이종인 옮김. 페이퍼로드.

질 들뢰즈(2001): 천 개의 고원, 펠릭스 가타리. 새물결.

질 들뢰즈(2004): 차이와 반복 김상환 옮김. 민음사.

최영희(1992): 후설의 생활세계에 관한 연구. 학위논문(박사). 부산대학교 대학원. 철학과.

푸코(2015): 말과 사물. 이규현 옮김. 민음사.

하버마스(1994): 현대성의 철학적 담론. 이진우 옮기. 문예출판사.

하이데거(2010): 예술작품의 근원. 실린곳: 하이데거(2010): 숲길. 나남, 15-127.

한나 아렌트(2006), 예루살렘의 아이히만. 악의 평범성에 대한 보고서. 김선욱 옮김. 한길사.
호메로스(2011): 일리아스. 천병희 옮김. 숲.

Adorno, Theodor W.(1979): Negative Dialektik. Frankfurt a. M.: Suhrkamp.
Adorno. Theodor W.(1973): Ästhetische Theorie. Frankfurt a. M.: Suhrkamp.
Bessing, Joachim(2009): Tristesse Royale. Das popkulturelle Quintett mit Joachim Bessing, Christian Kracht, Eckhart Nickel, Alexander v. Schönburg. Berlin: Ullstein.
Büsse, Martin(2002): Popmusik. Wissen 3000. Hamburg: Europäische Verlaganstalt/Sabine Groenewold Verlage.
Chi Chi Valenti(1990): Take Back the Night.
Danto, Arthur Coleman (1998): After the end of art: contemporary art and the pale of history. Princeton University Press.
Diederichsen, Diedrich(2009): Eigenblutdoping. Selbstverwertung, Künstlerromantik, Partizipation. Köln: Kiepenheuer & Witsch.
Diederichsen, Diedrich(2014): Über Popmusik. Köln: Kiepenheuer&Witsch.
Diederichsen, Diedrich(2001): Die Gegengegenkultur. 68 war Revolte, 77 war Punk – warum nur 86 zum Mythos wurde, in: Süddeutschen Zeitung, 24.02.2001.
Dilthey, Wilhelm (1894): Ideen über eine beschreibende und zergliedernde Psychologie, in: W. D.: Die geistige Welt, Einleitung in die Philosophie des Lebens. Gesammelte Schriften, Bd. V. 139-240.
Fisher, Mark. Ghosts of My Life: Writings on Depression, Hauntology and Lost Futures. Zero Books, 30 May 2014.
Ganz, Markus(2011): Das Rollen der Mensch-Maschine, 136-140, in: Lyrix. Leis Mein Lied. 33 1/3 Wahrheiten übder deutschsprachige Songtexte. Freiburg: Orange Press.
Ginsberg, Allen(1984): Allen Ginsberg. Collected Poems 1947-1980. New York: Harper & Row.
Kant, Immanuel(1968): Beantwortung der Frage: Was ist Aufklärung? Kants Werke. Akademische Textausgabe Bd. VIII. Abhandlungen nach 1781. Berlin·New York: Walter de Gruyter, 33-42.
Kant, Immanuel(1968): Kritik der prakatischen Vernunft. Kritik der

Urtheilskraft. Kants Werke. Akademische Textausgabe. Bd. 5. Berlin·New York: Walter de Gruyter.

Matzko, Carolin/ Kamerun, Schorsch(2011): Punk bleibe, ohne Punk zu bleiben. Interview, in: Lyrix. Lies mein Lied. 33 1/3 Wahrheiten über deuschsprachige Songtexte, 174-190.

Miller, Bobby(1993): My Life As I Remember It, in: Verbal Abuse. Issue#1.

Novalis(1978): Vorarbeiten zu verschiedenen Fragmentensammlungen, in: Novalis: Werke, Tagebücher und Briefe Friedrich von Hardenbergs. Hrsg. von Hans-Joachim Mähl und Richard Samuel. Band 2: Das philosophisch-theoretische Werk. München: Hanser.

Schulze, Gerhard(2005): Die Erlebnisgesellschaft. Kultursoziologie der Gegenwart. Frankfurt/New York: Campus.

Wittgenstein, Ludwig(1984): Tractatus logico-philiosophicus. Tagebucher 1914-1946. Philosophische Untersuchungen. Werkausgabe.1. Frankfurt am Main: Suhrkamp, 11-85.

http://gasazip.com/473381

http://www.mothernyc.com/verbal/mylife.html

http://www.mothernyc.com/verbal/takeback.html

https://1001-songs.blogspot.com/2019/01/mucho-mistrust.html

https://blog.naver.com/nleefamily/222569825183

https://en.wikipedia.org/wiki/Jackie_60

https://en.wikipedia.org/wiki/Johnny_B._Goode

https://en.wikipedia.org/wiki/Leopard-Skin_Pill-Box_Hat

https://en.wikipedia.org/wiki/Woodstock

https://i-d.vice.com/en_uk

https://program.kbs.co.kr/1tv/local/joseonpop/pc/index.html

https://theface.com/style

https://wiener-online.at/

https://www.bbc.com/culture/article/20140415-why-are-abba-so-popular

https://www.bbc.com/korean/news-42363520

https://www.dietotenhosen.de/diskographie/musik

https://www.history.com/this-day-in-history/the-altamont-festival-brings-the-1960s-to-a-violent-end

https://www.smithsonianmag.com/arts-culture/the-glorious-history-of-handels-messiah-148168540/

https://www.tagesspiegel.de/berlin/stadt-der-verweigerer/732578.html

https://www.youtube.com/watch?v=eLbfPsdlymg

https://www.youtube.com/watch?v=ofBrBeYVCAA

https://www.youtube.com/watch?v=xFYQQPAOz7Y

색인

ㄷ

ㄹ

ㅁ

ㅈ

ㅎ

우리시대 질문총서 13

뮤즈여 노래하라
인문학자가 본 팝음악

초판 인쇄 2022년 3월 18일
초판 발행 2022년 3월 25일

저자 인성기
기획 우리시대 질문총서 제작위원회
간사 장윤서 · 김은진
교정·교열 정연숙
디자인·편집 배영미
발행인 차정인
펴낸곳 부산대학교출판문화원

출판등록 제1983-000001호 1983.11.10.
부산광역시 금정구 부산대학로 63번길 2 (우편번호46241)
대표전화 051-510-1932 팩시밀리 051-512-7812
https://press.pusan.ac.kr

ISBN 978 - 89 - 7316 - 738 - 8 (04670)
978 - 89 - 7316 - 650 - 3 (세트)

※ 이 총서는 부산대학교 국립대학육성사업(REN)의 지원으로 제작되었습니다.